Jeu gratuit sans obligation d'achat

CONCOURS DU MOIS

Bibliothèque Universitaire
Formation des Maîtres
Rue du Tronquet 76130 Mont Saint A
Tel : 02.35.74.81.20
Courriel : bufm@univ-rouen.fr

AF854019

1jour de retard = 1 jour de suspension de p
A retourner le :

- 4 MARS 2020		

*

Le tirage au sort à lieu **le dernier mercredi de chaque mois.**

Chaque mois, **10 gagnants** seront tirés au sort et prévenus par e-mail.

Règlement complet sur
www.editions-eni.fr/jeu

eni éditions

Rpu 135590752

005.74
SQL
g

sortie des collections
21 OCT. 2024

SQL Server 2008

Entraînez-vous à administrer une base de données

BU Section formation des maîtres
Université de Rouen - IUFM
2, rue du Tronquet - BP 18
76131 Mont-Saint-Aignan cedex
tél. 02 32 82 30 56

Toutes les marques citées ont été déposées par leur éditeur respectif.

La loi du 11 Mars 1957 n'autorisant aux termes des alinéas 2 et 3 de l'article 41, d'une part, que les "copies ou reproductions strictement réservées à l'usage privé du copiste et non destinées à une utilisation collective", et, d'autre part, que les analyses et les courtes citations dans un but d'exemple et d'illustration, "toute représentation ou reproduction intégrale, ou partielle, faite sans le consentement de l'auteur ou de ses ayants droit ou ayant cause, est illicite" (alinéa 1er de l'article 40). Cette représentation ou reproduction, par quelque procédé que ce soit, constituerait donc une contre-façon sanctionnée par les articles 425 et suivants du Code Pénal.

Copyright - Editions ENI - Juin 2009

ISBN : 978-2-7460-4922-2
ISSN : 1765-7334
Imprimé en France

Editions ENI

ZAC du Moulin Neuf
Rue Benjamin Franklin
44800 St HERBLAIN

Tél. 02.51.80.15.15
Fax 02.51.80.15.16
e-mail : editions@ediENI.com
http://www.editions-eni.com

Auteurs : Jérôme GABILLAUD
Collection **Les TP Informatiques** dirigée par Joëlle MUSSET

Table des Matières

© Editions ENI - Toute reproduction interdite

© Editions ENI - Toute reproduction interdite

Avant-propos

Objectif de ce livre ?

Ce livre constitue une base d'exercices progressifs et variés. Chaque exercice/TP est corrigé en détail tout en vous rappelant certains éléments fondamentaux de cours. Dans tout ouvrage d'autoformation, l'alternance entre la connaissance théorique et la pratique doit être respectée. Pratiquer doit s'appuyer sur un modèle viable et donc s'inscrire dans une forme courante, permettant à l'élève de se créer une base de bons réflexes. C'est la raison pour laquelle cet ouvrage propose de mettre en pratique les éléments essentiels au métier d'administrateur de base de données SQL Server 2008. Ainsi l'informaticien souhaitant acquérir de nouvelles compétences pourra utiliser les TP pour conforter ses acquis théoriques tandis que le DBA expérimenté trouvera dans les exercices les pratiques les plus courantes d'administration adaptées à SQL Server 2008. C'est pour répondre à ce double objectif que de nombreux TP proposent une réalisation à l'aide de manipulation depuis l'interface graphique de SQL Server Management puis une réalisation à l'aide de scripts Transact SQL.

Comment utiliser ce livre ?

Bien qu'il soit possible d'aborder chaque chapitre indépendamment, l'ordre prévu influe sur le bon déroulement des exercices ; il est donc conseillé de suivre la chronologie du livre pour obtenir les mêmes résultats que ceux indiqués en correction.

Chaque chapitre présente différentes sections :

- Objectif ;
- Configuration à prévoir ;
- Pré-requis ;
- Énoncés ;
- Indices pour l'énoncé ;
- Corrigés.

Objectif

Cette section décrit le contenu des exercices qui vont être abordés tout au long du chapitre.

Matériel à prévoir

Les éléments de configuration matérielle et logicielle nécessaires au bon déroulement et à la réalisation des exercices du chapitre sont détaillés dans cette section.

© Editions ENI - Toute reproduction interdite

Pré-requis

Cette section permet de vérifier vos connaissances théoriques. Elle se compose de questions à choix multiples ou de questions ouvertes portant sur les notions devant être acquises avant d'aborder la réalisation des exercices.

Chacune des questions de cette section est numérotée afin de retrouver plus facilement la réponse à la fin de l'ouvrage.

Énoncés

Cette section regroupe les énoncés des exercices. Comme pour les pré-requis, chaque énoncé est numéroté et sa correction se retrouve à la fin de ce livre.

Pour réaliser certains exercices, vous devrez télécharger ou visualiser des éléments (images, exemples, captures d'écran en couleurs...).
Les exemples cités tout au long de cet ouvrage sont téléchargeables à l'adresse suivante : **http://www.editions-eni.fr** ; saisissez la référence ENI de l'ouvrage **TP08SQLA** dans la zone de recherche et validez. Cliquez sur le titre du livre puis sur le lien de téléchargement.
Pour la suite de cet ouvrage, cette information est précédée du symbole .

Indices pour l'énoncé

Les indices fournis pour certains points de l'énoncé rappellent les commandes utiles et autres points importants de théorie à connaître pour répondre à l'énoncé. Ils permettent d'avancer plus vite dans la suite d'exercices sans toutefois dévoiler les solutions.

Corrigés

Les corrigés sont regroupés en fin d'ouvrage. Ils sont organisés par chapitre et reprennent la numérotation des sections Pré-requis et Énoncé.

© Editions ENI - Toute reproduction interdite

Table des Matières

Chapitre 1 : Installer SQL

© Editions ENI - Toute reproduction interdite

Chapitre 1 : Installer SQL

- **Durée :** 1 heure 40 mn
- **Mots clés :** Édition de SQL Server, installation, instance, compte de service, texte intégral, AWE
- **Objectifs**

Ce chapitre va vous permettre de choisir l'édition de SQL Server adaptée aux besoins et de réaliser l'installation d'une ou de plusieurs instances sur le serveur dans de bonnes conditions. Ensuite les exercices vont vous permettre de configurer correctement l'instance SQL Server et de mettre en place le service d'indexation de texte intégral.

Pré-requis

Pour valider les pré-requis nécessaires, avant d'aborder le TP, répondez aux questions ci-après :

1. Quelle édition de SQL Server est disponible gratuitement ?
   a. Edition Entreprise.
   b. Edition Workgroup.
   c. Edition Standard.
   d. Edition Express.
2. Quelles propriétés doit posséder le compte d'utilisateur Windows utilisé pour les services SQL Server ?
   a. Appartenir au groupe des administrateurs du domaine.
   b. Appartenir au groupe des administrateurs du poste.
   c. Être un compte d'utilisateur défini sur le domaine.
   d. Être un compte d'utilisateur défini localement.
3. Si deux instances SQL Server sont installées sur le même poste, combien d'instances du service SQL Server Agent vont être définies :
   a. 1.
   b. 2.
4. Le service d'indexation de texte intégral est-il commun à toutes les instances installées sur le poste ?
   a. Oui.
   b. Non.

© Editions ENI - Toute reproduction interdite

5. Quelles éditions de SQL Server permettent d'être abonné à un service de réplication ?

a. Edition Entreprise.

b. Edition Workgroup.

c. Edition Standard.

d. Edition Express.

6. Quelles éditions de SQL Server est-il possible d'exécuter en 64 bits ?

a. Edition Entreprise.

b. Edition Workgroup.

c. Edition Standard.

d. Edition Express.

7. Quel programme faut-il lancer pour installer une nouvelle instance de SQL Server ?

a. Gestionnaire de programmes SQL Server.

b. Ajout/suppression de programmes depuis le panneau de configuration.

c. Setup.exe depuis le DVD d'installation de SQL Server.

d. Menu **Fichier - Nouveau - Instance de SQL Server Management Studio**.

8. Quel est le mode de sécurité défini par défaut lors de l'installation d'une instance de SQL Server ?

a. Mode de sécurite Windows.

b. Mode de sécurité SQL Server.

c. Mode de sécurité mixte (Windows et SQL Server).

9. Quelle base d'exemple est installée de façon automatique sur toute nouvelle instance de SQL Server 2008 ?

a. Aucune.

b. Pubs.

c. Northwind.

d. AdventureWorks.

10. L'activation du paramètre de configuration AWE est :

a. Disponible sur les éditions 32 bits.

b. Disponible sur les éditions 64 bits.

© Editions ENI - Toute reproduction interdite

Énoncé 1.1 : Choisir l'édition de SQL Server

Durée : 5 minutes

L'instance que vous allez installer doit vous permettre de réaliser et tester de nombreuses fonctionnalités de SQL Server. Vous avez besoin d'utiliser l'interface graphique SQL Server Management Studio pour réaliser de nombreuses manipulations.

L'instance va héberger quelques bases avec des jeux d'essai simples. Le nombre d'utilisateur connectés simultanément sera faible.

La plate-forme d'installation de l'instance SQL Server sera Windows 2003 Server ou toute autre version qui fournit plus de fonctionnalités.

Quelle édition de SQL Server 2008 peut répondre à vos besoins? Justifiez votre choix.

Énoncé 1.2 : Installer une instance de SQL Server

Durée : 25 minutes

À partir du CD-Rom de SQL Server, procédez à l'installation d'une instance par défaut de SQL Server 2008. L'assistant d'installation va vous poser un certain nombre de questions, et vous utiliserez les informations fournies ci-dessous pour y répondre.

Composants à installer	SQL Server Database Services Les outils de gestion (version complète) Le service d'intégration des données (Intégration Services)
Nom de l'instance	Instance par défaut
Services SQL Server	Utilisation du compte Local Système et démarrage automatique des services
Mode d'authentification	Windows
Paramètre de classement	Celui par défaut hérité de Windows, c'est-à-dire Français avec respect des accents.

© Editions ENI - Toute reproduction interdite

Énoncé 1.3 : Installer la base d'exemple

Durée: 15 minutes

Pour pouvoir travailler en mode test avec cette instance, il est intéressant d'installer la base d'exemple OLTP AdventureWorks car tous les exemples disponibles dans la documentation en ligne utilisent cette base.

Indices

Dans le cas où cela n'a pas déjà été fait, il est nécessaire de télécharger les fichiers d'installation de la base AdventureWorks depuis le site http://www.codeplex.com.

Énoncé 1.4 : Configurer le service de recherche de texte intégral

Durée : 20 minutes

À partir de la base AdventureWorks installée au cours de l'exercice précédent, configurez le service de recherche de texte intégral pour la colonne Document-Summary de la table Production.Document.

Indice

La table doit disposer d'un index de type unique pour qu'il soit possible de définir un index de texte intégral.

Les contraintes de clé primaire et d'unicité implémentent un index de type unique.

Un catalogue doit être défini avant qu'il ne soit possible de mettre en place les index.

Énoncé 1.5 : Installer une instance nommée de SQL Server

Durée : 15 minutes

Installez une seconde instance de SQL Server sur votre poste. Cette instance portera le nom instanceTP. Pour cette instance nommée, le chemin par défaut d'installation sera accepté. Les services supplémentaires ne seront pas installés. Le service SQL Server sera configuré en démarrage manuel mais s'exécutera en utilisant le contexte du compte système par défaut.

© Editions ENI - Toute reproduction interdite

Indice

Pour lancer l'installation, il faut passer par le ***Panneau de configuration - Ajout/suppression de programmes*** *et demander à modifier l'installation de SQL Server 2008.*

Énoncé 1.6 : Configurer les services

Durée : 15 minutes

Configurez les services MSSQLServer et SQL Server Agent de l'instance par défaut pour qu'ils démarrent de façon automatique.

Arrêtez les services MSSQLServer et SQL Server Agent de l'instance nommée et positionnez-les en démarrage manuel.

Redémarrez votre poste et assurez-vous que les services de l'instance par défaut sont démarrés tandis que ceux de l'instance nommée sont arrêtés.

Indice

Utilisez le Gestionnaire de configuration de SQL Server.

Énoncé 1.7 : Activer l'option AWE

Durée : 5 minutes

Pour permettre à SQL Server d'exploiter plus de 4 Go sur plate-forme 32 bits, il est nécessaire d'activer l'option AWE. Activez cette option sur l'instance par défaut.

© Editions ENI - Toute reproduction interdite

Table des Matières

Chapitre 2 : Gérer les bases de données et les fichiers

© Editions ENI - Toute reproduction interdite

Chapitre 2 : Gérer les bases de données et les fichiers

- **Durée** : 2 heures 25 mn
- **Mots clés** : CREATE DATABASE, ALTER DATABASE, DROP DATABASE, FILEGROUP, DBCC SHRINKFILE, DBCC SHRINKDATABASE, CREATE INDEX
- **Objectifs**

Ce chapitre doit vous permettre de mettre en pratique les différentes instructions relatives à la création, modification et suppression de bases de données. Ces opérations incluent la gestion des fichiers de données et des fichiers journaux.

Pré-requis

Pour valider les pré-requis nécessaires, avant d'aborder le TP, répondez aux questions ci-après :

1. Combien de fichiers sont nécessaires pour la création de la base de données ?
   - **a.** 1 fichier.
   - **b.** 2 fichiers.
   - **c.** 3 fichiers.
   - **d.** 4 fichiers.
2. Quel est le rôle de la base Model ?

   ____

   ____

   ____
3. Si des modifications sont apportées à la base Model, qui va en bénéficier ?
   - **a.** Toutes les bases.
   - **b.** Uniquement les bases utilisateurs.
   - **c.** Les bases qui sont créées par la suite.
4. Quels sont les groupes de fichiers créés par défaut sur une base de données ?
   - **a.** Default
   - **b.** System
   - **c.** Primary
   - **d.** Users
   - **e.** Temp

© Editions ENI - Toute reproduction interdite

5. Quel est le nom du groupe de fichiers utilisé par les tables systèmes ?

a. System.

b. Primary.

c. Defaull.

6. Est-il possible de définir une table sur un fichier précis ?

a. Oui.

b. Non.

7. Dans quel sens est-il possible de partitionner une table ?

a. Verticalement.

b. Horizontalement.

8. Combien de fichiers, contient, au minimum un groupe de fichiers ?

a. 0.

b. 1.

c. 2.

9. Est-il possible de déplacer un fichier d'un groupe de fichiers vers un autre ?

a. Oui.

b. Oui, à l'exception des fichiers qui appartiennent au groupe PRIMARY.

c. Non.

10. Lorsque l'option AUTO_SHRINK est activée, à partir de quelle quantité d'espace libre le fichier est-il réduit de façon automatique ?

a. 10 % d'espace libre.

b. 20% d'espace libre.

c. 25 % d'espace libre.

d. 33% d'espace libre.

e. Le pourcentage d'espace libre est à fixer lorsque l'option AUTO_SHRINK est activée.

© Editions ENI - Toute reproduction interdite

11. Le fichier principal de données ppal.mdf a été créé en même temps que la base avec une taille initiale de 10 Mo. Ce fichier est paramétré en croissance automatique. Des tables utilisateurs ont été définies sur le groupe de fichiers PRIMARY, tant et si bien que le fichier a atteint une taille de 20 Mo. Les tables utilisateurs sont supprimées. Le fichier ne contient plus que 4 Mo d'information. Le paramètre AUTO_SHRINK est activé sur la base de données. Quelle est la taille du fichier ppal.mdf après que le processus de réduction automatique a été exécuté ?

a. 20 Mo.

b. 10 Mo.

c. 4 Mo.

12. Sur une table de base de données combien d'index non-clustered est-il possible de définir ?

a. Aucun car ce type d'index est réservé aux vues.

b. 1 seul index de ce type peut être défini sur chaque table.

c. 249 à condition qu'une clé primaire soit définie sur la table.

d. 249 qu'il y ait ou pas de clé primaire.

13. Pour être en mesure de définir un index sur une colonne de type xml, la table doit-elle obligatoirement disposer d'une contrainte de clé primaire ?

a. Oui.

b. Non un index unique est suffisant.

c. Non le mécanisme d'indexation est indépendant de celui des contraintes d'intégrité.

14. La compression des données est :

a. Configurable au niveau de la base.

b. Configurable au niveau des groupes de fichiers.

c. Configurable au niveau de chaque table.

d. Disponible uniquement pour les sauvegardes.

© Editions ENI - Toute reproduction interdite

Énoncé 2.1 : Créer une base de données

Durée : 10 minutes

Créez, à l'aide des assistants graphiques de SQL Server Management Studio la base SSMS en utilisant les paramètres par défaut au niveau des fichiers, des paramètres de cassement...

Écrivez et exécutez le script Transact SQL qui permet de créer la base TSQL. Cette base est composée d'un fichier de données nommé TSQL.mdf d'une taille de 5 Mo et d'un fichier journal TSQL_log.ldf d'une taille de 2 Mo. Les autres paramètres sont hérités du serveur ou bien fixés par la base Model.

Indices

Consultez la documentation en ligne de l'instruction CREATE DATABASE.

Le dossier de stockage des fichiers de données et journaux est, par défaut, le dossier C:\Program Files\Microsoft SQL Server\MSSQL10.MSSQLSERVER\MSSQL\Data pour l'instance par défaut de SQL Server 2008.

Énoncé 2.2 : Définir un groupe de fichiers

Durée : 5 minutes

Définissez, à l'aide de l'interface graphique de SQL Server Management Studio, le groupe de fichiers TPSSMS sur la base SSMS.

Écrivez et exécutez un script Transact SQL afin d'ajouter le groupe TPTSQL sur la base TSQL.

Énoncé 2.3 : Ajouter des fichiers de données

Durée : 10 minutes

Sur la base SSMS, ajoutez, à l'aide de l'interface graphique de SQL Server Management Studio, le fichier SSMS_2.ndf d'une taille de 5 Mo sur le groupe de fichiers PRIMARY de la base.

Sur la base TSQL, ajoutez le fichier TSQL_2.ndf au groupe TPTSQL. Ce fichier possède une taille de 5 Mo. Par contre, la taille maximale de ce fichier est de 10 Mo. Il atteindra cette taille en augmentant par paquet de 2 Mo.

© Editions ENI - Toute reproduction interdite

Énoncé 2.4 : Ajouter un fichier journal

Durée : 5 minutes

Sur la base SSMS, ajoutez un nouveau fichier journal de 5 Mo, de taille fixe à l'aide des outils graphiques de SQL Server Management Studio.

Ajoutez un fichier journal de taille fixe de 10 Mo sur la base TSQL à l'aide d'un script Transact SQL que vous allez écrire.

Énoncé 2.5 : Modifier un fichier de données

Durée : 5 minutes

Modifiez le fichier principal de la base SSMS afin que sa taille initiale soit de 50 Mo.

À l'aide d'un script Transact SQL, modifiez le comportement du fichier TSQL2 afin que le fichier puisse utiliser tout l'espace disque disponible.

Énoncé 2.6 : Réduire la taille d'un fichier de données

Durée: 15 minutes

Modifiez le fichier principal de la base SSMS afin que sa taille soit réduite à 45 Mo.

À l'aide d'un script Transact SQL, réduisez la taille du fichier **TSQL2** à 2 Mo.

Indice

Utilisez DBCC SHRINKFILE pour réduire la taille d'un fichier.

Énoncé 2.7 : Réduire la taille d'une base de données

Durée : 10 minutes

Sur la base SSMS, activez l'option de réduction automatique des fichiers de la base.

Sur la base TSQL, exécutez l'instruction DBCC qui permet de réduire la taille de la base de données, afin que les fichiers contiennent encore 10% d'espace libre.

© Editions ENI - Toute reproduction interdite

Indices

Le paramètre de base de données AUTO_SHRINK permet d'activer ou non la réduction automatique.

L'instruction DBCC SHRINKDATABASE permet de réduire ponctuellement l'espace occupé par une base.

Énoncé 2.8 : Créer une table sur un groupe de fichiers

Durée : 15 minutes

Sur la base SSMS, la table des clients est créée à l'aide du script suivant :

```
CREATE TABLE CLIENTS (
  numero  INT CONSTRAINT pk_clients PRIMARY KEY,
  nom    NVARCHAR(50) NOT NULL,
  prenom  NVARCHAR(50) NOT NULL,
  adresse NVARCHAR(100),
  codepostal CHAR(5),
  ville   NVARCHAR(50)
);
```

Ce script doit être complété pour que les informations qui vont être enregistrées dans cette table utilisent l'espace disponible dans le groupe de fichiers TPSSMS.

Vérifiez que la table est bien créée sur le bon groupe de fichiers.

Indice

Avant d'utiliser le groupe de fichiers, il est nécessaire de définir un nouveau fichier.

© Editions ENI - Toute reproduction interdite

Énoncé 2.9 : Créer une table partitionnée

Durée : 30 minutes

Les clients vont être nombreux, aussi la table des clients va être partitionnée en fonction de l'emplacement géographique des clients. Cette répartition est définie en fonction du département d'origine de chacun des clients. Le découpage adopté est le suivant :

Département	Groupe de fichiers
75, 77, 78, 91, 92, 93, 94, 95	Ile De France
51, 08, 10, 52, 80, 02, 60, 76, 27, 45, 18, 28, 36, 37, 41	Centre Nord
59, 62, 57, 54, 55, 88, 67, 68, 25, 39, 70, 90	Nord Est
44, 49, 53, 72, 85, 35, 22, 29, 56, 86, 16, 17, 79	Ouest
33, 24, 40, 47, 64, 31, 09, 12, 32, 46, 65, 81, 82, 87, 19, 23	Sud Ouest
69, 01, 07, 26, 38, 42, 73, 74, 63, 03, 15, 43	Sud Est
34, 11, 30, 48, 66, 13, 04, 05, 06, 83, 84, 20	Sud

Pour faciliter le partionnement de la table Clients, la colonne Région de type int est ajoutée à la structure de la table. Cette colonne contiendra une valeur numérique représentant le code de la région en respectant le tableau suivant :

Région	Code
Ile de France	1
Centre Nord	2
Nord Est	3
Ouest	4
Sud Ouest	5
Sud Est	6
Sud	7

Toutes ces opérations sont à effectuer sur la base SSMS. À part la colonne région décrite ci-dessus, la table des clients possède la même structure que celle définie lors de l'exercice précédent.

© Editions ENI - Toute reproduction interdite

Indices

Pensez à créer des groupes de fichiers dans un premier temps.

Créez la fonction de partitionnement.

Il n'est pas possible de définir deux tables avec le même nom sur une base.

Énoncé 2.10 : Compresser les données

Durée: 10 minutes

Sur la base TSQL définissez la table des articles en vous basant sur le script suivant :

```
USE TSQL;
GO
CREATE TABLE ARTICLES(
  refart char(10) constraint pk_articles primary key,
  designation nvarchar(100),
  prixht money);
```

Comme cette table va contenir de nombreuses informations, il est nécessaire d'activer la compression des données.

Énoncé 2.11 : Mettre en place des index

Durée : 10 minutes

Afin de mettre en place différents type d'index, créez la table des articles sur la base TSQL à l'aide du script suivant :

```
USE TSQL;
GO
CREATE TABLE produits(
  id int identity(1,1) constraint pk_produits primary key,
  libelle nvarchar(200),
  description xml,
  categorie varchar(10),
  marque varchar(50));
```

Définissez un index afin d'accélérer le traitement de la requête suivante :

```
select distinct marque from produits;
```

© Editions ENI - Toute reproduction interdite

Énoncé 2.12 : Indexer une colonne de type xml

Durée: 10 minutes

Afin d'accélérer le traitement des requêtes qui travaillent par rapport aux valeurs contenues dans la colonne description de la table des produits créée au cours de l'exercice précédent, écrivez le script Transact SQL qui permet de créer l'index nécessaire.

Indice

Un index xml s'appuie toujours sur un index xml principal.

Il existe trois types d'index xml : PATH, PROPERTY et VALUE.

Énoncé 2.13 : Définir un index couvrant

Durée: 10 minutes

L'extraction des produits comporte fréquemment une restriction de type like sur la colonne du libellé soit une requête du type :

```
SELECT libelle, marque
FROM produits
WHERE libelle like 'critere%';
```

À l'aide d'un script Transact SQL définissez un index afin que lors de son exécution cette requête trouve toutes les informations dans l'index et évite ainsi d'accéder à la table.

© Editions ENI - Toute reproduction interdite

Table des Matières

Chapitre 3 : Sécurité

© Editions ENI - Toute reproduction interdite

Chapitre 3 : Sécurité

Durée : 1 heure 35 mn

Mots clés : LOGIN, USER, ROLE, GRANT, REVOKE, DENY, ROLE, APPLICATION ROLE

Objectifs

À la fin de ce chapitre vous aurez mis en pratique les principaux éléments qui permettent de gérer les connexions, les utilisateurs, les droits d'accès et d'utilisation des tables, vues, procédures...

Pré-requis

Pour valider les pré-requis nécessaires, avant d'aborder le TP, répondez aux questions ci-après :

1. Les utilisateurs sont définis au niveau :
   - **a.** Serveur.
   - **b.** Base de données.
   - **c.** Tables.
2. Pour travailler sur une base de données, est-il nécessaire de posséder un compte utilisateur nominatif ?
   - **a.** Oui.
   - **b.** Non.
3. À quoi servent les rôles ?
   - **a.** Définir des groupes de connexions.
   - **b.** Définir des groupes d'utilisateurs.
   - **c.** Définir des groupes de privilèges.
4. Quel(s) type(s) de rôle est-il possible d'accorder à un utilisateur ?
   - **a.** Rôle de serveur.
   - **b.** Rôle de base de données.
   - **c.** Rôle personnalisé.
   - **d.** Rôle d'application.

© Editions ENI - Toute reproduction interdite

5. Quelle instruction faut-il utiliser pour enlever un privilège à un utilisateur ?
- **a.** GRANT.
- **b.** REVOKE.
- **c.** DENY.

6. À quel niveau est-il possible de définir ses propres rôles ?
- **a.** Serveur et base de données.
- **b.** Serveur.
- **c.** Base de données.
- **d.** Ce n'est pas possible.

7. Quel rôle permet d'accorder les privilèges d'administration d'une base ?
- **a.** sysadmin.
- **b.** db_admin.
- **c.** dbo.
- **d.** db_owner.

8. En tant qu'administrateur du serveur sur lequel s'exécute l'instance SQL server, de quels privilèges je dispose par défaut au niveau de SQL Server ?
- **a.** aucun.
- **b.** diskAdmin.
- **c.** serverAdmin.
- **d.** sysAdmin.

9. Est-il possible d'utiliser un rôle d'application depuis un script Transact SQL ?
- **a.** Oui.
- **b.** Non.

10. Quel type de privilège peut être accordé à un rôle d'application ?
- **a.** Privilèges systèmes.
- **b.** Privilèges objets.
- **c.** Rôles de base de données.
- **d.** Rôles de serveur.

11. Quel est le rôle du compte d'utilisateur de base de données guest ?

____

____

____

© Editions ENI - Toute reproduction interdite

12. Si aucun schéma n'est associé à l'utilisateur de base de données, quel sera son schéma par défaut?

a. PUBLIC.

b. DBO.

c. DB_OWNER.

d. Le schéma par défaut est celui qui porte le nom de l'utilisateur.

Énoncé 3.1 : Configurer le mode de sécurité

Durée : 5 minutes

Modifiez la configuration du serveur afin qu'il prenne en charge le mode d'authentification SQL Server et Windows.

L'utilisateur **sa** utilisera le mot de passe secret. Le compte est activé.

Énoncé 3.2 : Définir une nouvelle connexion

Durée : 5 minutes

Depuis SQL Server Management Studio, définissez la connexion Adrien avec le mot de passe neirda. La base de données par défaut est SSMS mais aucun privilège n'est accordé. L'utilisateur ne changera pas son mot de passe lors de la première connexion.

Écrivez un script Transact SQL pour ajouter la connexion Pierre avec le mot de passe erreip. La base de données par défaut est TSQL mais aucun privilège n'est accordé. L'utilisateur ne changera pas son mot de passe lors de la première connexion.

Énoncé 3.3 : Intégrer des comptes et groupes Windows

Durée : 20 minutes

Depuis Windows, définissez les utilisateurs Géraldine, René et Léon avec les mots de passe enidlareg, ener et noel. Ces utilisateurs ne modifient pas leur mot de passe lors de la première connexion.

Ces utilisateurs appartiennent au groupe des utilisateurs et ils sont capables d'ouvrir une session localement.

© Editions ENI - Toute reproduction interdite

Définissez le groupe Windows Groupe1_TPSQL et ajoutez-y les utilisateurs Géraldine et Léon.

Définissez le groupe Windows Groupe2_TPSQL et ajoutez-y les utilisateurs René et Léon.

Depuis SQL Server Management Studio, définissez la connexion relative au compte d'utilisateur Géraldine. La base de données par défaut est SSMS mais aucun privilège d'utilisation de cette base n'est accordé.

Écrivez un script Transact SQL pour permettre à l'utilisateur Windows Léon de se connecter à l'instance SQL Server. La base de données par défaut est TSQL mais aucun privilège d'utilisation de cette base n'est accordé.

Depuis SQL Server Management Studio, accordez la possibilité de se connecter à tous les membres du groupe d'utilisateurs Windows Groupe2_TPSQL. La base de données par défaut est SSMS mais aucun privilège d'utilisation de cette base n'est accordé.

Validez vos manipulations en ouvrant une session Windows en tant que Géraldine, René et Léon et en vous connectant au serveur SQL depuis SQL Server Management Studio.

Indice

Utilisez l'instruction CREATE LOGIN pour définir les connexions.

Il est possible de définir une connexion SQL Server basée sur un groupe Windows.

Énoncé 3.4 : Définir des utilisateurs de base de données

Durée : 5 minutes

Sur la base de données SSMS, définissez le compte d'utilisateur Géraldine associé à la connexion Géraldine.

Écrivez un script pour ajouter le compte d'utilisateur Léon sur la base TSQL.

Énoncé 3.5 : Travailler avec le compte guest

Durée : 10 minutes

Depuis SQL Server Management Studio, activez le compte d'utilisateur guest sur la base SSMS.

À l'aide d'un script, activez le compte guest sur la base TSQL.

© Editions ENI - Toute reproduction interdite

Que se passe-t-il lorsque vous vous connectez au serveur en utilisant la connexion Pierre et vous tentez d'accéder aux bases SSMS et TSQL ?

Énoncé 3.6 : Accorder des droits spécifiques

Durée : 5 minutes

Depuis SQL Server Management Studio, accordez les privilèges CREATE TABLE et CREATE VIEW à l'utilisateur Géraldine sur la base SSMS.

Accordez les privilèges CREATE TABLE, CREATRE VIEW et CREATE PROCEDURE à l'utilisateur Léon sur la base TSQL avec un script Transact SQL.

Énoncé 3.7 : Définir un rôle de base de données

Durée : 15 minutes

Définissez le rôle roleSSMS sur la base SSMS.

Écrivez un script pour définir le rôle roleTSQL sur la base TSQL.

Accordez les privilèges CREATE TABLE, CREATE VIEW et CREATE PROCEDURE à ce rôle.

Énoncé 3.8 : Accorder des rôles de bases de données à des utilisateurs

Durée : 10 minutes

Depuis SQL Server Management Studio, accordez le rôle db_owner à l'utilisateur Géraldine et le rôle db_datareader à l'utilisateur guest.

Définissez un utilisateur de base de données correspondant à la connexion Groupe2_TPSQL, et accordez les rôles db_datareader et roleSSMS à ce nouvel utilisateur de base de données.

Écrivez un script Transact SQL pour accorder le rôle db_datareader à l'utilisateur Léon ainsi que les rôles db_datawriter et roleTSQL à l'utilisateur guest.

Indice

Pensez à utiliser la procédure sp_addrolemember.

© Editions ENI - Toute reproduction interdite

Énoncé 3.9 : Interdire l'utilisation de certains privilèges

Durée : 5 minutes

Interdisez l'utilisation des privilèges CREATE TABLE et CREATE PROCEDURE à l'utilisateur Groupe2_TPSQL.

Interdisez l'utilisation des privilèges CREATE PROCEDURE et CREATE FUNCTION à l'utilisateur Léon sur la base TSQL par l'intermédiaire d'un script.

Énoncé 3.10 : Définir un rôle d'application

Durée : 5 minutes

Définissez le rôle d'application roleApplication sur la base SSMS. Ce rôle est protégé par le mot de passe SSMS.

A l'aide d'un script Transact SQL, accordez les privilèges de création de tables et de vues au rôle d'application.

Énoncé 3.11 : Utiliser un rôle d'application

Durée : 10 minutes

À l'aide d'un script Transact SQL :

Connectez-vous à la base SSMS en tant qu'utilisateur Léon et exécutez l'instruction CREATE TABLE TTEST(C1 int);. Que se passe-t-il et pourquoi ?

Activez le rôle d'application roleApplication.

Tentez de nouveau de créer la table TTEST. Que se passe-t-il et pourquoi ?

Indice

L'instruction EXECUTE AS permet de changer la connexion que l'on utilise.

Pensez à la procédure sp_setapprole pour activer le rôle d'application.

© Editions ENI - Toute reproduction interdite

© Editions ENI - Toute reproduction interdite

Table des Matières

Chapitre 4 : Planification de tâches

© Editions ENI - Toute reproduction interdite

Chapitre 4 : Planification de tâches

- **Durée** : 2 heures 45
- **Mots clés :** Opérateurs, travaux, alerte, messagerie
- **Objectifs**

Ce chapitre va vous permettre de mettre en pratique la gestion des opérateurs et des travaux, ainsi que la planification des travaux. Vous serez également amené à définir l'exécution de travaux en réponse à une erreur ou bien face à une valeur atteinte par un compteur de performances.

Pré-requis

Pour valider les pré-requis nécessaires, avant d'aborder le TP, répondez aux questions ci-après :

1. Un opérateur correspond-il obligatoirement à un utilisateur de base de données ?
   a. Oui.
   b. Non.
2. Dans quel cadre de communication avec les opérateurs est-il souhaitable de définir un opérateur de prévention ?
   a. Lorsque les opérateurs sont notifiés par courrier électronique.
   b. Lorsque les opérateurs sont notifiés par messagerie instantanée.
   c. Lorsque les opérateurs sont notifiés par radio messagerie.
   d. Lorsque les opérateurs sont notifiés par l'intermédiaire de l'instruction net send.
3. Dans quelle base est stockée la définition des opérateurs et des travaux ?
   a. Master.
   b. Model.
   c. MSDB.
   d. DBAgent.
4. Une alerte peut être liée à :
   a. Un numéro d'erreur.
   b. Une gravité de message d'erreur.
   c. Un seuil défini d'un compteur de performances.

© Editions ENI - Toute reproduction interdite

5. Est-il possible de définir ses propres compteurs de performances ?

a. Oui.

b. Non.

6. Est-il possible de lier une alerte à une erreur si elle ne provoque pas une inscription dans l'observateur des évènements ?

a. Oui.

b. Non.

7. Si une alerte est liée à un niveau de performance, est-il nécessaire que l'analyseur de performances s'exécute sur le serveur ?

a. Oui.

b. Non.

8. Une alerte définie par rapport à une erreur est :

a. Valide pour toutes les bases du serveur.

b. Valide pour une base du serveur.

c. Valide pour une ou plusieurs bases de données du serveur.

9. Dans quel cas un travail peut-il notifier un opérateur ?

a. Lorsque les tâches se sont exécutées avec succès.

b. Lorsqu'une ou plusieurs tâches n'ont pu s'exécuter.

c. Quelle que soit la réussite des tâches.

10. Dans quel cas un travail peut-il être exécuté ?

a. À la demande de l'administrateur de base de données.

b. À la suite du déclenchement d'une alerte.

c. Par rapport à une planification prédéfinie.

d. Dans tous ces cas.

11. Quel service se charge d'exécuter les travaux planifiés ?

a. MS SQL Server.

b. SQL Server Agent.

c. MSDTC.

d. MS Search.

© Editions ENI - Toute reproduction interdite

Énoncé 4.1: Définir de nouveaux opérateurs

Durée: 15 minutes

Définissez l'opérateur Antoine qui sera notifié par l'instruction net send sur le poste local (localhost).

Définissez l'opérateur Marie qui sera notifiée par mail (test@eni.fr).

Définissez l'opérateur Philippe qui pourra être notifié par une instruction net send sur le serveur localhost ou bien par messagerie électronique (test2@eni.fr) à l'aide d'un script Transact SQL.

Indice

*La procédure stockée **sp_add_operator** permet de définir de nouveaux opérateurs.*

Énoncé 4.2 : Définir une alerte par rapport à un numéro d'erreur

Durée: 10 minutes

Définissez l'alerte **Erreur701SSMS** pour l'erreur 701: Mémoire système insuffisante pour exécuter cette requête. Cette alerte portera uniquement sur la base SSMS.

Les opérateurs Antoine et Philippe seront notifiés toutes les 10 minutes et le texte d'erreur sera inclus dans le message envoyé aux opérateurs par l'intermédiaire de l'instruction net send.

Énoncé 4.3 : Définir une alerte par rapport à une gravité d'erreur

Durée : 15 minutes

Définissez, à l'aide d'un script Transact SQL, l'alerte **Gravite21TSQL** pour alerter l'opérateur Marie par mail avec le message d'erreur dès que ce type d'erreur se produit sur la base TSQL.

Indices

*La procédure stockée **sp_add_alert** permet de définir une nouvelle alerte.*

*Les opérateurs à notifier face à une alerte sont définis à l'aide de la procédure stockée **sp_add_notification**.*

© Editions ENI - Toute reproduction interdite

Énoncé 4.4 : Définir un nouveau travail

Durée : 25 minutes

Planifiez le nouveau travail nommé **Réduction**, qui va tenter de réduire la taille de la base de données TSQL en laissant au moins 10% d'espace libre dans les fichiers. Ce travail devra également procéder au même type de réduction de taille sur la base SSMS mais cette fois-ci sans réduire la taille des fichiers de données, afin de simplement compacter les données.

Définissez le travail **SuiviErreur** qui va inscrire la date et heure courante dans la table SuiviErreurs définie sur la base TSQL. Si cette table n'existe pas lors de l'exécution du travail, alors elle est créée par script afin d'avoir les propriétés suivantes :

Colonne	Type de données	Remarque
id	int	Compteur à incrémentation automatique
quand	datetime2	

Indices

Pensez à l'instruction ***DBCC SHRINKDATABASE****.*

Pensez à utiliser l'option ***NOTRUNCATE****pour ne pas rendre au système de fichiers l'espace libéré dans les fichiers de données.*

La fonction ***OBJECT_ID****permet de vérifier l'existence d'un objet.*

Énoncé 4.5 : Planifier l'exécution d'un travail

Durée : 10 minutes

Planifiez le travail **Réduction** défini à l'étape 4.4, pour qu'il s'exécute du lundi au vendredi la nuit à 01h15 du matin. Le week-end, ce travail sera exécuté uniquement le dimanche matin à 06h25.

Énoncé 4.6 : Notifier un opérateur suite à l'exécution du travail

Durée : 5 minutes

Lorsque le travail **Réduction** a terminé de s'exécuter, l'opérateur Philippe souhaite être averti par un message électronique. En cas d'échec d'exécution, une trace doit être inscrite dans le journal des évènements Windows.

IUFM Rouen SCD 76130 Mt St Aignan

© Editions ENI - Toute reproduction interdite

Énoncé 4.7 : Exécuter un travail en réponse à une alerte

Durée : 5 minutes

Suite au déclenchement de l'alerte **Erreur701SSMS** le travail **SuiviErreur** doit être exécuté.

Énoncé 4.8 : Définir une alerte liée à une condition de performance

Durée : 30 minutes

Définissez l'alerte **JournalPlein** pour la base SSMS si le journal est plein à plus de 80%. Le déclenchement de l'alerte devra alerter l'opérateur Antoine et déclencher l'exécution du travail **AgrandirTailleJournalSSMS** qui se charge d'augmenter de 2 Mo la taille du journal des transactions de la base SSMS. Cette alerte se reproduira au pire toutes les six minutes.

Indices

*La vue **sys.dabase_files** permet de connaître la taille des fichiers. Cette taille est exprimée en nombre de blocs de 8 Kilo-octets.*

L'instruction EXEC permet de construire dynamiquement une commande du DDL.

Énoncé 4.9 : Définir ses propres compteurs de performances

Durée : 30 minutes

Définissez un compteur de performances afin de connaître le nombre de clients présents dans la table des clients de la base SSMS.

Visualisez votre compteur avec l'analyseur de performances.

Insérez un client supplémentaire dans la table et observez la valeur de votre compteur.

Indices

*La procédure **sp_user_counter1** permet de définir la valeur du premier compteur personnalisé.*

Pour mettre à jour régulièrement la valeur du compteur, il faut planifier l'exécution de cette opération.

© Editions ENI - Toute reproduction interdite

*Affichez la valeur du compteur depuis l'analyseur de performances en ajoutant l'objet **SQL Server:User settable**.*

Énoncé 4.10 : Définir une alerte par rapport à un compteur de performances personnalisé

Durée : 5 minutes

Définissez une alerte qui se déclenche dès que le nombre de clients est supérieur à dix. Cette alerte ne peut se déclencher qu'une fois toutes les douze heures.

Énoncé 4.11 : Configurer le service de messagerie

Durée: 15 minutes

Configurez le service de messagerie afin de permettre à l'agent SQL Server de transmettre des mails.

© Editions ENI - Toute reproduction interdite

© Editions ENI - Toute reproduction interdite

Table des Matières

Chapitre 5 : Transfert de données

© Editions ENI - Toute reproduction interdite

Chapitre 5 : Transfert de données

- **Durée** : 3 heures et 15 mn
- **Mots clés :** BCP, SSIS, ETL, import, export, SELECT INTO, attacher, détacher
- **Objectifs**

Ce chapitre va vous permettre de mettre en pratique différents moyens pour exporter et importer des données depuis et vers SQL Server. Certains outils permettent des transformations.

- **Préparation**

Téléchargez les fichiers complémentaires depuis le site des Éditions ENI afin de pouvoir réaliser les exercices d'importation de données.

Pré-requis

Pour valider les pré-requis nécessaires, avant d'aborder le TP, répondez aux questions ci-après :

1. Sous quel format sont stockés les packages BCP ?
   a. Sous forme de fichiers sur le serveur.
   b. Sous forme de fichiers sur le poste client.
   c. Dans la base MSDB.
   d. Dans la base master.
   e. Il n'y a pas de package pour BCP.
2. Pour importer des données actuellement dans un fichier CSV vers une table de la base, quelles méthodes est-il possible d'utiliser ?
   a. BCP.
   b. SSIS.
   c. SELECT INTO.
   d. EXPORT.
3. Vous souhaitez recopier les données de quelques tables actuellement dans la base de production vers votre serveur de test. Les deux serveurs sont enregistrés dans SQL Server Management Studio, quels outils pouvez-vous utiliser ?
   a. BCP.
   b. SSIS.
   c. SELECT INTO.

© Editions ENI - Toute reproduction interdite

4. Lors de l'exportation d'une table avec BCP, la structure de la table est-elle présente dans le fichier d'export ?

a. Oui.

b. Non.

5. Quelle option de BCP permet de spécifier le nom du serveur ?

a. E

b. S

c. T

d. B

6. Quels sont les privilèges dont doit disposer un utilisateur sur la base d'export pour exporter des données avec SSIS ?

a. db_owner.

b. SELECT sur les tables concernées par l'exportation.

c. db_datareader.

d. db_backupoperator.

7. Depuis quel outil le concepteur SSIS est-il disponible ?

a. Business Intelligence Development Studio.

b. SQL Server Management Studio.

c. Visual Studio 2008.

8. Dans un même package SSIS, est-il possible d'exporter des données issues de plusieurs tables ?

a. Oui.

b. Non.

9. Est-il possible de définir et d'exécuter un package SSIS qui exporte des données depuis une base Access et positionne ces données dans un fichier Excel ?

a. Oui.

b. Non.

10. Quel service de SQL faut-il avoir installé pour bénéficier de SSIS ?

a. Aucun, cette fonctionnalité est intégrée au moteur de base de données.

b. Analysis Services.

c. Reporting Services.

d. Notification Services.

e. Integration Services.

© Editions ENI - Toute reproduction interdite

11. Quelle méthode est la plus efficace pour transférer une base depuis un serveur SQL Server 2008 vers un autre Server SQL Server 2008 ?

a. BCP.

b. SSIS.

c. Sauvegarde / Restauration de la base.

d. Attacher/détacher les fichiers .

Énoncé 5.1 : Exporter les données d'une table avec BCP

Durée : 15 minutes

Utilisez BCP pour vous connecter au serveur en utilisant une connexion Windows puis exportez toutes les données de la table clients de la base SSMS pour les stocker dans le fichier texte clients.txt.

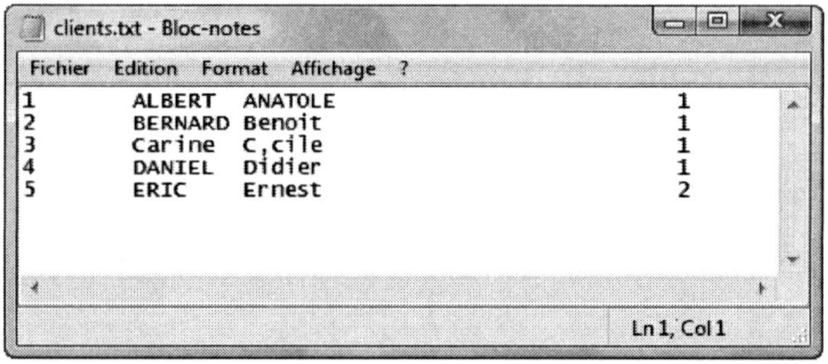

Indices

Les noms complets de la table et du fichier doivent être précisés.

L'option **-c** *permet d'avoir le résultat au format texte.*

Énoncé 5.2 : Exporter le résultat d'une requête avec BCP

Durée : 10 minutes

À l'aide de l'utilitaire BCP, exportez le nom de toutes les villes présentes dans la table des clients. Pour vous connecter au serveur, vous utiliserez la connexion SQL Server Pierre/erreip. Les informations seront stockées dans le fichier lesVilles.txt.

© Editions ENI - Toute reproduction interdite

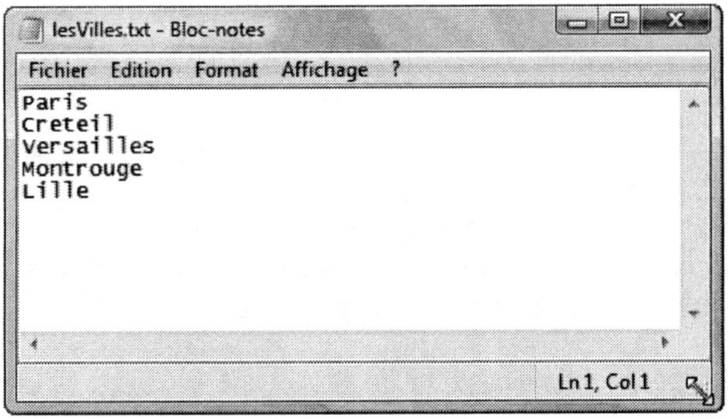

Énoncé 5.3 : Importer des données avec BCP

Durée : 20 minutes

Importez les données présentes dans le fichier codePostal.txt vers la table CodePostaux de la base SSMS. Cette table possède la structure suivante :

CodePostaux

Nom de la colonne	Type de données	Autoriser les valeurs Null
commune	nvarchar(50)	☑
codePostal	char(5)	☑
departement	nvarchar(50)	☑
codeInsee	int	☑
		☐

Le fichier CodePostal.txt est en téléchargement depuis le site des Éditions ENI.

Indice

La table doit être créée avant l'importation.

Utilisez le nom complet de la table.

© Editions ENI - Toute reproduction interdite

Énoncé 5.4 : Copier des tables entre deux bases SQL Server

Durée : 10 minutes

Définissez un package SSIS qui permet de copier la structure et les données de la table des clients depuis la base SSMS vers la base TSQL. Ce package doit être enregistré dans la base MSDB sous le nom "Copie table clients SSMS vers TSQL" et exécuté une seule fois dès la fin de l'assistant. Le niveau de sécurité pour l'enregistrement du package devra se limiter aux règles de sécurité mises en place au niveau de SQL Server.

Pour que cette opération soit réalisable, le service d'intégration des données doit être installé. C'est normalement ce qui a était fait au cours de l'installation décrite au cours du premier chapitre. Si ce composant n'est pas présent, il est nécessaire de l'installer. Cette opération est possible en exécutant de nouveau le processus d'installation.

Indice

Utilisez l'outil d'import/export depuis la base SSMS.

Énoncé 5.5 : Importer et transformer des données

Durée : 10 minutes

Définissez un package SSIS pour importer les données présentes dans le fichier CodesPostaux.csv vers la table CodesPostaux dans la base TSQL.

Le fichier est en téléchargement depuis le site des Éditions ENI.
Extrait du fichier :

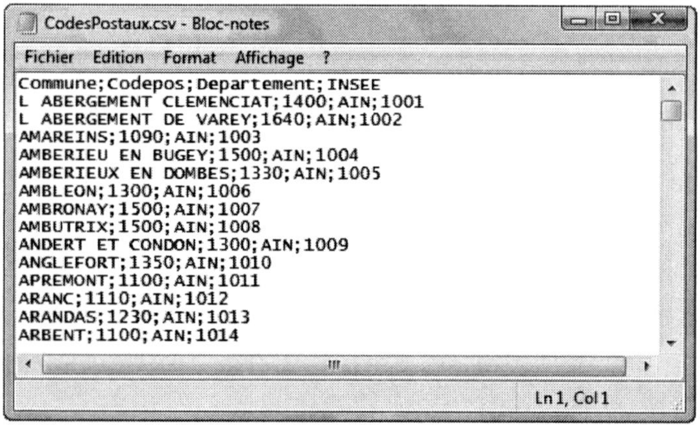


```
Commune;Codepos;Departement;INSEE
L ABERGEMENT CLEMENCIAT;1400;AIN;1001
L ABERGEMENT DE VAREY;1640;AIN;1002
AMAREINS;1090;AIN;1003
AMBERIEU EN BUGEY;1500;AIN;1004
AMBERIEUX EN DOMBES;1330;AIN;1005
AMBLEON;1300;AIN;1006
AMBRONAY;1500;AIN;1007
AMBUTRIX;1500;AIN;1008
ANDERT ET CONDON;1300;AIN;1009
ANGLEFORT;1350;AIN;1010
APREMONT;1100;AIN;1011
ARANC;1110;AIN;1012
ARANDAS;1230;AIN;1013
ARBENT;1100;AIN;1014
```

© Editions ENI - Toute reproduction interdite

La table CodesPostaux possède la structure suivante :

Colonne	Type de données
codeInsee	Char(6)
codePostal	Char(5)
Commune	Varchar(100)
Departement	Varchar(100)

Indices

La table doit être définie avant de tenter l'importation des données.

Définissez le mappage des colonnes.

La première ligne du fichier CSV contient le libellé des colonnes.

Énoncé 5.6 : Définir un package SSIS

Durée : 45 minutes

À partir du fichier CodePostaux.csv, définissez un package SSIS qui va créer une table des Départements avec la structure suivante :

Colonne	Type de données
Numéro	Tinyint
Nom	Varchar(100)

Si cette table existe déjà, toutes les données qu'elle contient seront supprimées.

Cette table est alimentée par le package SSIS.

Énoncé 5.7 : Importer des données au format XML

Durée : 45 minutes

À partir du fichier Composants.xml disponible parmi les téléchargements du livre, importez les données vers la table Composants de la base SSMS.

© Editions ENI - Toute reproduction interdite

Structure de la table Composants :

Composants

Nom de la colonne	Type de données	Autoriser les valeurs Null
id	int	☐
code	nvarchar(200)	☑
nom	nvarchar(200)	☑
marque	nvarchar(255)	☑
commentaires	nvarchar(500)	☑
url	nvarchar(100)	☑
disponibilite	nvarchar(255)	☑
genre	nvarchar(20)	☑
		☐

✓ *La colonne id est de type identity.*

Extrait du fichier composants.xml :

```
  <?xml version="1.0" encoding="ISO-8859-1" standalone="yes" ?>
- <list count="7055">
  - <item>
      <code>6500-128</code>
      <name>GeForce 6500</name>
      <brand>Ononame</brand>
      <price currency="EUR">58.99</price>
      <shipping currency="EUR">7.28</shipping>
      <abstract />
      <url>http://www.materiel.net/details_6500-128.html</url>
      <availability>En stock</availability>
      <genre>3d</genre>
    </item>
  - <item>
      <code>EAX1300PROSILENT</code>
      <name>EAX1300 Pro Silent/TD 256 Mo</name>
      <brand>Asus</brand>
      <price currency="EUR">81.99</price>
      <shipping currency="EUR">7.28</shipping>
```

© Editions ENI - Toute reproduction interdite

Énoncé 5.8 : Planifier l'exécution régulière d'une exportation BCP

Durée : 15 minutes

Planifiez l'extraction de tous les clients vers un fichier texte. Cette extraction sera effectuée au moyen de l'utilitaire BCP et sera planifiée pour une exécution quotidienne à 23h00.

Énoncé 5.9 : Planifier l'exécution d'un package SSIS

Durée : 15 minutes

Définissez un package SSIS pour exporter vers la base Access catalogue.mdb la liste des composants actuellement présents dans la table des composants.

Ce package doit être exécuté une fois par semaine le dimanche à 18h00.

Indice

Utilisez l'assistant d'exportation pour définir le package.

Définissez un nouveau travail avec une planification qui lui est propre.

Énoncé 5.10 : Détacher une base

Durée : 10 minutes

Pour permettre le transfert de la base AdventureWords2008 vers un autre serveur, effectuez une copie des fichiers de la base.

© Editions ENI - Toute reproduction interdite

© Editions ENI - Toute reproduction interdite

Table des Matières

Chapitre 6 : Sauvegarde et restauration

© Editions ENI - Toute reproduction interdite

Chapitre 6 : Sauvegarde et Restauration

- **Durée** : 2 heures 35 mn
- **Mots clés** : Sauvegarde, restauration, backup, restore, différentielle, incrémentale, journal des transactions
- **Objectifs** :

Ce chapitre va vous permettre de mettre en pratique différentes méthodes de sauvegarde et de restauration.

Pré-requis

Pour valider les pré-requis nécessaires, avant d'aborder le TP, répondez aux questions ci-après :

1. Quelles informations sont présentes dans le journal des transactions ?
   - **a.** Les opérations de modification de structure : CREATE, ALTER et DROP.
   - **b.** Les opérations de modification des données : INSERT, UPDATE et DELETE.
   - **c.** Les opérations de manipulation des données : SELECT.

2. Dans quel(s) cas est-il nécessaire de procéder à une sauvegarde de la base master ?
   - **a.** Lors de la création d'une nouvelle base de données.
   - **b.** Lors de la définition d'un nouvel utilisateur de base de données.
   - **c.** Lors de la création d'une table sur la base Model.
   - **d.** Lors de la définition d'un nouvel opérateur.

3. Comment est-il possible de déclencher manuellement un point de synchronisation ?
   - **a.** CHECKPOINT.
   - **b.** ALTER SYSTEM CHECKPOINT.
   - **c.** ALTER DATABASE baseDeDonnées CHECKPOINT.
   - **d.** Ce n'est pas possible.

© Editions ENI - Toute reproduction interdite

4. Quels sont les différents modes de récupération qu'il est possible de configurer au niveau de la base de données ?
   a. Simple (SIMPLE).
   b. Récupération complet (FULL).
   c. Récupération en utilisant les groupes de fichiers (FILEGROUP_MODE).
   d. Récupération en utilisant le journal (BULK_LOGGED).
5. Avec quel mode de récupération doit être configurée la base de données pour que le journal des transactions soit tronqué lors de chaque point de synchronisation ?
   a. Simple (SIMPLE).
   b. Récupération complet (FULL).
   c. Récupération en utilisant les groupes de fichiers (FILEGROUP_MODE).
   d. Récupération en utilisant le journal (BULK_LOGGED).
6. Dans quel cas est-il recommandé d'exécuter l'instruction backup log avec l'option truncate_only ?
   a. Avant la sauvegarde du journal.
   b. Après la sauvegarde du journal.
   c. Avant la sauvegarde complète de la base.
   d. Après la sauvegarde complète de la base.
7. La sauvegarde sur plusieurs fichiers permet de :
   a. Répartir les informations sauvegardées sur plusieurs fichiers.
   b. D'avoir plusieurs copies identiques de la sauvegarde.
   c. De limiter la taille des fichiers de sauvegarde en les remplissant les uns après les autres.
   d. De sauvegarder un groupe de fichiers composé de plusieurs fichiers physiques.
8. Lorsqu'une sauvegarde différentielle de base de données est réalisée, cette sauvegarde contient :
   a. Toutes les modifications depuis la dernière sauvegarde complète.
   b. Toutes les modifications depuis la dernière sauvegarde différentielle.
   c. Toutes les modifications depuis la dernière sauvegarde du journal.

© Editions ENI - Toute reproduction interdite

Énoncé 6.3 : Restaurer la base à partir d'une sauvegarde complète

Durée : 25 minutes

Depuis l'explorateur de fichiers de Windows, supprimez les fichiers SSMS_log.ldf et TSQL.ldf.

Actualisez la vue de l'explorateur d'objets de SQL Server Management Studio. Les bases SSMS et TSQL doivent être inaccessibles.

Effectuez une restauration depuis SQL Server Management Studio de la base SSMS en utilisant la sauvegarde complète présente dans le fichier **c:\TPSQL\sauvegarde SSMS1.bak**.

Affichez le contenu de la table des clients. Comment pouvez-vous expliquer que les lignes relatives aux clients identifiés par le numéro 11, 12 et 13 ne sont pas présentes ?

Écrivez un script pour restaurer la base TSQL en s'appuyant sur la sauvegarde complète présente dans l'unité de sauvegarde **unite1TSQL**.

Énoncé 6.4 : Changer le mode de récupération de la base

Durée : 5 minutes

Configurez la base SSMS pour qu'elle utilise un mode de récupération journalisé en bloc.

Effectuez la même opération de configuration sur la base TSQL à l'aide d'un script Transact SQL.

Énoncé 6.5 : Réaliser une sauvegarde différentielle

Durée : 10 minutes

Réalisez une sauvegarde complète de la base SSMS vers l'unité de sauvegarde **unite1SSMS** en prenant soin de réinitialiser le support.

Exécutez le script suivant pour ajouter une ligne d'information dans la table clients :

```
Insert into clients(numero,region,nom,prenom) values (14,1,'Cécile','Cédric');
```

Réalisez une sauvegarde différentielle de la base SSMS vers l'unité de sauvegarde **unite1SSMS**.

Écrivez un script pour réaliser une sauvegarde complète de la base TSQL vers l'unité de sauvegarde **unite1TSQL** en initialisant le support.

© Editions ENI - Toute reproduction interdite

À l'aide d'un script Transact SQL, effectuez une sauvegarde différentielle de la base TSQL vers l'unité de sauvegarde **unite1TSQL**.

Énoncé 6.6 : Réaliser une sauvegarde du journal

Durée : 10 minutes

Exécutez le script suivant pour ajouter une ligne d'information dans la table Clients :

```
Insert into clients(numero,region,nom,prenom) values (15,1,'Damien','Didier');
```

Réalisez une sauvegarde du journal des transactions vers l'unité de sauvegarde **unite1SSMS**.

Exécutez un script pour sauvegarder le journal des transactions vers l'unité de sauvegarde **unite1TSQL**.

Énoncé 6.7 : Restaurer la base

Durée : 30 minutes

Arrêtez le service MSSQLServer.

Depuis l'explorateur de fichiers de Windows, supprimez les fichiers SSMS_log.ldf et TSQL.ldf.

Démarrez le service MSSQLServer.

Actualisez la vue de l'explorateur d'objets de SQL Server Management Studio. Les bases SSMS et TSQL ne doivent pas être accessibles.

Restaurez la base de données SSMS en vous aidant de l'interface graphique de SQL Server Management Studio.

Affichez et analysez le contenu de la table Clients.

Restaurez de même la base TSQL en écrivant les scripts nécessaires.

© Editions ENI - Toute reproduction interdite

Énoncé 6.8 : Mettre en place un plan de sauvegarde

Durée : 40 minutes

Définissez les unités de sauvegarde suivantes :

Nom Unité	Nom du fichier
Lundi	C:\tpsql\lundi.bak
Mardi	C:\tpsql\mardi.bak
Mercredi	C:\tpsql\mercredi.bak
Jeudi	C:\tpsql\jeudi.bak
Vendredi	C:\tpsql\vendredi.bak
Samedi	C:\tpsql\samedi.bak
Dimanche	C:\tpsql\dimanche.bak

Instanciez le plan de sauvegarde de la base SSMS qui permet de réaliser :

- Une sauvegarde complète à 2h00.
- Une sauvegarde différentielle à 13h00.
- Une sauvegarde du journal des transactions chaque heure entre 8h00 et 18h30 sauf à 13h00.
- Toutes les sauvegardes utilisent l'unité de sauvegarde du jour de la semaine.

Indice

Pensez que les scripts sont parfois plus performants que l'interface graphique.

Il est possible de définir plusieurs planifications pour un même travail.

Énoncé 6.9 : Compresser une sauvegarde

Durée: 5 minutes

Réalisez une sauvegarde complète compressée de la base SSMS sur le fichier **c:\TPSQL\compresseSSMS.bak**. Cette opération est réalisée depuis SQL Server Management Studio.

Effectuez de même une sauvegarde complète compressée de la base TSQL vers le fichier **c:\TPSQL\compresseTSQL**.bak mais cette fois en utilisant un script Transact SQL.

© Editions ENI - Toute reproduction interdite

Table des Matières

Chapitre 7 : Travailler avec plusieurs instances

© Editions ENI - Toute reproduction interdite

Chapitre 7 : Travailler avec plusieurs instances

- **Durée :** 1 heure 25 mn
- **Mot clés :** Serveur lié, transfert d'évènement
- **Objectifs :**

Ce chapitre va vous permettre de mettre en place des serveurs liés, d'administrer plusieurs instances depuis la même interface de SQL Server Management Studio et de mettre en place un serveur pour centraliser le traitement de toutes les alertes.

Pré-requis

Pour valider les pré-requis nécessaires, avant d'aborder le TP, répondez aux questions ci-après :

1. Est-il possible d'inscrire et d'administrer des serveurs SQL 2005 depuis SQL Server Management Studio ?
   a. Oui.
   b. Non.
2. Quelle procédure stockée permet de se lier à un notre serveur ?
   a. sp_addlinkedserver.
   b. sp_addserver.
   c. sp_addlinkserver.
   d. sp_linkesserver.
3. Si le serveur A est lié au serveur B est-ce que le serveur B est lié au serveur A ?
   a. Oui.
   b. Non.
4. Si le mappage de sécurité des comptes n'est pas défini, quel est le choix par défaut ?
   a. La connexion n'est pas possible.
   b. La connexion sera effectuée sans contexte de sécurité.
   c. La connexion sera effectuée dans le contexte de sécurité de la connexion actuelle.
   d. La connexion sera effectuée dans le contexte de sécurité d'une connexion définie au préalable.

© Editions ENI - Toute reproduction interdite

5. La fonction OPENQUERY s'appuie sur quel élément pour accéder aux données distantes ?
   a. ODBC.
   b. OLE DB.
   c. Liaison entre les serveurs.
   d. Réplication.
6. Est-il possible de lier un serveur SQL Server 2008 avec un serveur Oracle 10g ?
   a. Oui.
   b. Non.
7. Le serveur cible du transfert d'évènement est capable de traiter ?
   a. Tout type d'évènements.
   b. Les évènements liés à une condition de performance.
   c. Les évènements liés à un niveau de gravité d'erreur.
   d. Les évènements liés à un numéro d'erreur.
   e. Les évènements non gérés localement.

Énoncé 7.1 : Ajouter un nouveau serveur lié

Durée : 10 minutes

Démarrez les services relatifs à l'instance **INSTANCETP**.

Configurez une liaison entre l'instance par défaut de SQL Server et l'instance **INSTANCETP**.

Énoncé 7.2 : Définir le mappage des connexions

Durée : 40 minutes

Avant de mapper les connexions définies localement avec celles de l'instance liées, réalisez les opérations suivantes sur l'instance instanceTP :

Créez la base de données bdTest.

© Editions ENI - Toute reproduction interdite

Créez la table Individus sur la base bdTest en respectant la structure suivante :

Colonne	Type	Remarque
ID	Int	Compteur, Clé primaire
Nom	nvarchar(100)	Null autorisé
Prénom	nvarchar(100)	Null autorisé

Ajoutez quelques lignes d'informations dans cette table Individus.

Définissez les connexions SQL Server suivantes :

Nom	Mot de passe	Base par défaut
Alan	Nala	bdTest
Louis	Siuol	bdTest
Isabelle	Ellebasi	bdTest

Définissez les comptes d'utilisateurs de bases de données suivants :

Connexion	Utilisateur de base	Privilèges
Alan	Alan	db_datareader, db_datawriter
Louis	Louis	db_datareader, db_datawriter
Isabelle	Isabelle	db_datareader
	Guest	db_datareader

Liez les connexions de l'instance par défaut avec les comptes d'utilisateurs distants suivants :

Connexion sur l'instance par défaut	Connexion sur instanceTP
Adrien	Alan
Léon	Louis

Pour les autres utilisateurs qui accéderont aux données sur les serveurs distants, ils utiliseront le contexte de sécurité de l'utilisatrice Isabelle.

Énoncé 7.3 : Configurer le serveur cible

Durée : 5 minutes

Sur le serveur cible, mettez en place la configuration nécessaire pour qu'il puisse accepter des connexions réalisées par un serveur distant.

© Editions ENI - Toute reproduction interdite

Énoncé 7.4 : Valider la connexion au serveur distant

Durée : 10 minutes

Exécutez les différentes opérations suivantes et expliquez le résultat obtenu pour chaque instruction.

Sur l'instance par défaut, ouvrez une session en utilisant la connexion Adrien et ajoutez les informations suivantes dans la table Individus puis affichez le contenu de cette table.

Nom	Prénom
Fourmis	Henri

Sur l'instance par défaut, ouvrez une session en utilisant la connexion Pierre et ajoutez les informations suivantes dans la table Individus :

Nom	Prénom
Merle	Arielle

Sur l'instance par défaut, ouvrez une session en utilisant la connexion Léon et ajoutez les informations suivantes dans la table Individus :

Nom	Prénom
PicVert	Albert

Énoncé 7.5 : Utiliser OPENROWSET

Durée : 10 minutes

En utilisant l'instruction OPENROWSET, listez toutes les informations présentes dans la table Individus sur la base bdTest de l'instanceTP.

Énoncé 7.6 : Transférer les évènements

Durée : 10 minutes

Configurez l'instance **INSTANCETP** afin que tous les évènements soient transférés vers l'instance par défaut de votre serveur et cela pour tous les évènements qui possèdent une gravité supérieure ou égale à : 001 - Informations système diverses.

© Editions ENI - Toute reproduction interdite

© Editions ENI - Toute reproduction interdite

Table des Matières

Chapitre 8 : Réplication

© Editions ENI - Toute reproduction interdite

Chapitre 8 : Réplication

- **Durée :** 1 heure 5 mn
- **Mots clés :** Abonné, distributeur, éditeur, publication, réplication transactionnelle, réplication de fusion, capture instantanée
- **Objectif :** À la fin de ce chapitre vous saurez mettre en place les principaux types de réplication proposés par SQL Server.
- **Préparation :** Pour réaliser les exercices de ce chapitre vous devez disposer de deux instances de SQL Server.

Pré-requis

Pour valider les pré-requis nécessaires, avant d'aborder le TP, répondez aux questions ci-après :

1. Quel type de réplication laisse le plus d'autonomie au site distant ?

- **a.** Capture instantanée.
- **b.** Transactionnelle.
- **c.** Fusion.

2. Un abonnement peut-il être défini sur une partie d'une publication ?

- **a.** Oui.
- **b.** Non.

3. À quel niveau s'exécute l'agent de lecture du journal ?

- **a.** Éditeur.
- **b.** Distributeur.
- **c.** Abonné.

4. Est-il possible d'avoir un distributeur commun à plusieurs éditeurs ?

- **a.** Oui.
- **b.** Non.

5. L'abonné récupère une capture instantanée depuis :

- **a.** La base de données distribution du distributeur.
- **b.** Un dossier partagé sur le distributeur.
- **c.** Un lot SSIS stocké sur le distributeur.
- **d.** Un lot SSIS stocké sur l'éditeur.

© Editions ENI - Toute reproduction interdite

6. Quel service est responsable de l'exécution des différents agents de la réplication ?

a. MSSQLServer.

b. SQLServerAgent.

c. SQLReplicationAgent.

7. Quels types de clients peuvent participer à une réplication de fusion ?

a. SQL Server 2008.

b. SQL Server 2005.

c. SQL Server Express.

d. Access.

e. Oracle.

8. Dans quel cas le dossier, qui contient les fichiers des captures instantanées, peut-il ne pas être partagé ?

a. Le serveur et le distributeur sont sur le même poste.

b. Le serveur et le distributeur sont sur deux postes différents.

c. Seuls des abonnements poussés sont définis.

d. Seuls des abonnements extraits sont définis.

e. Des abonnements poussés et extraits sont définis.

9. Est-il possible de définir une publication avec des données en provenance de deux bases différentes mais hébergées sur la même instance SQL Server ?

a. Oui.

b. Non.

10. Lors de la définition d'une publication, dans le cadre d'une réplication transactionnelle, quel type de filtrage est-il possible de définir sur les tables ?

a. Aucun.

b. Vertical.

c. Horizontal.

d. Les deux.

11. Quelles tables peuvent participer à une publication dans le cadre d'une réplication transactionnelle ?

a. Celles qui disposent d'une clé primaire.

b. Celles qui disposent d'une clé primaire numérique.

c. Celles qui disposent d'une colonne de type UNIQUEIDENTIFIER.

d. Celles qui disposent d'une colonne de type IDENTITY.

© Editions ENI - Toute reproduction interdite

Énoncé 8.1 : Préparer l'environnement du distributeur

Durée : 25 minutes

C'est l'instance par défaut qui va jouer le rôle d'éditeur-distributeur. L'instanceTP sera quant à elle, abonnée.

Créez sous Windows le compte d'utilisateur SQLService. Ce compte est membre du groupe local des administrateurs.

Configurez les services MSSQLServer et SQLServerAgent des deux instances SQL Server 2008, pour qu'ils s'exécutent dans le contexte de sécurité de ce compte. Arrêtez et démarrez les services pour prendre en compte les modifications.

Créez et partagez le dossier c:\TPSQL\Replication. Ce partage sera utilisé par l'éditeur pour y déposer les résultats de la capture instantanée et par les abonnés pour venir y chercher les fichiers de cette même capture instantanée. Le nom de partage sera **Replication**.

Énoncé 8.2 : Activer la distribution et la publication

Durée : 10 minutes

Configurez la distribution sur l'instance par défaut en utilisant les paramètres suivants :

Dossier de captures instantanées	*VotreServeur*\Replication
Nom de la base de distribution	distribution
Emplacement des fichiers de la base de distribution	Conserver les choix par défaut
Éditeurs autorisés à utiliser le distributeur	L'instance SQL Server 2005 par défaut

Indice

Utilisez l'assistant de configuration de la distribution et laissez l'assistant configurer la distribution.

© Editions ENI - Toute reproduction interdite

Énoncé 8.3 : Définir une publication

Durée : 15 minutes

Depuis l'instance par défaut de SQL Server 2008 définissez une réplication transactionnelle sans mise à jour possible des données sur la table Clients de la base SSMS. Aucun filtrage ne sera fait sur les données. Afin d'optimiser le temps d'intégration des nouveaux abonnés, une capture instantanée sera réalisée toutes les trois semaines le dimanche matin à 09h00. Cette publication portera le nom de **ReplClients**.

Le contexte de sécurité à utiliser est celui de l'agent SQL Server.

Indice

*Demandez à l'assistant **Nouvelle Publication** de créer la publication.*

Énoncé 8.4 : Envoyer un abonnement

Durée : 5 minutes

Depuis le distributeur, envoyez un abonnement vers l'instanceTP pour la réplication **ReplClients**. La base de destination est bien sûr la base bdTest.

L'abonnement sera initialisé de façon immédiate.

Énoncé 8.5 : Tester la réplication

Durée : 5 minutes

Réalisez les opérations suivantes afin de vous assurer que la réplication fonctionne correctement :

- Depuis l'éditeur, exécutez la requête suivante sur la base SSMS :

```
Insert into clients(numero,nom,prenom,region)
values (20,'Karp','Richard',1);
```

- Basculez sur l'abonné et exécutez, plusieurs fois si nécessaire, la requête suivante sur la base bdTest :

```
Select * from clients;
```

Que doit-on observer dans le résultat retourné par la seconde requête? Pourquoi y a-t-il un décalage ?

© Editions ENI - Toute reproduction interdite

Énoncé 8.6 : Surveiller la réplication

Durée : 5 minutes

Affichez le temps de latence pour l'abonnement concernant l'instanceTP.

Indice

Pensez à utiliser le moniteur de réplication.

Énoncé 8.7 : Mettre en place une réplication de fusion

Annulez la réplication transactionnelle mise en place au niveau de la table Clients.

Définissez une réplication de fusion (ReplFusionClients) entre l'instance par défaut et l'instance par défaut pour cette table Clients.

Sur l'instance par défaut, exécutez le script suivant :

```
Insert into clients (numero, nom, prenom, region)
 values (21,'Carrel','Alexis',1);
```

Sur l'instanceTP, exécutez le script suivant :

```
Insert into clients(numero, nom, prenom, region)
values (22,'Renault','Louis',1);
Select * from clients;
```

Sur l'instance par défaut, exécutez le script suivant :

```
Select * from clients;
```

© Editions ENI - Toute reproduction interdite

Table des Matières

Chapitre 9 : Service Broker

© Editions ENI - Toute reproduction interdite

Chapitre 9 : Service Broker

- **Durée :** 55 mn
- **Mots clés :** XML, contrat, service, message, conversation
- **Objectif :**

À la fin de ce chapitre vous aurez mis en place une solution basée sur Service Broker.

Pré-requis

Pour valider les pré-requis nécessaires, avant d'aborder le TP, répondez aux questions ci-après :

1. Dans quel type d'architecture Service Broker s'avère particulièrement bien adapté ?
   - **a.** Fortement couplé de type client/serveur.
   - **b.** Faiblement couplé de type n-tiers.
   - **c.** Orienté service de type SOA.
2. En utilisant Service Broker, l'émetteur et le récepteur travaillent en mode :
   - **a.** Synchrone.
   - **b.** Asynchrone.
3. Lors de la mise en place de Service Broker, une file d'attente doit être définie sur :
   - **a.** Le consommateur.
   - **b.** Le serveur.
   - **c.** Des deux côtés.
   - **d.** Il n'est pas obligatoire de définir une file d'attente.
4. La conversation entre l'émetteur et le serveur est régulée par :
   - **a.** Les types de messages.
   - **b.** Le format des messages.
   - **c.** Le nombre des messages.
   - **d.** Le contrat.

© Editions ENI - Toute reproduction interdite

5. Le consommateur peut-il envoyer plusieurs messages au serveur alors que ce dernier n'a pas commencé à répondre ?
   a. Oui.
   b. Non.
6. La fonctionnalité Service Broker est :
   a. Automatiquement disponible au niveau du serveur.
   b. Une fonctionnalité à activer au niveau serveur.
   c. Une fonctionnalité à activer au niveau de chaque base de données.
   d. Un composant supplémentaire de SQL Server à installer.
7. Comment est-il possible de définir un type de message ?
   a. create message ...
   b. create type ...
   c. create message type ...
   d. sp_addmessagetype ...
8. Quels sont les différents types de messages qu'il est possible de définir ?
   a. Empty
   b. None
   c. Well_formed_xml
   d. Valid_xml with schema collection ...
   e. TSQL
9. La file d'attente est créée :
   a. Avec l'instruction CREATE QUEUE.
   b. Avec l'instruction CREATE QUEUE FILE.
   c. Lors de la création du service.
   d. Avec la procédure stockée sp_addqueue.

Énoncé 9.1 : Activer le service

Durée : 5 minutes

Activez Service Broker sur la base SSMS présente sur l'instance par défaut.

Indice

Pensez à interroger la colonne is_broker_enabled de la table sys.databases pour être sûr que le service est bien activé sur la base.

© Editions ENI - Toute reproduction interdite

Énoncé 9.2 : Définir les types de messages

Durée : 5 minutes

Définissez les types de messages suivants :

- Le type1 correspond à une expression XML bien formée.
- Le type2 correspond à un message vide.

Indice

Pensez à utiliser l'instruction CREATE MESSAGE TYPE.

Énoncé 9.3 : Définir les contrats

Durée : 5 minutes

Définissez le contrat *contratTP* précisant que le message de type1 ne peut être envoyé que par celui qui ouvre le dialogue, tandis que le fournisseur ne pourra quant à lui répondre qu'avec un message de type2.

Indice

L'instruction CREATE CONTRACT permet de définir un nouveau contrat.

Énoncé 9.4 : Mettre en place les files d'attente

Durée : 5 minutes

Créez la file d'attente File1 pour l'émetteur et la file d'attente File2 pour le serveur.

Indice

Pour définir une nouvelle file d'attente, il est nécessaire d'utiliser l'instruction CREATE QUEUE.

© Editions ENI - Toute reproduction interdite

Énoncé 9.5 : Définir les services

Durée : 10 minutes

Définissez le service Service1 qui utilisera la file d'attente File1 sur l'émetteur et le service Service2 qui utilise la file d'attente File2 sur le serveur.

Indices

Il est nécessaire de stipuler le contrat pour le service défini sur le serveur cible.

C'est l'instruction Transact SQL CREATE SERVICE qui permet de définir un nouveau service.

Énoncé 9.6 : Envoyer un message

Durée : 10 minutes

Depuis l'émetteur envoyez un message qui contient la chaîne d'information suivante :
<personne><nom>DUPONT</nom><prenom>Aude</prenom></personne>

Indices

Avant d'envoyer un message, il est nécessaire de débuter la conversation avec BEGIN DIALOG CONVERSATION.

C'est l'instruction SEND ON CONVERSATION qui permet d'envoyer un message.

Énoncé 9.7 : Lire les messages

Durée : 10 minutes

Consultez l'état de la file d'attente.

Réceptionnez le message situé dans la file d'attente.

Indices

Pour afficher le contenu d'une file d'attente, il faut utiliser l'instruction SELECT.

C'est l'instruction RECEIVE qui permet de récupérer un message présent dans la file d'attente.

© Editions ENI - Toute reproduction interdite

Énoncé 9.8 : Mettre fin à la conversation

Durée : 5 minutes
Mettez fin au dialogue.

Indice

Utilisez l'instruction END CONVERSATION.

© Editions ENI - Toute reproduction interdite

Table des Matières

Chapitre 10 : Les opérations d'optimisation

© Editions ENI - Toute reproduction interdite

Chapitre 10 : Les opérations d'optimisation

- **Durée :** 1 heure 25 mn
- **Mots clés :** Audit, C2, générateur de profils, trace, mémoire, compteur de performances, assistant de paramétrage, déclencheur DDL, PowerShell, SQLPS
- **Objectif :**

Ce chapitre va vous permettre de mettre en pratique les différents éléments qui ont tous pour objectif de vous aider à gérer le serveur et donc d'optimiser le travail qui y est effectué.

Pré-requis

Pour valider les pré-requis nécessaires, avant d'aborder le TP, répondez aux questions ci-après :

1. Quelle est la taille maximale des journaux d'audit ?
   a. Aucune.
   b. 50 Mo.
   c. 100 Mo.
   d. 200 Mo.
2. Quel type d'audit de connexion est-il possible de poser ?
   a. Aucun, seul l'audit C2 est possible.
   b. Les échecs de connexion uniquement.
   c. Les tentatives de connexion en tant qu'administrateur uniquement.
   d. Toutes les tentatives de connexion.
3. Le générateur de profil permet :
   a. De capturer l'ensemble des requêtes envoyées au serveur.
   b. De capturer l'ensemble de l'activité d'un utilisateur.
   c. De personnaliser les droits accordés à chaque utilisateur en fonction des requêtes qu'ils effectuent.
4. Le générateur de profil stocke les informations ?
   a. Dans une table.
   b. Sous forme de fichier trace.
   c. Sous forme de fichier XML.
   d. Sous forme de fichier profil.

© Editions ENI - Toute reproduction interdite

5. Quel service est responsable de la bonne exécution du générateur de profil ?

- **a.** Aucun, le générateur de profil est autonome.
- **b.** MSSQLServer.
- **c.** SQLServerAgent.

6. Combien de compteurs de performances personnalisés est-il possible de définir ?

- **a.** Aucun.
- **b.** dix pour chaque base.
- **c.** dix pour chaque instance SQL Server 2008.
- **d.** dix pour chaque serveur, quel que soit le nombre d'instances SQL Server présentes sur le serveur.

7. Pour le compteur taux de présence dans le cache, quelle est la valeur souhaitée au cours d'une utilisation normale ?

- **a.** Supérieure à 60%.
- **b.** Supérieure à 70%.
- **c.** Supérieure à 80%.
- **d.** Supérieure à 90%.

8. Comment est-il possible d'éviter l'exécution de requêtes importantes sur le serveur ?

- **a.** Ce n'est pas possible.
- **b.** Il est nécessaire de définir un quota de données manipulées par une requête au niveau du profil de l'utilisateur.
- **c.** Il est possible de bloquer une requête dont la durée estimée est supérieure à un seuil fixé.
- **d.** Il est possible d'abandonner automatiquement l'exécution d'une requête si le temps d'exécution dépasse un seuil fixé.

9. Comment l'assistant paramétrage de base de données peut-il faire des propositions sur l'optimisation de la structure ?

- **a.** En analysant un script Transact SQL.
- **b.** En analysant un fichier trace.
- **c.** En analysant directement les requêtes soumises au serveur.

10. Quel type d'évènement est-il possible de suivre avec les déclencheurs DDL ?

- **a.** En activant les déclencheurs DDL, ce sont tous les évènements DDL d'une base de données particulière qui sont suivis.
- **b.** En activant les déclencheurs DDL, ce sont tous les évènements DDL au niveau du serveur qui sont suivis.

© Editions ENI - Toute reproduction interdite

c. Il est possible de définir des déclencheurs DDL pour chaque type d'évènement DDL pouvant se produire au niveau d'une base de données.
d. Il est possible de définir des déclencheurs DDL pour chaque type d'évènement DDL pouvant se produire au niveau du serveur.

11. À quels types d'instances SQL Server, PowerShell permet-il de se connecter ?
a. Windows 2003.
b. Windows 2008.
c. Windows Vista.
d. Windows XP.

12. A quels types d'instances SQL Server, est-il possible de connecter ?
a. SQL Server 2008 Edition Entreprise.
b. SQL Server 2008 Edition Standard.
c. SQL Server 2005 Edition Entreprise.
d. SQL server 2005 Edition Standard.

Énoncé 10.1 : Activer un audit

Durée : 5 minutes
Sur l'instance par défaut, activez l'audit pour toutes les connexions.

Indice

Le paramétrage de l'audit est disponible depuis la page ***Sécurité*** *des* ***Propriétés*** *du serveur.*

Énoncé 10.2 : Définir une nouvelle trace

Durée : 10 minutes
Définissez une nouvelle trace, en conservant les options par défaut et enregistrez-la dans le fichier trace TP10_2.trc dans le dossier c:\TPSQL, avec une taille maximale de 5 Mo.

Indice

Il est possible de définir une nouvelle trace depuis SQL Server Profiler.

© Editions ENI - Toute reproduction interdite

Énoncé 10.3 : Surveiller l'utilisation de la mémoire

Durée : 10 minutes

Depuis le compteur de performances, ajoutez les compteurs suivants :

- Processus\Plage de travail.
- SQL Server : Gestionnaire de tampons\Taux d'accès au cache des tampons.
- SQL Server : Gestionnaire de tampons\Nombre total de pages.
- SQL Server : Gestionnaire de tampons\Pages libres.
- SQL Server : Gestionnaire de mémoire\Mémoire totale du serveur.

Énoncé 10.4 : Configurer la mémoire du serveur

Durée : 5 minutes

Configurez l'instance par défaut de SQL Server 2008 pour limiter son utilisation de mémoire à 512 Mo. Au démarrage de l'instance, 256 Mo de mémoire au minimum seront réservés pour l'instance.

Énoncé 10.5 : Éviter l'exécution de requêtes bloquantes

Durée : 5 minutes

Configurez le serveur pour que les requêtes dont la durée estimée est supérieure à 500 secondes ne soient pas exécutées.

Énoncé 10.6 : Arrêter la trace

Depuis SQL Server Profiler, arrêtez la capture de la trace.

Énoncé 10.7 : Paramétrer le moteur de base de données

Durée : 5 minutes

À partir de la trace C:\TPSQL\TP10_2.trc réalisée avec l'énoncé 10.2, exécutez l'assistant de paramétrage du moteur de base de données.

© Editions ENI - Toute reproduction interdite

Énoncé 10.8 : Définir un déclencheur DDL

Durée: 10 minutes

Mettez en place un déclencheur DDL afin de suivre toutes les opérations CREATE, ALTER et DROP qui peuvent survenir sur les tables de la base TSQL.

Indice

Pensez à définir une table de journalisation des évènements afin d'y enregistrer les évènements.

Énoncé 10.9 : Utiliser PowerShell

Durée: 20 minutes

Depuis l'utilitaire SQLPS (PowerShell pour SQL Server) définissez et exécutez un script afin de définir la base PS. Une fois créée, prenez soin de vérifier son existence depuis SQL Server Management Studio.

Indice

Pensez à vous appuyer sur la bibliothèque SMO.

L'objet à utiliser pour créer la base est de type Microsoft.SqlServer.Management.SMO.Databases.

Énoncé 10.10 : Interroger la base avec PowerShell

Durée: 15 minutes

À l'aide du PowerShell, établissez la liste des rôles présents sur la base SSMS.

Indice

Pensez à demander l'exécution de PowerShell directement depuis SQL Server Management Studio.

© Editions ENI - Toute reproduction interdite

Table des Matières

Chapitre 1 : Installer SQL

© Editions ENI - Toute reproduction interdite

Chapitre 1 : Installer SQL

Pré-requis

1. **d.**
   Edition Express de SQL Server 2008.
2. **b.** et **d.**
   Le compte d'utilisateur Windows utilisé pour l'exécution des services SQL Server, doit disposer de certains privilèges locaux. Ces privilèges n'imposent pas au compte d'être un administrateur local. En aucun cas, le compte ne doit être administrateur du domaine. Même si une définition locale du compte est suffisante, il peut être défini sur le domaine afin de faciliter la gestion et la communication entre les différentes instances SQL Server définies dans le domaine.
3. **b.**
   Il existe une instance du service SQL Server Agent par instance SQL Server installée.
4. **a.**
   Le service d'indexation texte intégral est lié au poste sur lequel SQL Server est installé. Donc quel que soit le nombre d'instances SQL Server installées, il n'existe qu'une seule instance de ce service.
5. **a., b., c., d.**
   Toutes les éditions permettent de s'abonner à un service de réplication.
6. **a., b.** et **c.**
   L'édition Express n'est disponible qu'en 32 bits.
7. **b.** et **c.**
   C'est à partir de l'outil d'**Ajout/Suppression de programmes** du Panneau de configuration, qu'il est possible de demander la création d'une nouvelle instance ainsi que d'ajouter des composants à une instance déjà présente sur le poste.
   Il est également possible d'effectuer cette opération en exécutant le programme d'installation.
8. **a.**
   Lors de l'installation, c'est le mode de sécurité Windows qui est sélectionné par défaut. Il est possible de basculer en mode de sécurité Windows et SQL Server. Par contre, le mode de sécurité SQL Server uniquement n'est pas disponible, ni lors de l'installation, ni par la suite.

© Editions ENI - Toute reproduction interdite

9. a.

Par défaut aucune base d'exemple n'est présente sur une instance SQL Server après l'installation. Pour profiter des exemples officiels, il est nécessaire d'installer la base d'exemple AdventureWorks.

10. a.

Le paramètre de configuration AWE permet de prendre en charge la mémoire vive additionnelle non exploitée par le système d'exploitation car en dehors de son espace d'adressage. Ce paramètre ne concerne donc, pour l'instant, que les éditions 32 bits.

Corrigé 1.1 : Choisir l'édition de SQL Server

Compte tenu de l'objectif de cette installation, qui est d'explorer les fonctionnalités de SQL Server, il est nécessaire d'utiliser une édition qui présente toutes les fonctionnalités, ce qui est le cas des éditions Entreprise et Développeur.

Ensuite, le second point à prendre en compte concerne les conditions d'utilisation de l'instance SQL Server qui disposera d'un nombre de bases limité et un volume de données pour chacune très limité. Les données ne sont pas stratégiques et il y a peu de connexions simultanées.

Il est donc possible de choisir entre une version d'évaluation de l'édition Entreprise, disponible depuis http://www.microsoft.com/france/sql, une version Entreprise complète ou bien une édition Développeur. Cette dernière édition, initialement destinée aux concepteurs d'application, comme son nom l'indique, dispose de toutes les fonctionnalités de l'édition Entreprise. De plus, cette édition de SQL Server, peut être installée sous Windows XP ou Vista, ce qui est compréhensible, car avec une telle édition, il n'est pas possible de mettre la base en production avec de nombreux utilisateurs connectés et des transactions volumineuses.

Corrigé 1.2 : Installer une instance de SQL Server

Après avoir introduit dans le lecteur le support DVD/CD-Rom d'installation de SQL Server, le programme d'installation démarre automatiquement. Depuis la fenêtre du centre d'installation, il est nécessaire de sélectionner la page relative à l'installation.

Depuis cette page le choix réalisé est celui d'une nouvelle installation autonome de SQL Server ou l'ajout de fonctionnalités à une installation existante.

© Editions ENI - Toute reproduction interdite

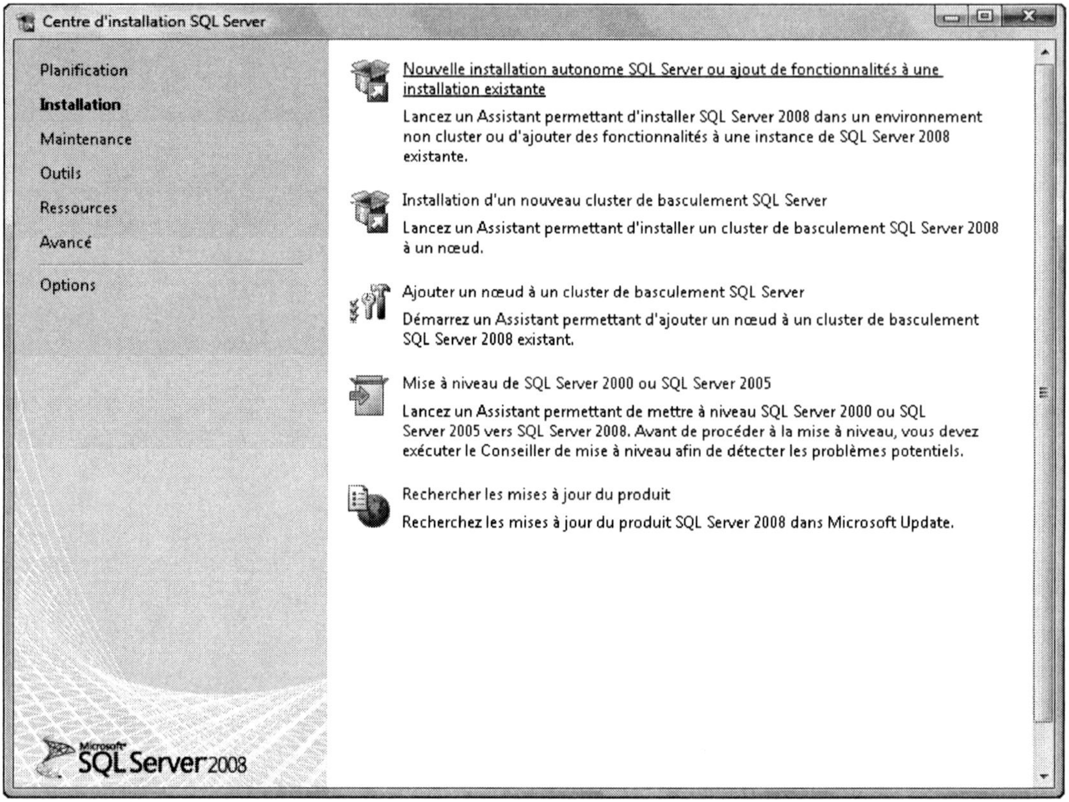

Après avoir sélectionné le type d'édition et accepté le contrat de licence, le processus d'installation examine les composants présents sur la machine et propose l'installation de composants supplémentaires.

© Editions ENI - Toute reproduction interdite

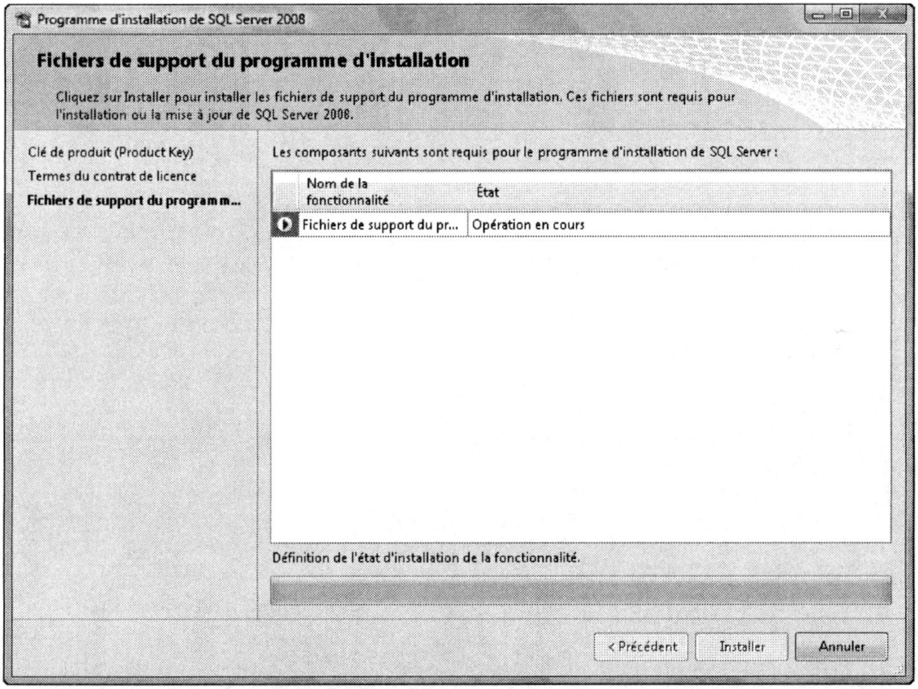

L'analyse de la configuration matérielle et logicielle est exécutée afin de confirmer la validité de la plate-forme choisie.

© Editions ENI - Toute reproduction interdite

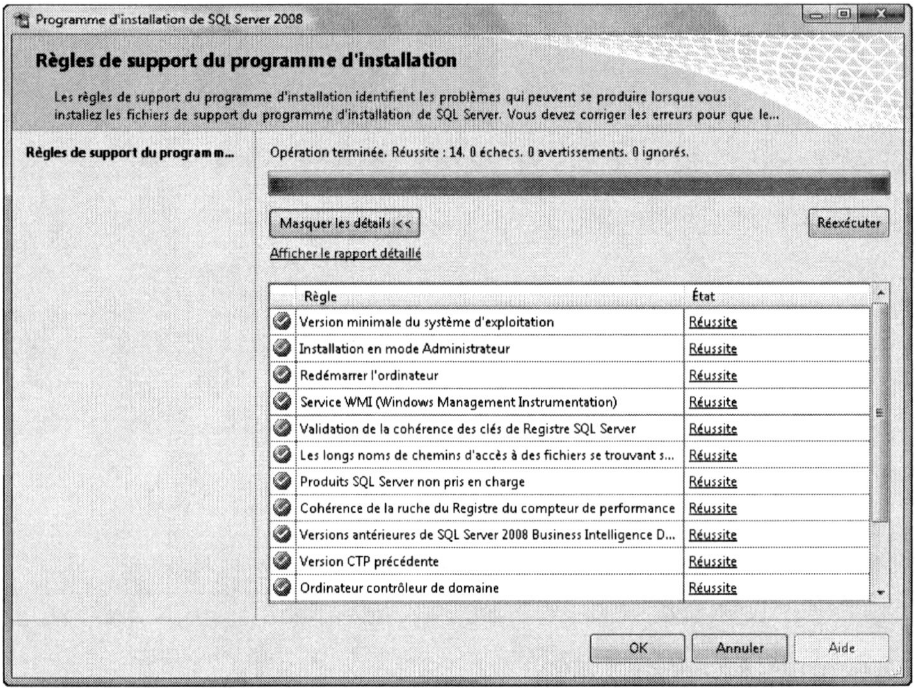

L'assistant d'installation présente ensuite un écran afin de saisir les informations d'inscription comme le nom, le nom de la société et la clé du produit.

L'écran suivant permet de sélectionner les composants à installer. Dans le cas présent les composants sélectionnés sont : **Services Moteur de base de données**, **Integration Services** et les **Outils de gestion**.

© Editions ENI - Toute reproduction interdite

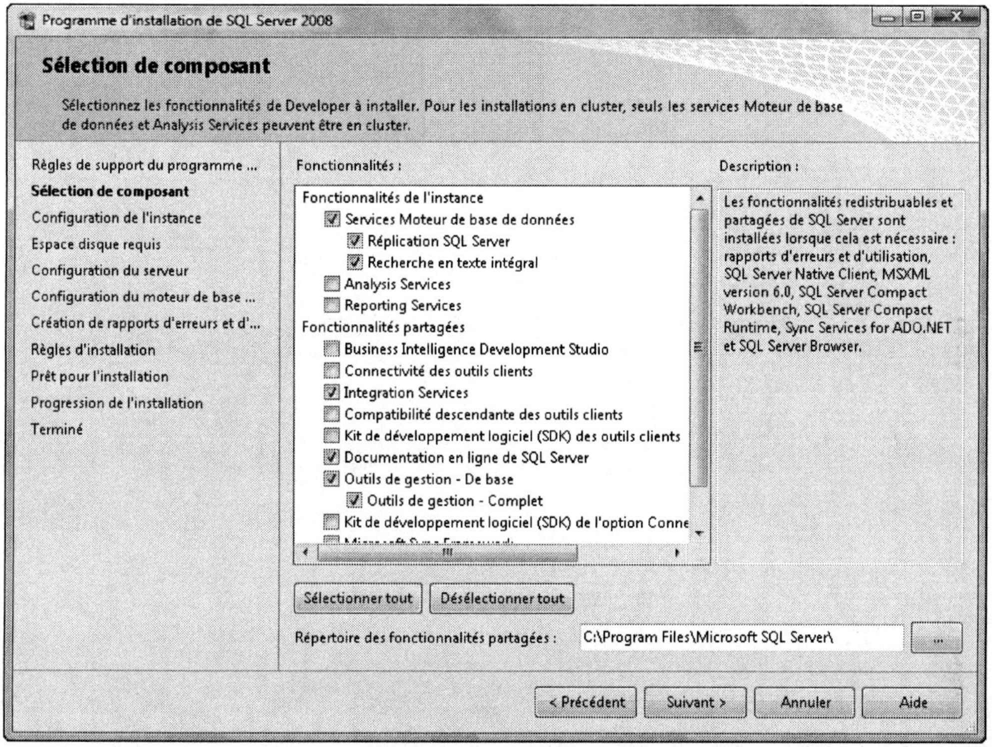

La question qui suit permet de préciser le nom de l'instance SQL Server à installer. Il s'agit ici de conserver le choix **Instance par défaut**.

© Editions ENI - Toute reproduction interdite

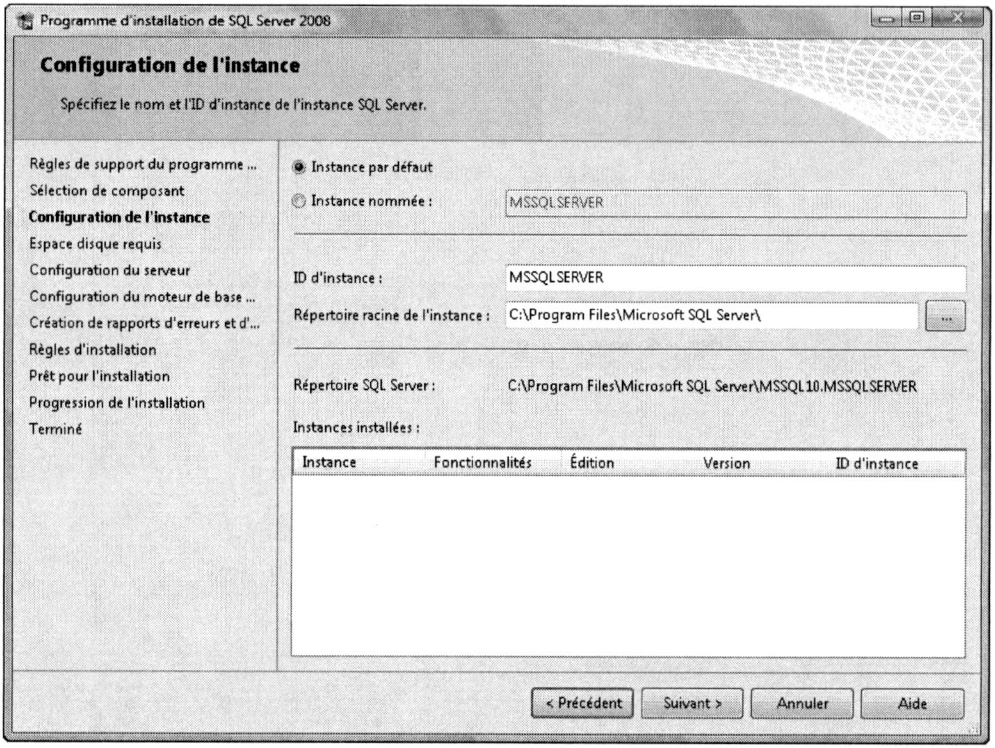

Les services SQL doivent être configurés en utilisant le contexte du compte **Système local** et tous les services sont configurés en démarrage automatique.

© Editions ENI - Toute reproduction interdite

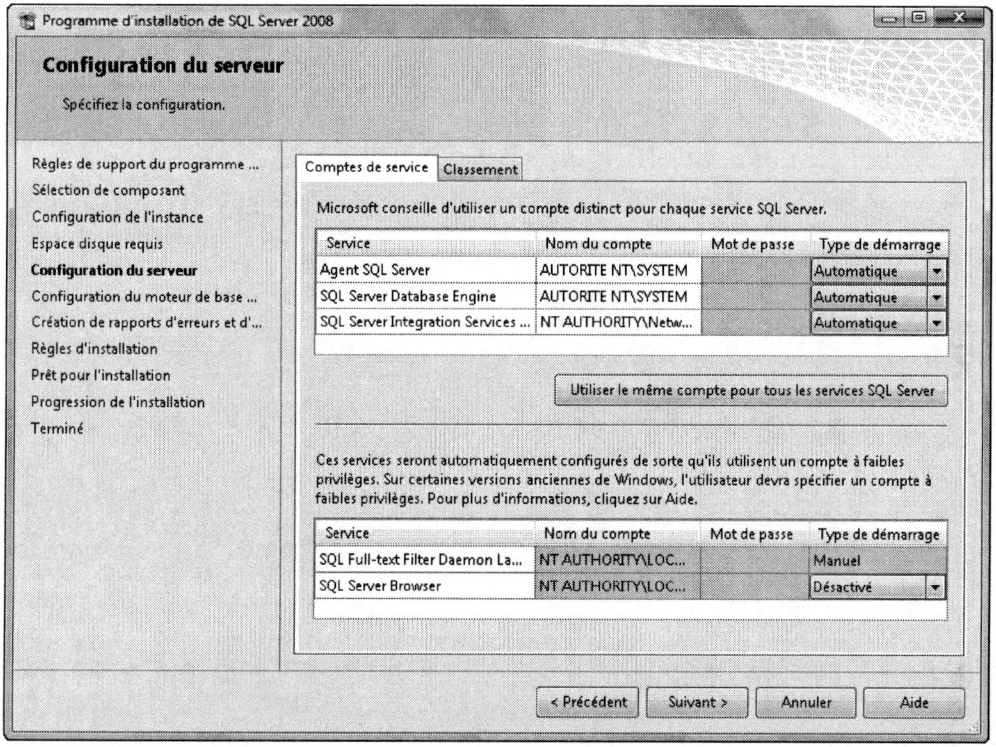

L'instance est configurée pour utiliser le **Mode d'authentification Windows.**

© Editions ENI - Toute reproduction interdite

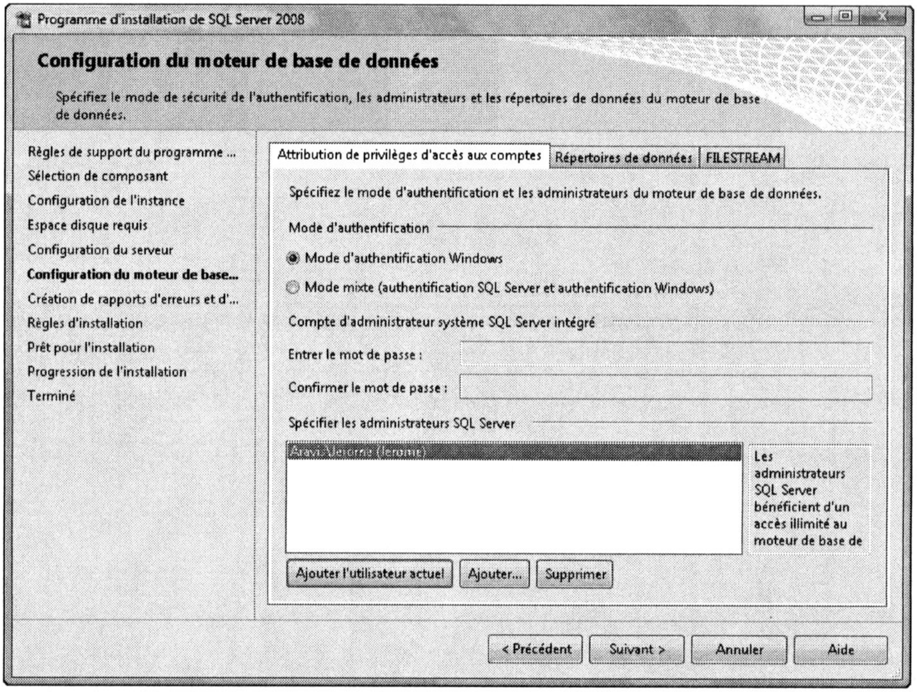

Le choix des paramètres de classement est ensuite proposé.

L'assistant d'installation offre la possibilité d'envoyer automatiquement des rapports d'erreurs à Microsoft. Ces rapports peuvent inclure, si on le souhaite, des informations anonymes sur l'utilisation de SQL Server.

Le processus d'installation s'exécute alors et les différents composants logiciels sont installés sur la machine.

Corrigé 1.3 : Installer la base d'exemple

Les fichiers d'installation de la base AdventureWorks sont téléchargeables depuis le site www.codeplex.com qui regroupe tous les exemples et projets Open Source autour des technologies Microsoft. Il est nécessaire de télécharger la version OLTP (*On Line Transaction Processing*) de la base AdventureWorks. En effet cette base correspond à une base de production, tandis que les autres versions de la base AdventureWorks sont plus orientées vers l'analyse décisionnelle. Toutefois il est également possible de télécharger le fichier SQL2008.AdventureWorks_All_Databases.x86.msi qui permet de réaliser l'installation de toutes les versions de la base AdventureWorks.

© Editions ENI - Toute reproduction interdite

Le fichier téléchargé porte l'extension msi, c'est-à-dire qu'il va s'installer comme un produit quelconque.

Après l'écran de bienvenue et l'acceptation du contrat de licences il est nécessaire de séléctionner les composants à installer. Dans l'exemple ci-dessous les choix par défaut ont été conservés :

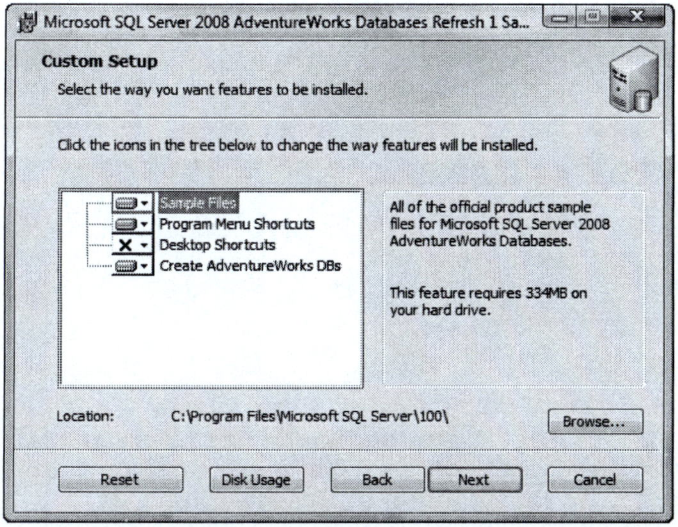

Puis il est nécessaire de sélectionner l'instance cible pour cette installation. Dans le cas présent, il s'agit de l'instance par défaut, c'est-à-dire celle qui se nomme MSSQLSERVER.

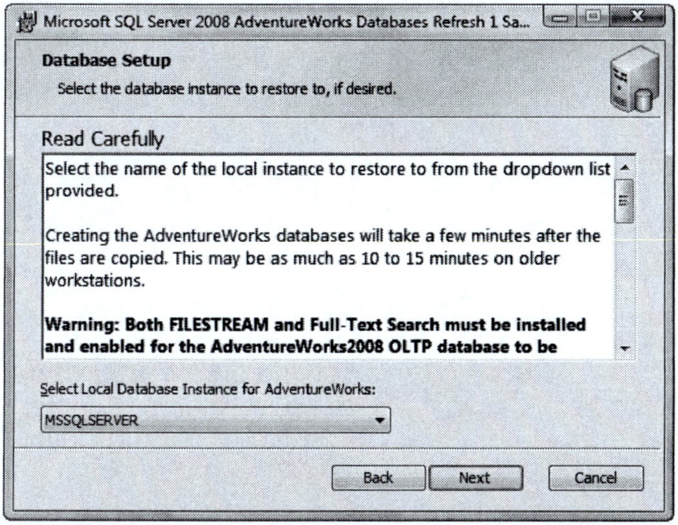

© Editions ENI - Toute reproduction interdite

Le processus d'installation peut alors s'exécuter dans sa totalité.

L'autre possibilité offerte consiste à télécharger le fichier compressé SQL2008.AdventureWorks_All_Databases.zip depuis le même site http://www.codeplex.com. Cette archive, une fois décompressée localement, offre tous les scripts de création de la base AdventureWorks. On y trouve également le schéma conceptuel et le schéma logique de la base sous la forme de documents au format PDF ou PNG.

Corrigé 1.4 : Configurer le service de recherche de texte intégral

La mise en place du service de la recherche de texte intégral s'effectue en trois étapes qui sont :

- la définition d'un catalogue ;
- la liste des mots vides ;
- la définition de l'index.

Le service d'indexation de texte intégral est disponible sur toutes les bases.

Il est nécessaire de demander sa prise en charge au niveau de la table qui va utiliser ce type d'index. Cette opération ponctuelle peut être réalisée par l'assistant depuis SQL Server Management ou bien sous la forme d'un script Transact SQL.

© Editions ENI - Toute reproduction interdite

L'écran ci-dessous présente comment il est possible d'appeler l'assistant depuis la table Production.Document.

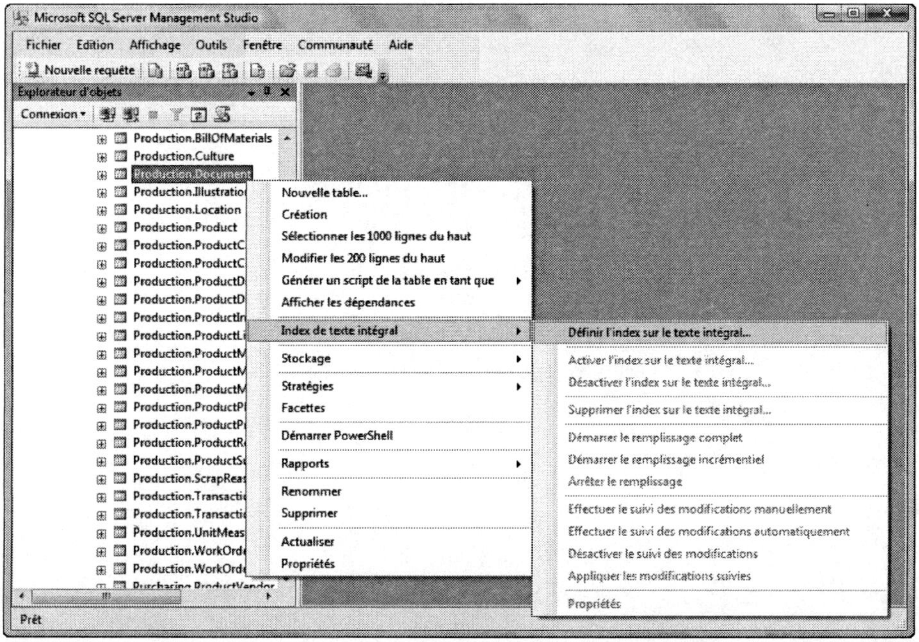

Toutefois, avant de pouvoir exécuter cet assistant avec succès, il est nécessaire que la table dispose d'un identifiant clairement défini, c'est-à-dire d'un index de type unique. Sur la base AdventureWorks2008, cet index existe et il correspond à la contrainte d'unicité définie sur la colonne rowguid. Sur la base AdventureWorks, cette contrainte d'unicité n'est pas définie et il est possible de la définir de la façon suivante :

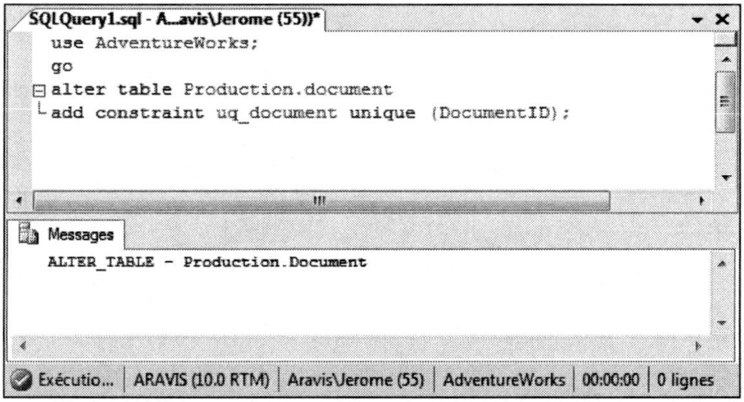

© Editions ENI - Toute reproduction interdite

L'assistant de création d'index de texte intégral demande donc de sélectionner l'index unique à utiliser :

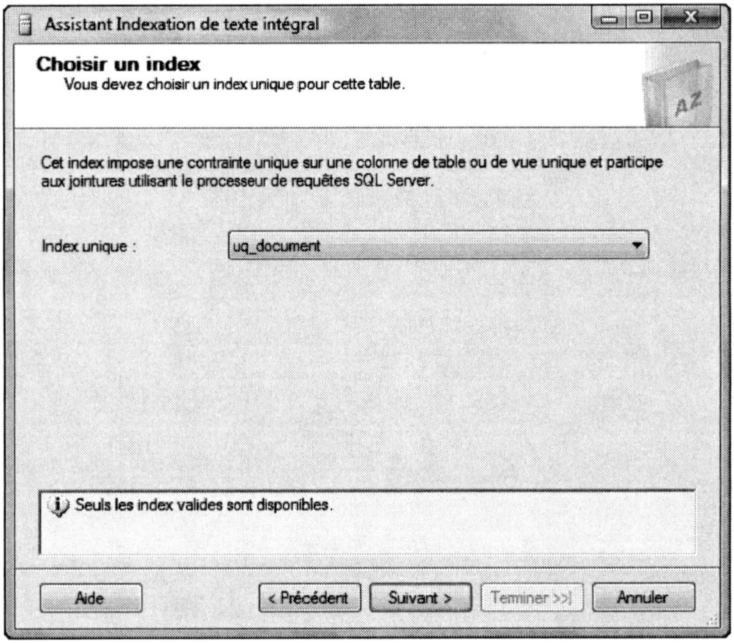

Ensuite il est nécessaire de sélectionner la colonne DocumentSummary comme participant à l'index de texte intégral :

© Editions ENI - Toute reproduction interdite

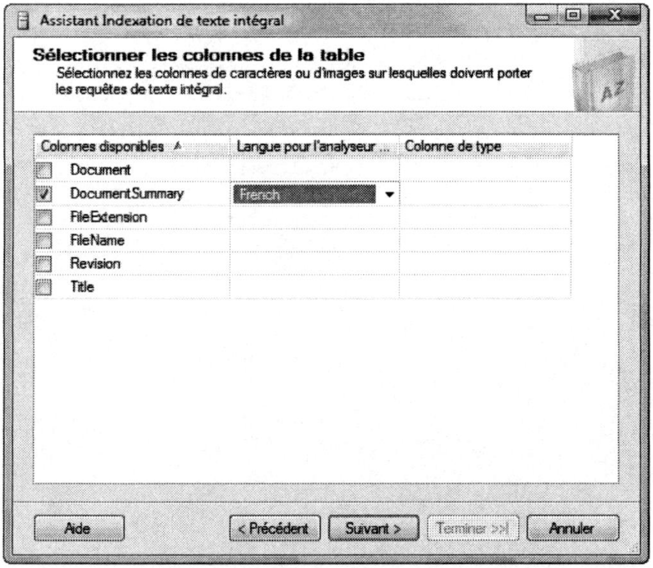

Enfin, il est nécessaire de préciser comment va être mis à jour l'index de texte intégral. Le choix automatique retenu ici, convient parfaitement pour l'exemple mais peut s'avérer coûteux sur une base de production.

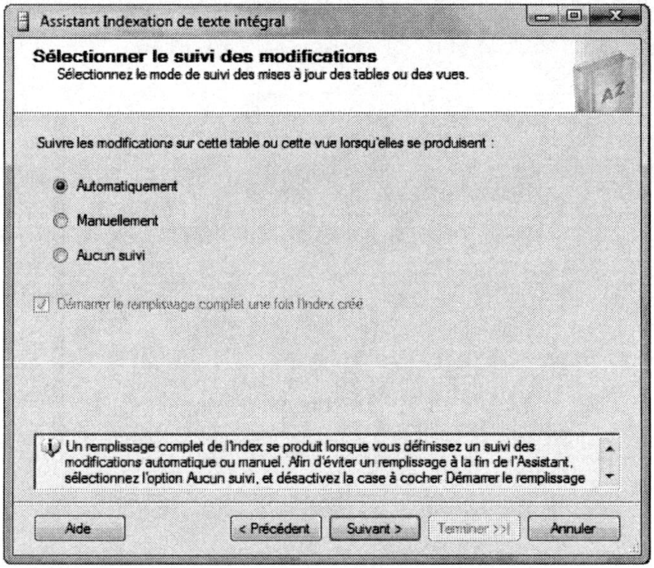

© Editions ENI - Toute reproduction interdite

Maintenant que tous les paramètres spécifiques à l'index sont définis, l'assistant demande de sélectionner le catalogue à utiliser. Si le catalogue n'existe pas encore, il est possible de le créer à ce niveau. C'est également à ce niveau que la liste des mots vides est définie.

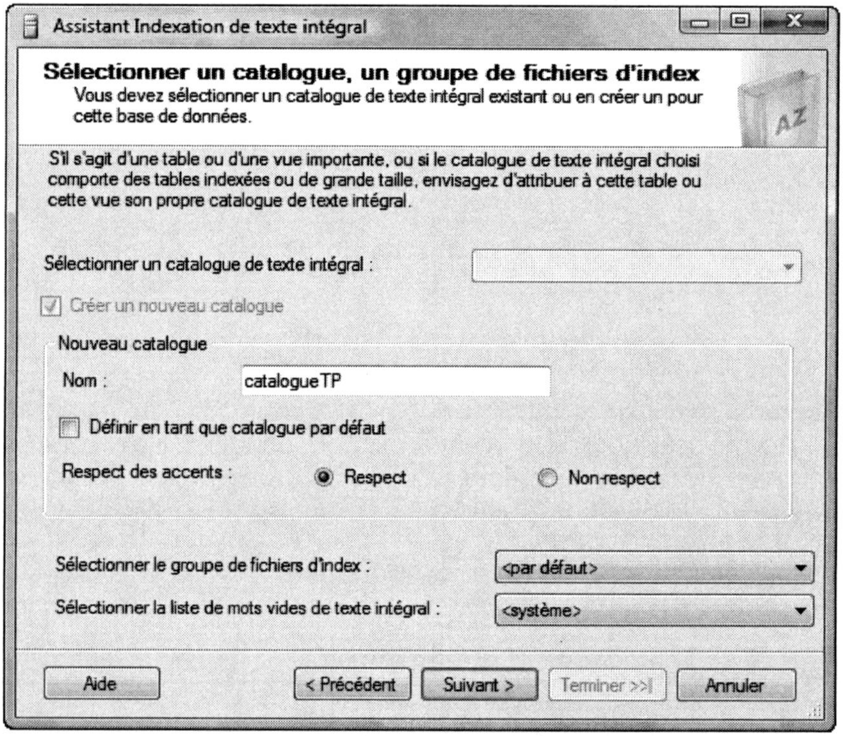

L'assistant demande par la suite de planifier le remplissage initial de l'index. Cette opération est coûteuse en temps et il n'est pas forcément souhaitable de la lancer de façon interactive. Dans le cadre de l'exercice, aucune planification n'est définie pour l'instant. L'aspect planification sera abordé lors du chapitre 4. Après validation de ces choix, l'assistant lance la création de l'index.

Il est possible de revenir sur le paramétrage de l'index en affichant les propriétés du catalogue : choisir **Propriétés** depuis le menu contextuel associé au **catalogueTP**.

© Editions ENI - Toute reproduction interdite

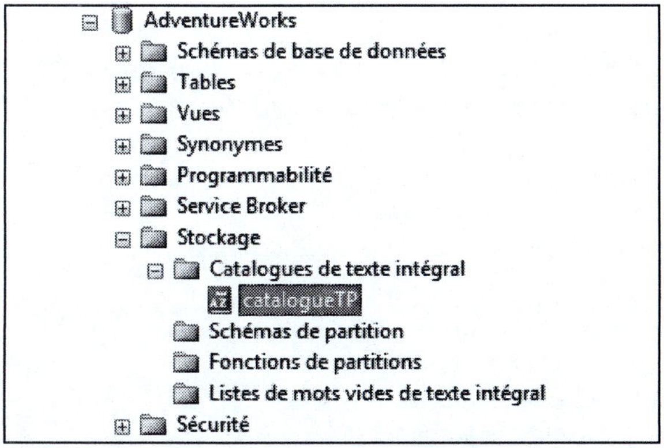

Corrigé 1.5 : Installer une instance nommée de SQL Server

Pour installer une seconde instance de SQL Server, il est nécessaire de lancer le processus d'installation de SQL Server depuis le programme d'**Ajout/Suppression de programmes** du Panneau de configuration.

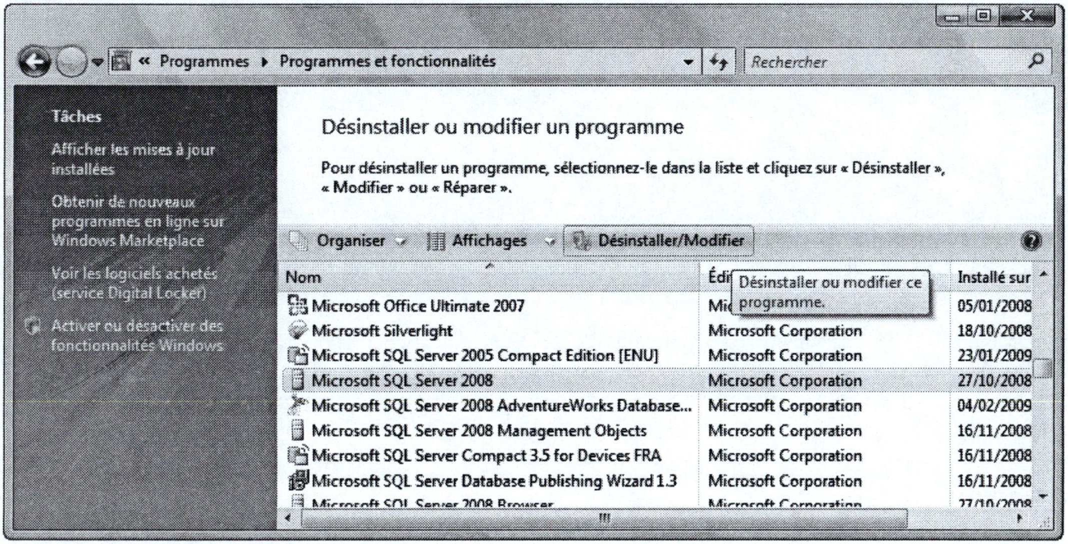

Le programme de maintenance de SQL Server 2008 est alors exécuté.

© Editions ENI - Toute reproduction interdite

Il est également possible de d'exécuter de nouveau le programme d'installation depuis le support d'origine et de sélectionner **Nouvelle installation autonome SQL Server ou ajout de fonctionnalités à une installation existante** depuis la page installation comme illustré ci-dessous.

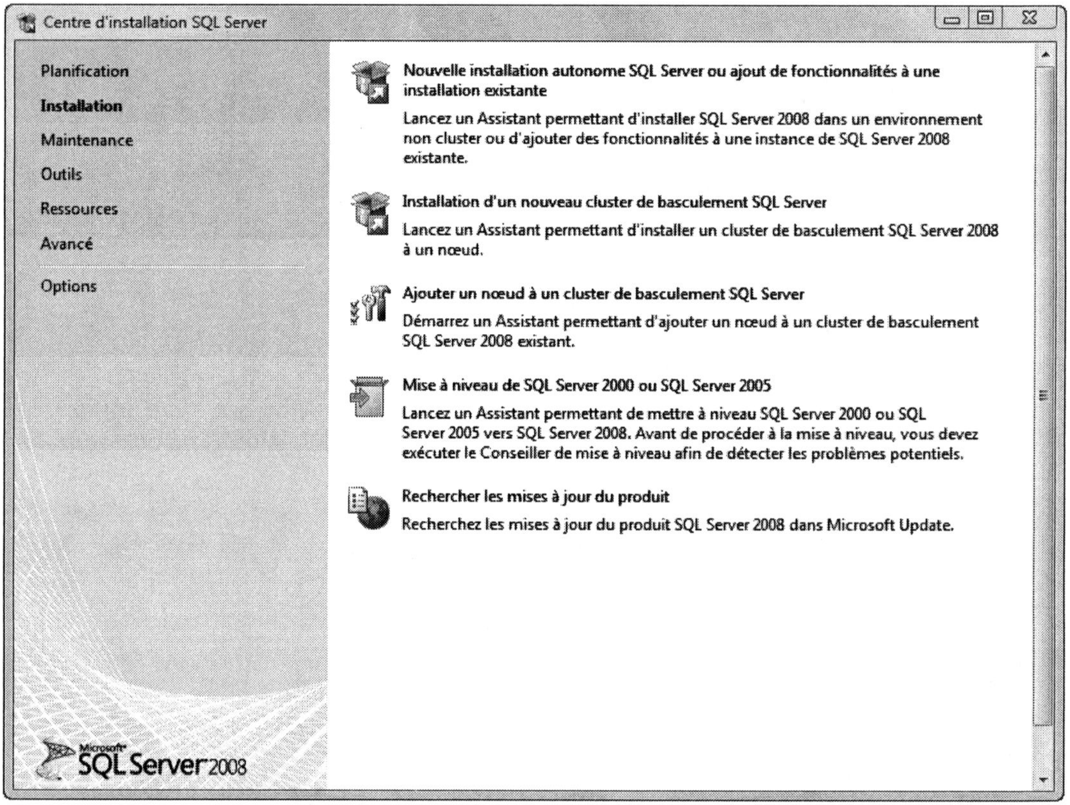

Après la vérification du contexte d'exécution et l'installation des fichiers nécessaires au programme d'installation, le processus d'installation est exécuté.

Depuis la page type d'installation, il est possible de demander une nouvelle installation de SQL Server 2008 comme illustré ci-après. C'est également depuis ce même écran qu'il sera possible d'ajouter des fonctionnalités sur une instance existante.

© Editions ENI - Toute reproduction interdite

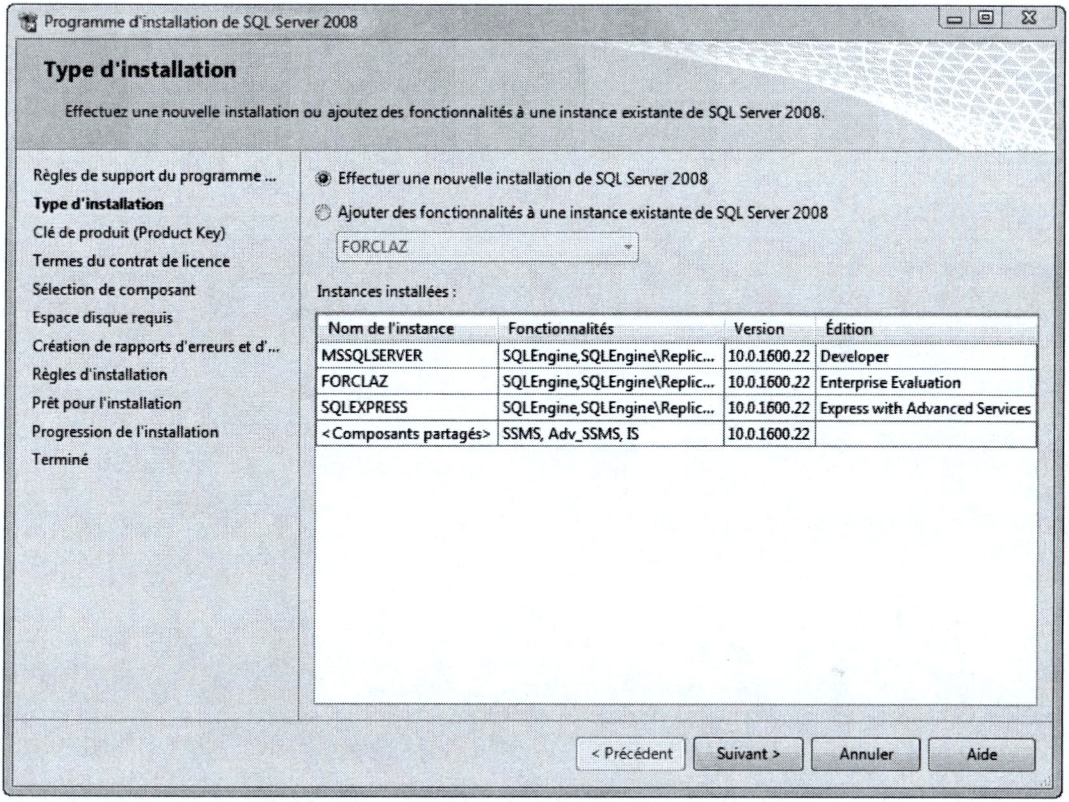

Après validation de la clé du produit et l'acceptation du contrat de licence, il est nécessaire de sélectionner le moteur de base de données comme composant à installer.

© Editions ENI - Toute reproduction interdite

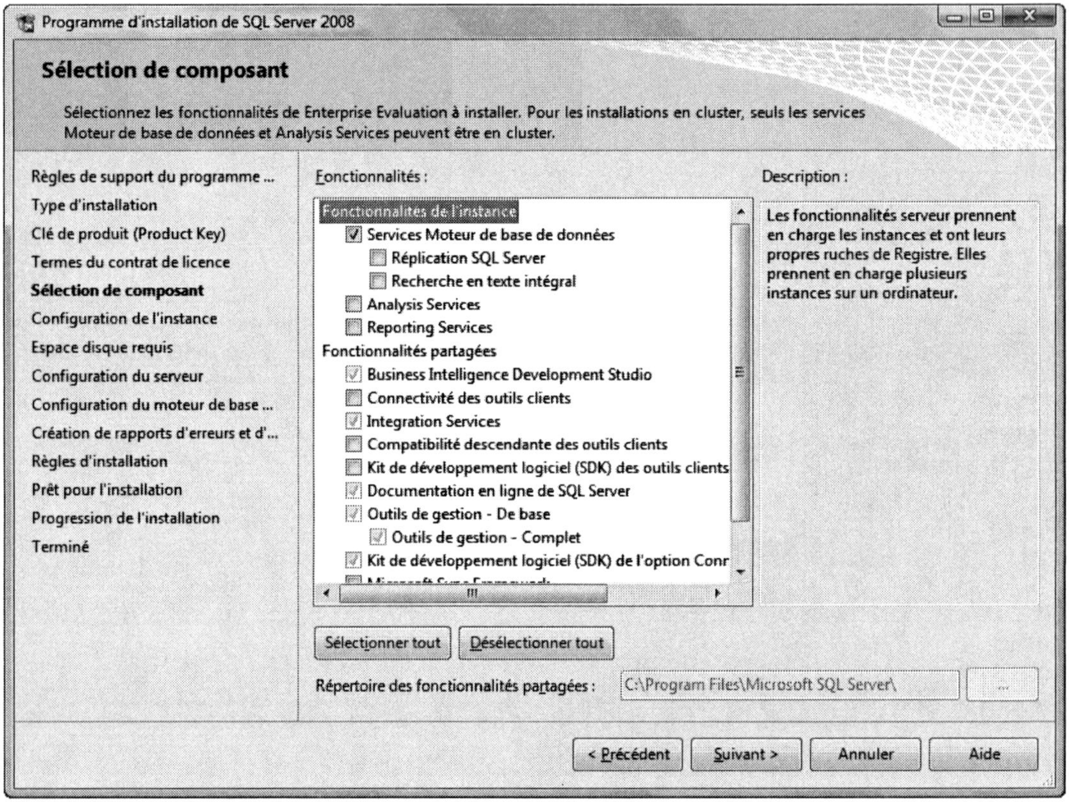

Enfin le nom de l'instance peut être spécifié.

© Editions ENI - Toute reproduction interdite

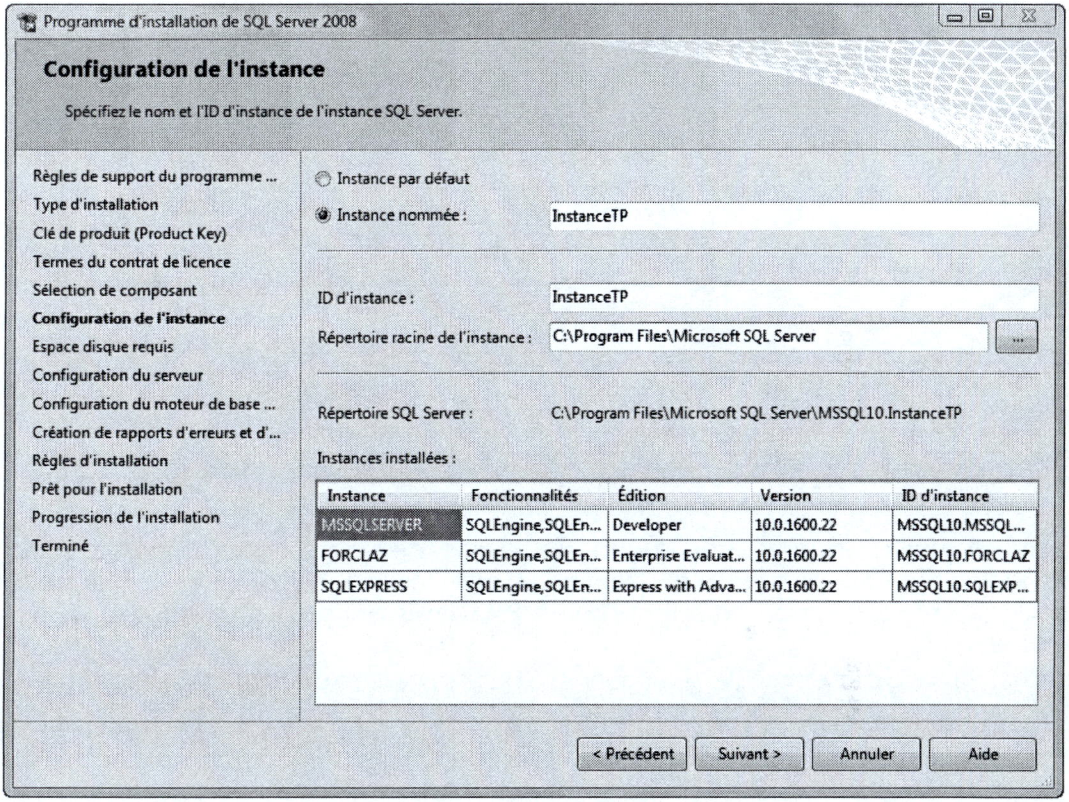

Par la suite, les étapes de l'installation d'une instance supplémentaire sont semblables à celles de l'installation de l'instance initiale.

Ensuite, il est nécessaire de fixer le contexte d'exécution des services ainsi que le type de démarrage.

Corrigé 1.6 : Configurer les services

Toutes les opérations de configuration des services peuvent être réalisées depuis le gestionnaire de configuration qui peut être lancé depuis **Tous les programmes - Microsoft SQL Server 2008 - Outils de configuration – Gestionnaire de configuration de SQL Server (SQL Server Configuration Manager)**. En sélectionnant **Services SQL Server 2008** dans l'arborescence à gauche, il est possible d'avoir une vue synthétique de l'état de tous les services liés à SQL Server 2008.

© Editions ENI - Toute reproduction interdite

IUFM Rouen
SCD
76130
Mt St Aignan

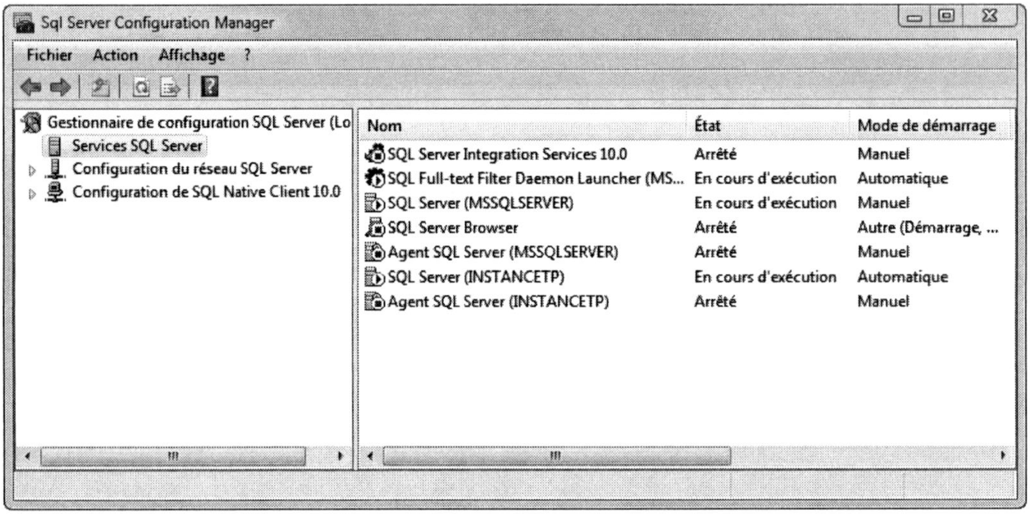

Les propriétés de démarrage de chaque service peuvent être modifiées à partir de la fenêtre des propriétés du service. Cette fenêtre est affichée en double cliquant sur le service ou en sélectionnant **Propriétés** dans le menu contextuel du service.

Le premier onglet permet de sélectionner le contexte d'exécution du service.

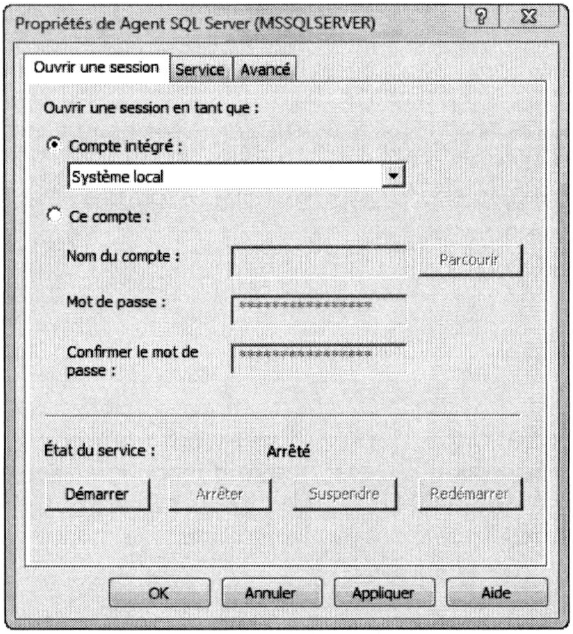

© Editions ENI - Toute reproduction interdite

Pour changer le mode de démarrage du service, il faut se rendre sur l'onglet **Service** et modifier la valeur de la propriété **Mode de démarrage**.

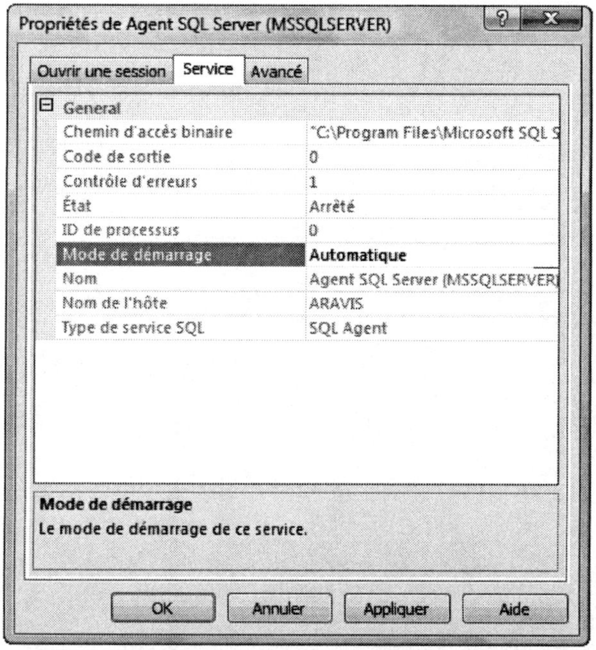

Après configuration des différents services et redémarrage du poste, l'état des services depuis le Gestionnaire de configuration doit être le suivant.

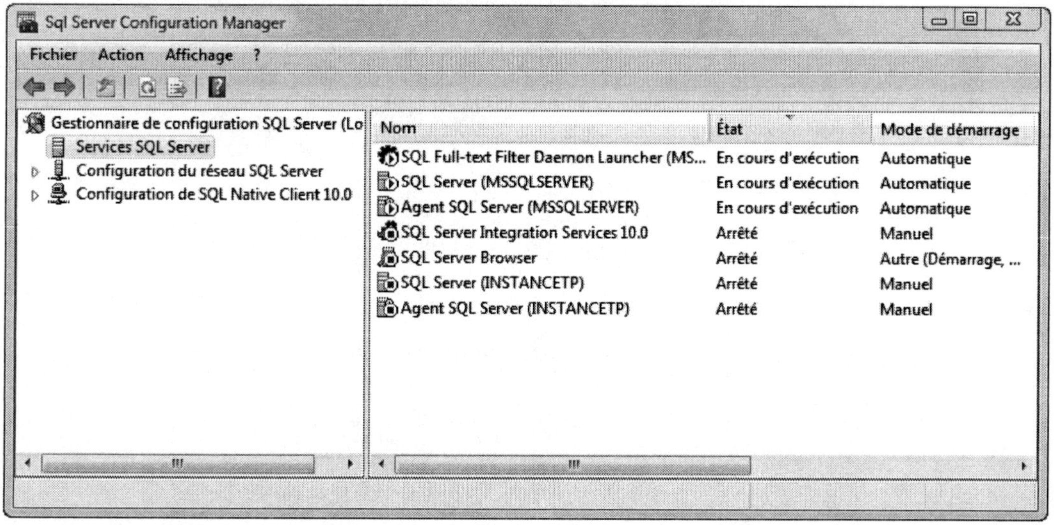

© Editions ENI - Toute reproduction interdite

Corrigé 1.7 : Activer l'option AWE

L'option AWE est une option avancée de configuration et n'est donc pas accessible par défaut. La première opération consiste donc à activer la gestion des options avancées. Cette action est illustrée avec le script suivant :

```
exec sp_configure 'show advanced options', 1
RECONFIGURE
```

Maintenant que la gestion des options avancée est active, il est possible d'activer la prise en charge de la mémoire étendue :

```
exec sp_configure 'awe enabled', 1
RECONFIGURE
```

Sinon, cette activation peut être faite directement depuis SQL Server Management Studio à partir de la page **Mémoire** des propriétés du serveur :

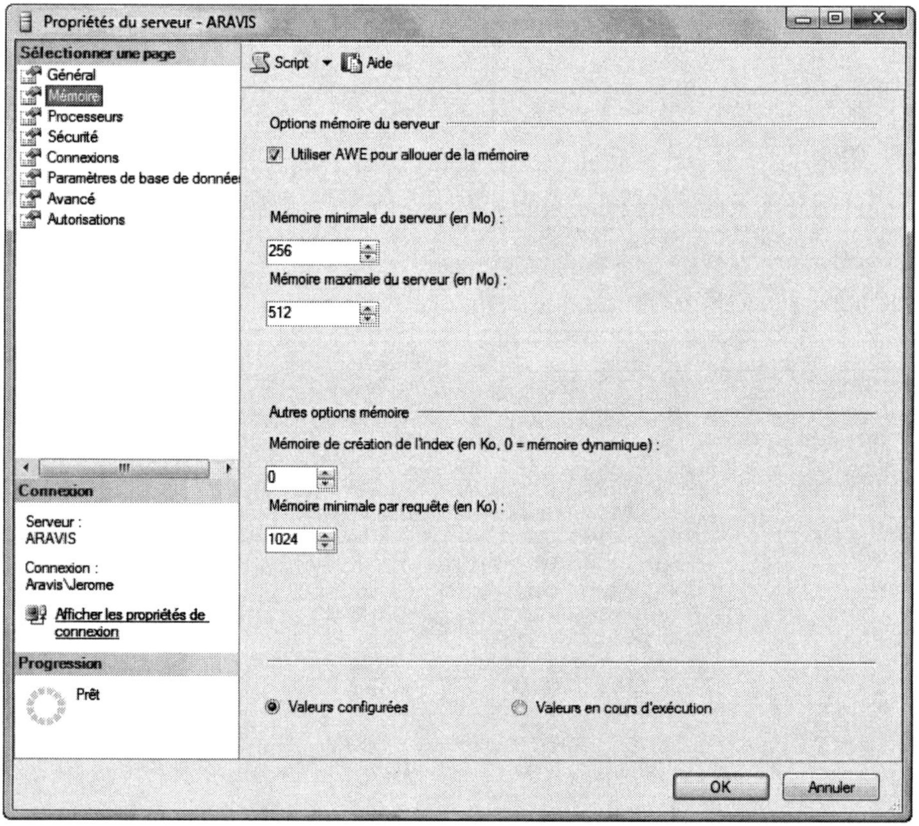

© Editions ENI - Toute reproduction interdite

Table des Matières

Chapitre 2 : Gérer les bases de données et les fichiers

© Editions ENI - Toute reproduction interdite

Chapitre 2 : Gérer les bases de données et les fichiers

Pré-requis

1. b.

Lors de la création d'une base de données, deux fichiers sont créés de façon automatique. Il s'agit du fichier principal de données, qui porte l'extension mdf et du fichier journal. Il s'agit ici du nombre minimal de fichiers sans lesquels il est impossible de définir une nouvelle base. Toutefois, si la base Model est personnalisée alors le nombre de fichiers créés de façon automatique peut être supérieur.

2. La base Model, comme son nom l'indique sert de modèle pour la création des bases de données utilisateurs. Il est possible de modifier cette base, les modifications ne sont pas reportées dans les bases existantes mais seront présentes dans les bases créées par la suite.

3. c.

Seules les bases créées après modification de la base Model bénéficient des modifications apportées.

4. c.

Seul le groupe de fichiers Primary est créé par défaut. Ce groupe de fichiers va contenir les informations des tables systèmes et des tables utilisateurs si aucun autre groupe de fichiers n'est créé.

5. b.

Les tables systèmes utilisent le groupe de fichiers Primary par défaut.

6. b.

Non, il n'est pas possible de définir une table sur un fichier physique particulier. Par contre, il est possible de définir une table sur un groupe de fichiers, le groupe de fichiers pouvant être constitué d'un seul fichier.

7. b.

Le partitionnement des données est réalisé de façon horizontale, c'est-à-dire que les données d'une même table sont réparties sur plusieurs groupe de fichiers. Chaque groupe de fichiers contient un ensemble de ligne d'informations de la table d'origine. Les informations relatives à une ligne de données sont conservées sur un et un seul groupe de fichiers.

© Editions ENI - Toute reproduction interdite

8. a.

Un groupe de fichiers ne contient pas nécessairement de fichiers. Un groupe sans fichier est inutilisable, néanmoins il est défini et est présent dans la base. Ce cas se produit par exemple lorsqu'un nouveau groupe est défini et qu'aucun fichier n'est encore affecté à ce groupe.

9. c.

Non, un fichier est associé à un groupe lors de sa création. Par la suite, il n'est pas possible de déplacer un fichier d'un groupe vers un autre.

10. c.

Lorsque l'option AUTO_SHRINK est activée, les fichiers sont réduits de façon automatique lorsque la quantité d'espace libre atteint 25 % de la taille totale du fichier.

11. b.

Il n'est pas possible de réduire un fichier en dessous de sa taille initiale.

12 d.

Les index de type non-clustered n'organisent pas physiquement la table, il est donc possible d'en définir plusieurs sur chaque table. Toutefois, le bon usage des index veut que l'index ordonné (le plus souvent la clé primaire) soit défini avant de poser les autres index.

13 a.

Bien que le principe d'indexation soit indépendant de la définition des contraintes d'intégrité, pour être en mesure d'indexer une colonne de type xml il est nécessaire que la table dispose d'une clé primaire.

14 c.

C'est au niveau de chaque table ou index, qu'il est possible de mettre en place la compression des données. Cette compression peut avoir 2 niveaux : soit la ligne, soit la page. Avant d'activer la compression sur une table existante, il est possible de mesurer le gain possible en exécutant la procédure sp_estimate_data_compression_savings.

Corrigé 2.1 : Créer une base de données

Depuis SQL Server Management Studio, il est possible de créer une nouvelle base en sélectionnant **Nouvelle base de données** depuis le menu contextuel associé au nœud **Base de données** dans l'Explorateur d'objets.

© Editions ENI - Toute reproduction interdite

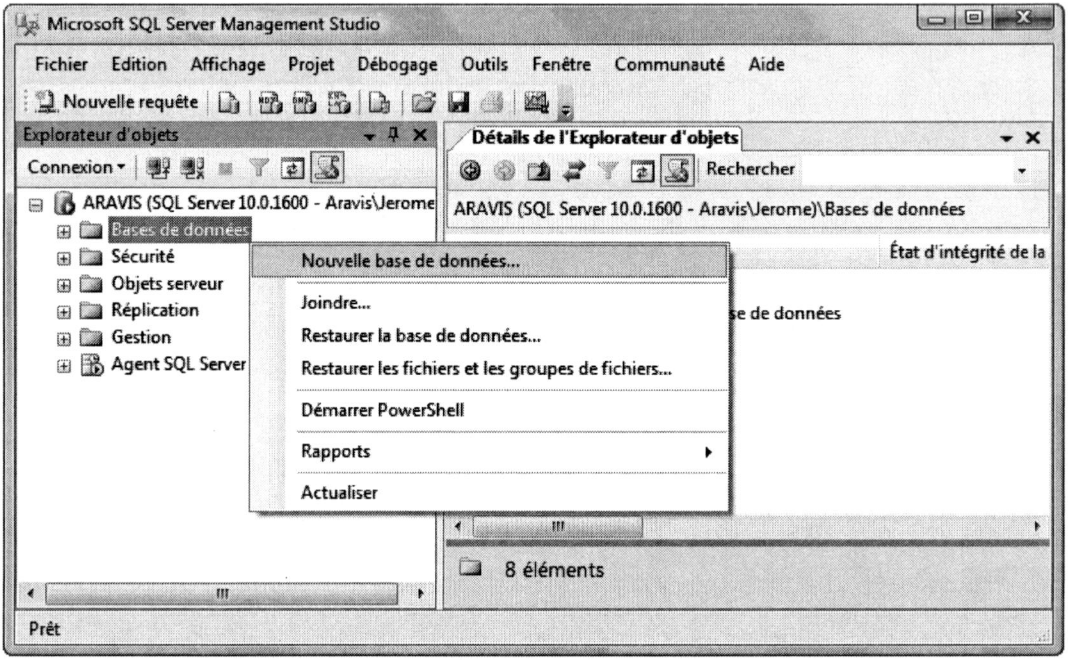

La fenêtre **Nouvelle base de données** apparaît. Il suffit simplement de saisir le nom de la base de données et de valider en appuyant sur le bouton **OK** pour que la base SSMS soit créée.

© Editions ENI - Toute reproduction interdite

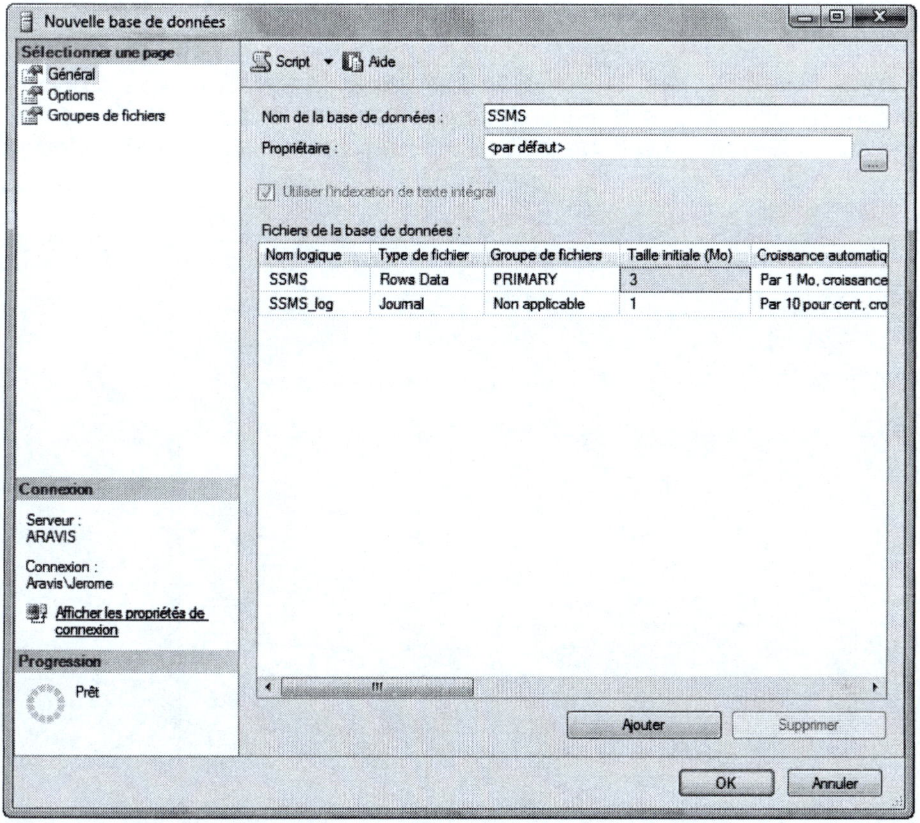

Le script suivant permet de créer la base de données TSQL :

```
USE master;
GO
CREATE DATABASE TSQL
  ON PRIMARY(
    NAME=TSQL1,
    FILENAME='C:\Program Files\Microsoft SQL Server\MSSQL10.MSSQLSERVER\MSSQL\
    DATA\TSQL.mdf',
    SIZE=5MB
  )
  LOG ON (
    NAME=TSQLLOG1,
    FILENAME='C:\Program Files\Microsoft SQL Server\MSSQL10.MSSQLSERVER\MSSQL\
    DATA\TSQL.ldf',
    SIZE=2MB
  );
```

© Editions ENI - Toute reproduction interdite

Corrigé 2.2 : Définir un groupe de fichiers

Depuis SQL Server Management Studio, il est possible de définir un nouveau groupe de fichiers en affichant la fenêtre des propriétés de la base SSMS puis en sélectionnant la page **Groupes de fichiers**. En utilisant le bouton **Ajouter**, l'interface propose de saisir le nom du nouveau groupe de fichiers.

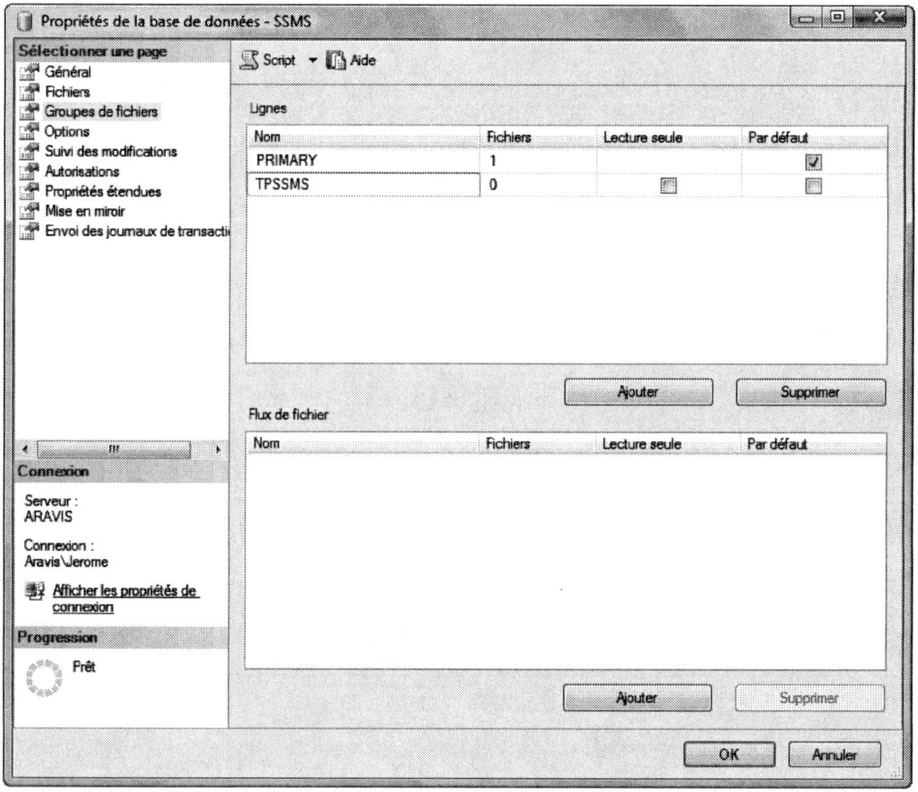

Sur la base TSQL, le script suivant permet d'ajouter le groupe de fichiers TPTSQL :

```
USE TSQL
GO
ALTER DATABASE TSQL
ADD FILEGROUP TPTSQL;
```

© Editions ENI - Toute reproduction interdite

Corrigé 2.3 : Ajouter des fichiers de données

Depuis SQL Server Management Studio, il est possible d'ajouter un nouveau fichier en affichant la page **Fichiers** depuis la fenêtre **Propriétés de la base de données - SSMS**. Le bouton **Ajouter** permet d'afficher les paramètres relatifs à la création d'un nouveau fichier.

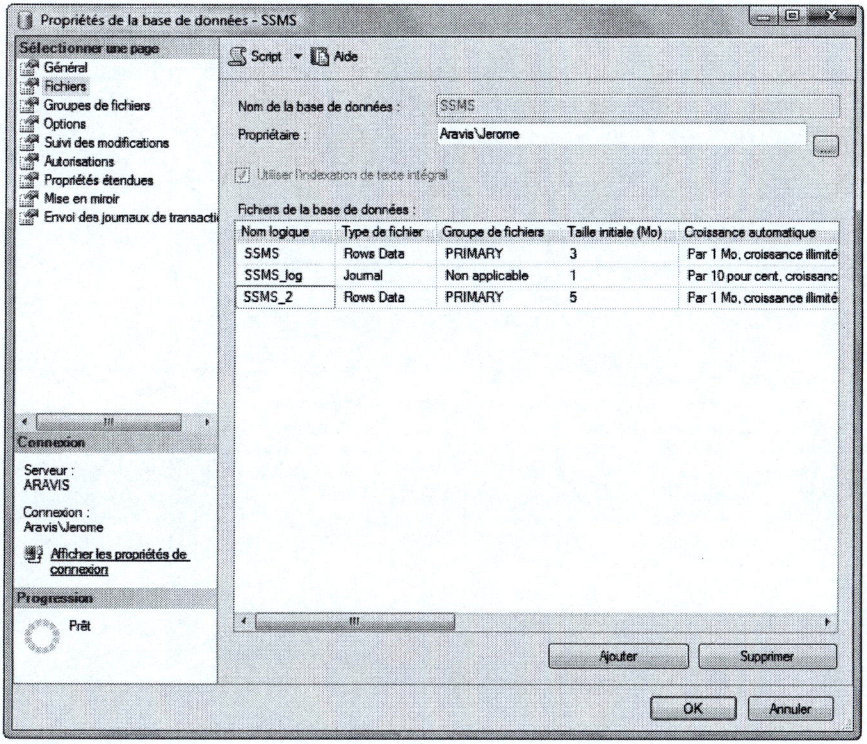

Le script suivant permet d'ajouter un fichier au groupe de fichiers Primary sur la base TSQL :

```
USE TSQL;
GO
ALTER DATABASE TSQL
    ADD FILE(
        NAME=TSQL2,
        FILENAME='C:\Program Files\Microsoft SQL Ser-
ver\MSSQL10.MSSQLSERVER\MSSQL\
        DATA\TSQL_2.ndf',
        SIZE=5MB,
        MAXSIZE=10MB,
        FILEGROWTH=2MB
```

© Editions ENI - Toute reproduction interdite

```
    )
    TO FILEGROUP TPTSQL;
```

Corrigé 2.4 : Ajouter un fichier journal

Pour ajouter un fichier journal à la base SSMS depuis SQL Server Management Studio, il est nécessaire d'afficher la page **Fichiers** de la fenêtre **Propriétés de la base de données SSMS**. En utilisant le bouton **Ajouter**, il est possible de définir les caractéristiques d'un nouveau fichier.

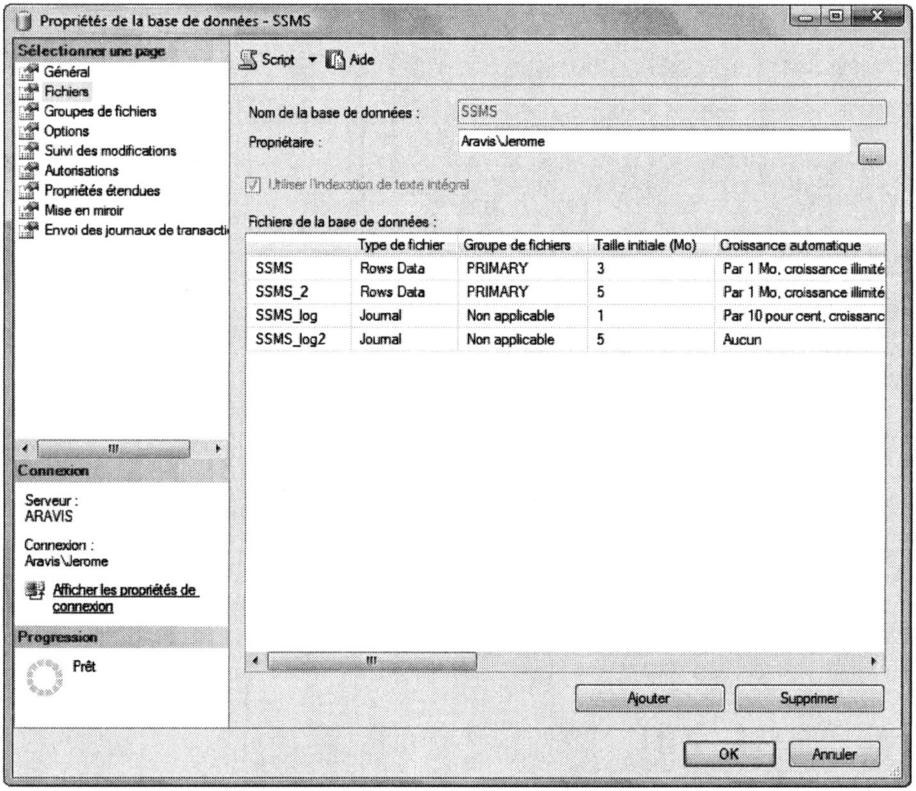

Le script suivant permet de définir un second fichier journal pour la base TSQL :

```
USE TSQL;
GO
ALTER DATABASE TSQL
    ADD LOG FILE(
        NAME=TSQL_LOG2,
```

```
        FILENAME='C:\Program Files\Microsoft SQL Ser-
ver\MSSQL10.MSSQLSERVER\MSSQL\
        DATA\TSQL_LOG2.ldf',
        SIZE=10MB,
        MAXSIZE=10MB
    );
```

Corrigé 2.5 : Modifier un fichier de données

Il est possible de modifier la taille d'un fichier depuis la page **Fichiers** de la fenêtre **Propriétés de base de données - SSMS**, comme illustré ci-dessous.

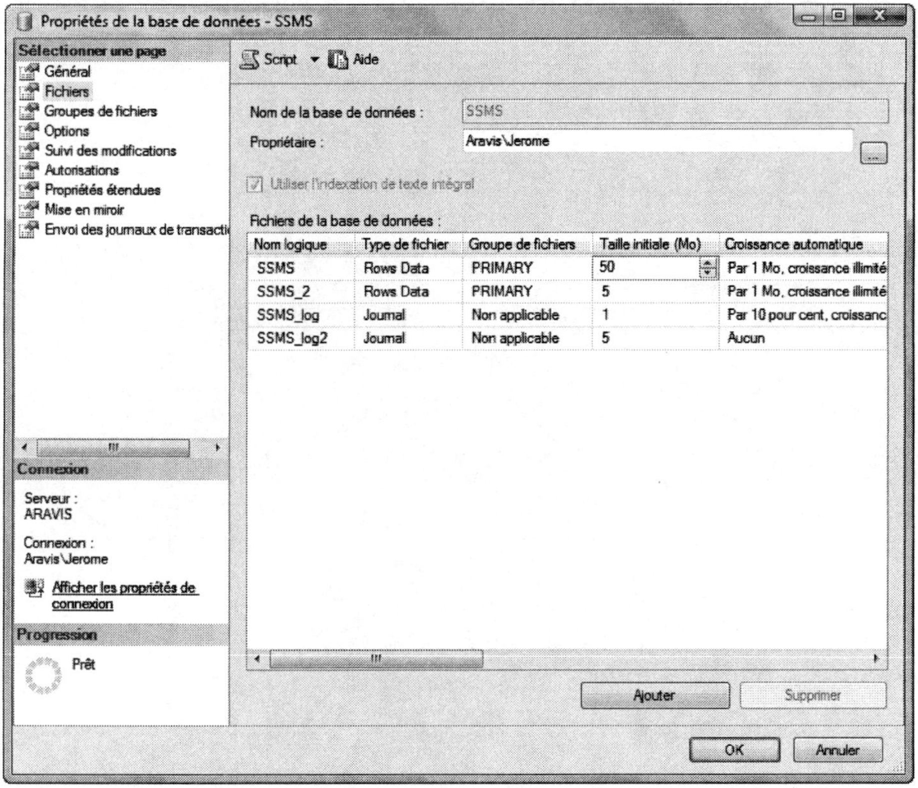

Le comportement du fichier sur la base TSQL est modifié avec le script suivant :

```
USE TSQL;
GO
ALTER DATABASE TSQL
```

© Editions ENI - Toute reproduction interdite

```
    MODIFY FILE (
        NAME=TSQL2,
        MAXSIZE=UNLIMITED);
```

Corrigé 2.6 : Réduire la taille d'un fichier de données

La fenêtre qui permet de définir la nouvelle taille d'un fichier en réduction est accessible depuis le menu contextuel de la base de données : **Tâches - Réduire - Fichiers**.

Par défaut les paramètres correspondent au fichier principal de la base. Il est simplement nécessaire d'activer l'option de réduction **Réorganiser les pages avant de libérer l'espace inutilisé** et de préciser la nouvelle taille souhaitée.

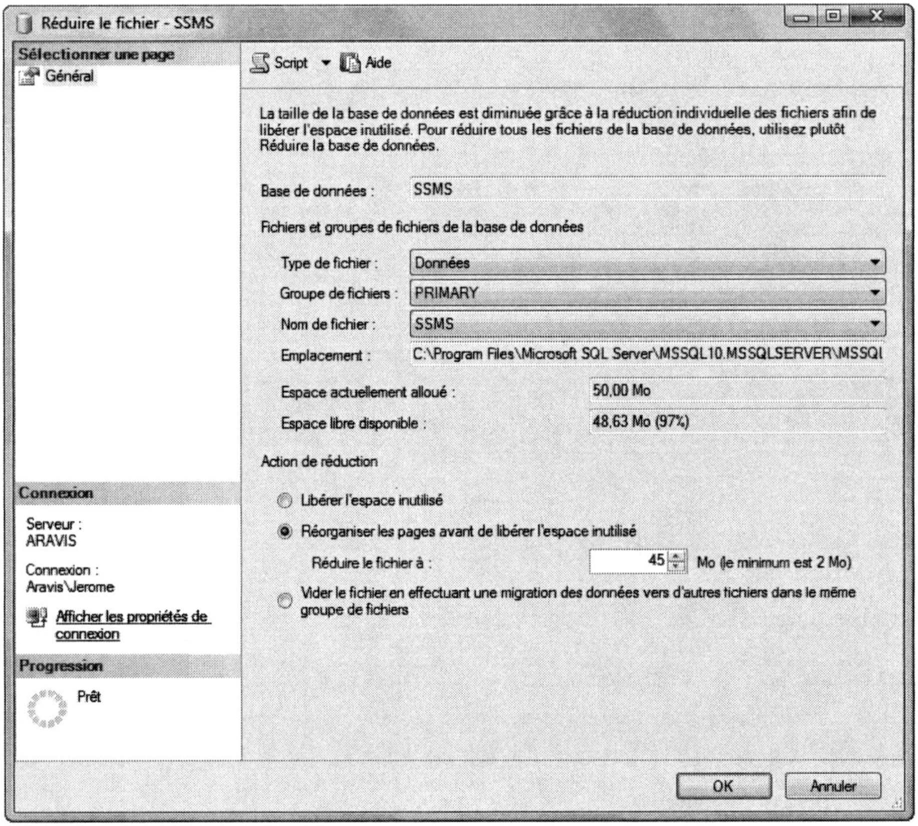

Le temps d'exécution de cette opération est directement lié au volume de données à réorganiser.

© Editions ENI - Toute reproduction interdite

Pour réduire la taille d'un fichier à l'aide d'un script, il est nécessaire de passer la l'instruction DBCC SHRINKFILE comme le montre le script suivant :

```
USE TSQL;
GO
DBCC SHRINKFILE ('TSQL2',2);
```

Corrigé 2.7 : Réduire la taille d'une base de données

La configuration de la réduction automatique de la base de données est possible depuis la page **Options** de la fenêtre des **Propriétés de la base de données SSMS**. Cette option est désactivée par défaut, il est donc nécessaire de l'activer :

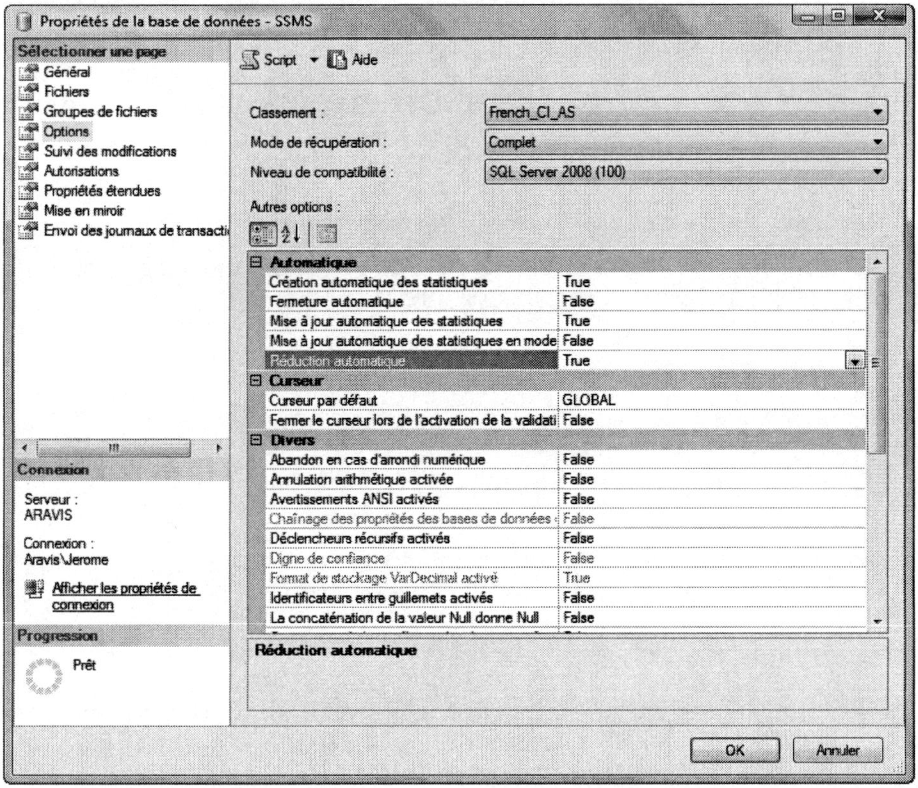

Pour effectuer une opération de réduction des fichiers, portant sur la totalité de la base, il est nécessaire d'utiliser DBCC SHRINKDATABASE.

© Editions ENI - Toute reproduction interdite

```
USE TSQL;
GO
DBCC SHRINKDATABASE ('TSQL',10);
```

Corrigé 2.8 : Créer une table sur un groupe de fichiers

La première étape consiste à définir un fichier de données sur le groupe de fichier TPSSMS, ce qui peut être réalisé à l'aide du script présenté ci-dessous :

```
USE SSMS;
GO
ALTER DATABASE SSMS
    ADD FILE(
        NAME=TPSSMS1,
        FILENAME='C:\Program Files\Microsoft SQL Ser-
ver\MSSQL10.MSSQLSERVER\MSSQL\
        DATA\TPSSMS1.ndf',
        SIZE=5MB,
        MAXSIZE=10MB,
        FILEGROWTH=1MB
    )
    TO FILEGROUP TPSSMS;
```

Il est alors possible de corriger le script proposé afin que la table clients soit définie sur le groupe de fichiers TPSSMS de la façon suivante :

```
CREATE TABLE  CLIENTS (
  numero  INT CONSTRAINT pk_clients PRIMARY KEY,
  nom    NVARCHAR(50) NOT NULL,
  prenom  NVARCHAR(50) NOT NULL,
  adresse NVARCHAR(100),
  codepostal CHAR(5),
  ville  NVARCHAR(50)
) ON TPSSMS;
```

Pour s'assurer que la table est créée sur le bon groupe de fichiers, il est possible d'exécuter la procédure stockée sp_help en lui passant en paramètre le nom de la table.

```
exec sp_help 'CLIENTS'
```

L'affectation d'une table à un groupe de fichier est également consultable depuis la page stockage des propriétés de la table. Il est possible de d'afficher les propriétés de la table en la sélectionnant dans l'explorateur d'objet puis effectuant le choix **Propriétés** depuis le menu contextuel associé à la table.

© Editions ENI - Toute reproduction interdite

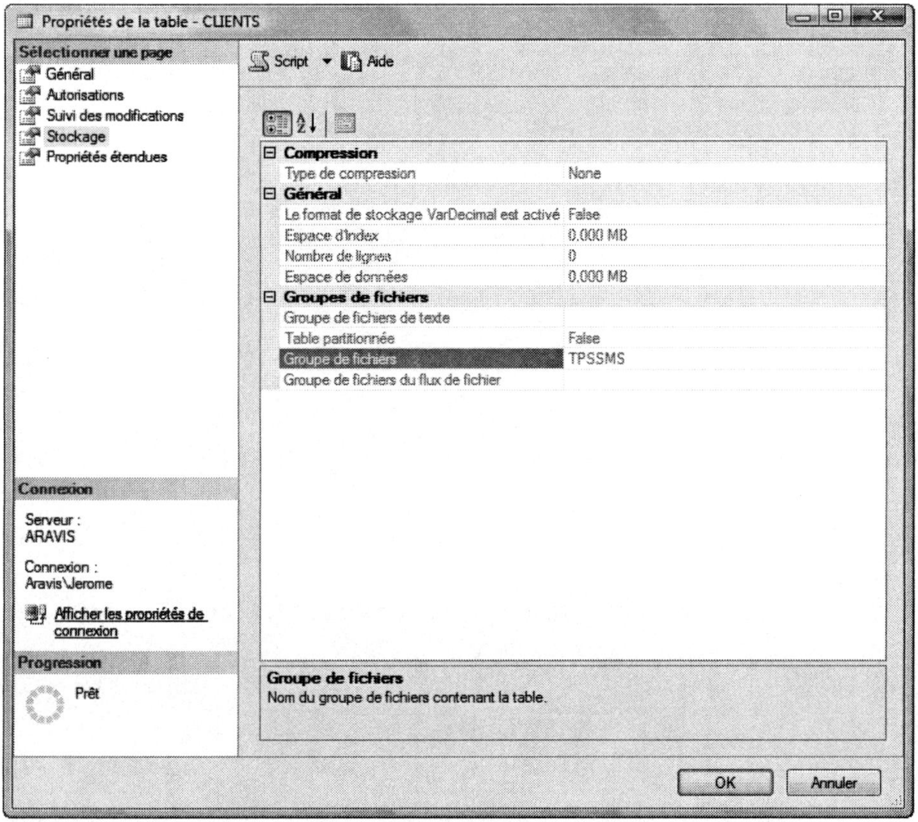

Corrigé 2.9 : Créer une table partionnée

La première étape consiste à définir les groupes de fichiers, en prenant soin d'y définir un fichier de données. Le fichier de données est défini avec une taille initiale relativement faible (5 Mo) mais avec la possibilité de croître par paquet de 2 Mo jusqu'à une taille de 50 Mo. Le script présent ci-dessous permet de définir les différents groupes de fichiers et les fichiers.

```
ALTER DATABASE SSMS ADD FILEGROUP IleDeFrance;
ALTER DATABASE SSMS ADD FILEGROUP CentreNord;
ALTER DATABASE SSMS ADD FILEGROUP NordEst;
ALTER DATABASE SSMS ADD FILEGROUP Ouest;
ALTER DATABASE SSMS ADD FILEGROUP SudOuest;
ALTER DATABASE SSMS ADD FILEGROUP SudEst;
ALTER DATABASE SSMS ADD FILEGROUP Sud;
```

© Editions ENI - Toute reproduction interdite

Puis les fichiers sont définis :

```
ALTER DATABASE SSMS
ADD FILE(
    NAME=IDF1,
    FILENAME='C:\Program Files\Microsoft SQL Server\MSSQL10.MSSQLSERVER\MSSQL\
    DATA\IDF1.ndf',
    SIZE=5MB, MAXSIZE=50MB, FILEGROWTH=2MB) TO FILEGROUP IleDeFrance;
ALTER DATABASE SSMS
ADD FILE(
    NAME=CN1,
    FILENAME='C:\Program Files\Microsoft SQL Server\MSSQL10.MSSQLSERVER\MSSQL\
    DATA\CN1.ndf',
    SIZE=5MB, MAXSIZE=50MB, FILEGROWTH=2MB) TO FILEGROUP CentreNord;
ALTER DATABASE SSMS
ADD FILE(
    NAME=NE1,
    FILENAME='C:\Program Files\Microsoft SQL Server\MSSQL10.MSSQLSERVER\MSSQL\
    DATA\NE1.ndf',
    SIZE=5MB, MAXSIZE=50MB, FILEGROWTH=2MB) TO FILEGROUP NordEst;
ALTER DATABASE SSMS
ADD FILE(
    NAME=O1,
    FILENAME='C:\Program Files\Microsoft SQL Server\MSSQL10.MSSQLSERVER\MSSQL\
    DATA\O1.ndf',
    SIZE=5MB, MAXSIZE=50MB, FILEGROWTH=2MB) TO FILEGROUP Ouest;
ALTER DATABASE SSMS
ADD FILE(
    NAME=SO1,
    FILENAME='C:\Program Files\Microsoft SQL Server\MSSQL10.MSSQLSERVER\MSSQL\
    DATA\SO1.ndf',
    SIZE=5MB, MAXSIZE=50MB, FILEGROWTH=2MB) TO FILEGROUP SudOuest;
ALTER DATABASE SSMS
ADD FILE(
    NAME=SE1,
    FILENAME='C:\Program Files\Microsoft SQL Server\MSSQL10.MSSQLSERVER\MSSQL\
    DATA\SE1.ndf',
    SIZE=5MB, MAXSIZE=50MB, FILEGROWTH=2MB) TO FILEGROUP SudEst;
ALTER DATABASE SSMS
ADD FILE(
    NAME=S1,
    FILENAME='C:\Program Files\Microsoft SQL Server\MSSQL10.MSSQLSERVER\MSSQL\
    DATA\S1.ndf',
    SIZE=5MB, MAXSIZE=50MB, FILEGROWTH=2MB) TO FILEGROUP Sud;
```

Il est maintenant possible de définir la fonction de partitionnement ainsi que le schéma de partitionnement. La fonction s'appuie sur un numéro de région afin de répartir les informations entre les différentes partitions.

© Editions ENI - Toute reproduction interdite

```
CREATE PARTITION FUNCTION regionFonctionPartition(int) AS
  RANGE LEFT FOR VALUES (1,2,3,4,5,6);
GO
CREATE PARTITION SCHEME regionSchemaPartition
AS PARTITION regionFonctionPartition
TO (IleDeFrance, CentreNord, NordEst, Ouest, SudOuest, SudEst, Sud);
```

Il est maintenant possible de créer la table partitionnée à l'aide du script présenté ci-dessous. La contrainte d'intégrité a été modifiée afin de s'assurer que la clé de partitionnement est bien un sous-ensemble de l'identifiant de la table.

```
CREATE TABLE  CLIENTS (
  numero  INT,
  nom    NVARCHAR(50) NOT NULL,
  prenom  NVARCHAR(50) NOT NULL,
  adresse NVARCHAR(100),
  codepostal CHAR(5),
  ville   NVARCHAR(50),
  region INT,
 CONSTRAINT pk_clients PRIMARY KEY(numero, region)
) ON regionSchemaPartition(region);
```

Corrigé 2.10 : Compresser les données

La compression des données peut être activée au niveau de chaque table ou index lors de la création ou bien sur une table/index déjà existant.

Lors de la création d'une table il est possible de demander une compression au niveau page ou bien au niveau de chaque ligne (ROW). C'est ce niveau de compression qui est choisi dans le script de correction proposé ci-dessous :

```
USE TSQL;
GO
CREATE TABLE ARTICLES(
  refart char(10) constraint pk_articles primary key,
  designation nvarchar(100),
  prixht money)
  WITH (DATA_COMPRESSION=ROW);
```

© Editions ENI - Toute reproduction interdite

Corrigé 2.11 : Mettre en place des index

Pour accélérer l'exécution de cette requête, il est nécessaire de définir un index sur la colonne marque. Etant donné que la table des produits dispose déjà d'une contrainte de clé primaire définie avec les paramètres par défaut (ce qui signifie un index ordonné unique), alors le nouvel index ne peut être que non ordonné (non clustered). Cet index va être défini à l'aide du script présenté ci-dessous :

```
USE TSQL;
GO
CREATE INDEX iproduits_marque
  ON produits(marque);
```

Corrigé 2.12 : Indexer une colonne de type xml

La première étape consiste à définir un index XML primaire sur la colonne description à l'aide de l'instruction suivante :

```
USE TSQL;
GO
CREATE PRIMARY XML INDEX iproduits_xml
  ON produits(description);
```

Par la suite, il est possible de définir un index sur les valeurs pour cette colonne de type xml. Cet index xml s'appuie bien entendu sur l'index XML primaire :

```
CREATE XML INDEX iproduits_xml_value
  ON produits(description)
  USING XML INDEX iproduits_xml
  FOR VALUE;
```

Corrigé 2.13 : Définir un index couvrant

La restriction porte uniquement sur le libellé donc seule cette colonne doit être indexée. Par contre, une fois la restriction réalisée, l'index doit également contenir la marque. Cette information doit être ajoutée au niveau des feuilles de l'index. Cet index qui permet de couvrir intégralement la requête est créé à l'aide du script suivant :

```
USE TSQL;
GO
CREATE INDEX iproduits_libelle
  ON produits(libelle)
  INCLUDE (marque);
```

© Editions ENI - Toute reproduction interdite

Table des Matières

Chapitre 3 : Sécurité

© Editions ENI - Toute reproduction interdite

Chapitre 3 : Sécurité

Pré-requis

1. **b.**
   Les utilisateurs sont définis au niveau base de données. Au niveau serveur, ce sont des connexions.
2. **b.**
   Même si cela est préférable, il est possible de travailler sur une base de données sans que la connexion que l'on utilise dispose d'un utilisateur défini sur la base. Ce cas se présente lorsque le compte d'utilisateur invité (guest) est défini sur la base de données.
3. **c.**
   Les rôles sont des ensembles nommés de privilèges.
4. **b.** et **c.**
   Un utilisateur est défini au niveau base. Il est donc possible de lui accorder des rôles définis à ce niveau soit les rôles de base de données et les rôles personnalisés.
5. **b.**
   C'est l'instruction REVOKE qui permet de retirer un privilège accordé. L'instruction DENY interdit l'utilisation d'un privilège ce qui n'est pas la même chose.
6. **c.**
   C'est simplement au niveau base de données qu'il est possible de définir ses propres rôles.
7. **d.**
   En accordant le rôle db_owner à un utilisateur, celui-ci dispose de privilèges d'administration de la base. Le rôle sysadmin est défini au niveau serveur et correspond à l'administration du serveur. Le rôle db_admin n'existe pas et dbo est le nom du schéma sur lequel sont définies les tables systèmes.
8. **d.**
   Le groupe local des administrateurs Windows reçoit le privilège sysadmin. Ainsi donc tous les administrateurs du système sont également des administrateurs du serveur de base de données.
9. **a.**
   Oui il est tout à fait possible d'utiliser un rôle d'application depuis un script Transact SQL avec la procédure sp_setapprole.

© Editions ENI - Toute reproduction interdite

10. a. et **b.**

Il est possible d'attribuer directement des privilèges à un rôle d'application. Mais comme pour les autres rôles, le rôle d'application ne peut être membre d'un autre rôle que ce soit au niveau base de données ou au niveau serveur.

11.

Le compte d'utilisateur de base de données guest est utilisé par les connexions qui ne sont pas associées à un compte d'utilisateur sur la base de données et qui tentent d'accéder à la base. Par défaut ce compte n'est pas défini. Il est intéressant de le définir sur les bases d'exemples afin que chacun puisse facilement accéder aux informations.

12. b.

Si aucun schéma par défaut n'est précisé lors de la création d'un utilisateur de base de données il va travailler sur le schéma **dbo**.

Corrigé 3.1 : Configurer le mode de sécurité

Il est possible de modifier le mode de sécurité du serveur depuis la fenêtre présentant les **propriétés** du serveur sur la page **Sécurité**. Dans le cadre **Authentification du serveur**, il faut activer le bouton radio **Mode d'authentification SQL Server et Windows**.

© Editions ENI - Toute reproduction interdite

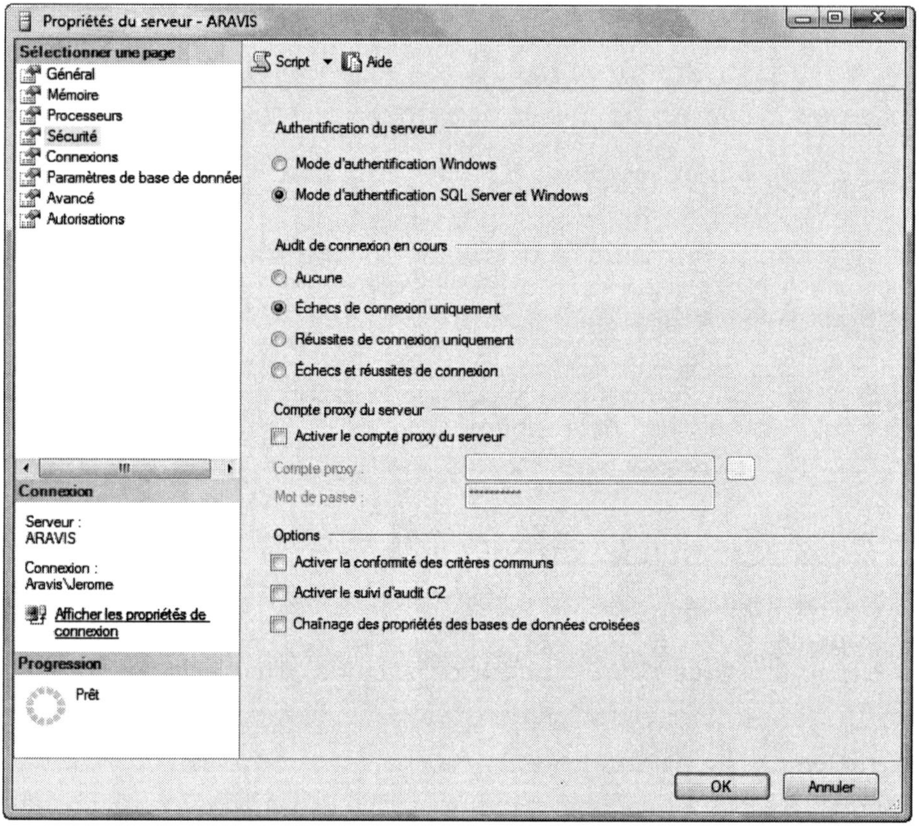

La modification n'est prise en compte que lors du prochain démarrage de SQL Server. Il est possible d'arrêter le service et de le démarrer depuis le menu contextuel associé au serveur depuis la fenêtre **Explorateur d'objets dans SQL Server Management Studio.**

© Editions ENI - Toute reproduction interdite

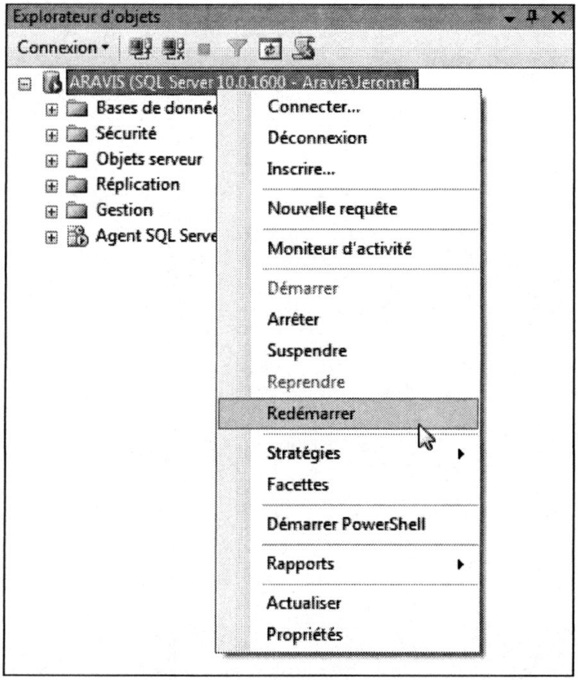

Pour définir le mot de passe et activer le compte de sécurité **sa**, il est nécessaire d'afficher les propriétés de cette connexion en sélectionnant les **Propriétés** depuis le menu contextuel associé au nœud **Sécurité - connexions - sa** depuis l'Explorateur d'objets. Le mot de passe est défini sur la page **Général** et le compte est activé depuis la page **État**.

© Editions ENI - Toute reproduction interdite

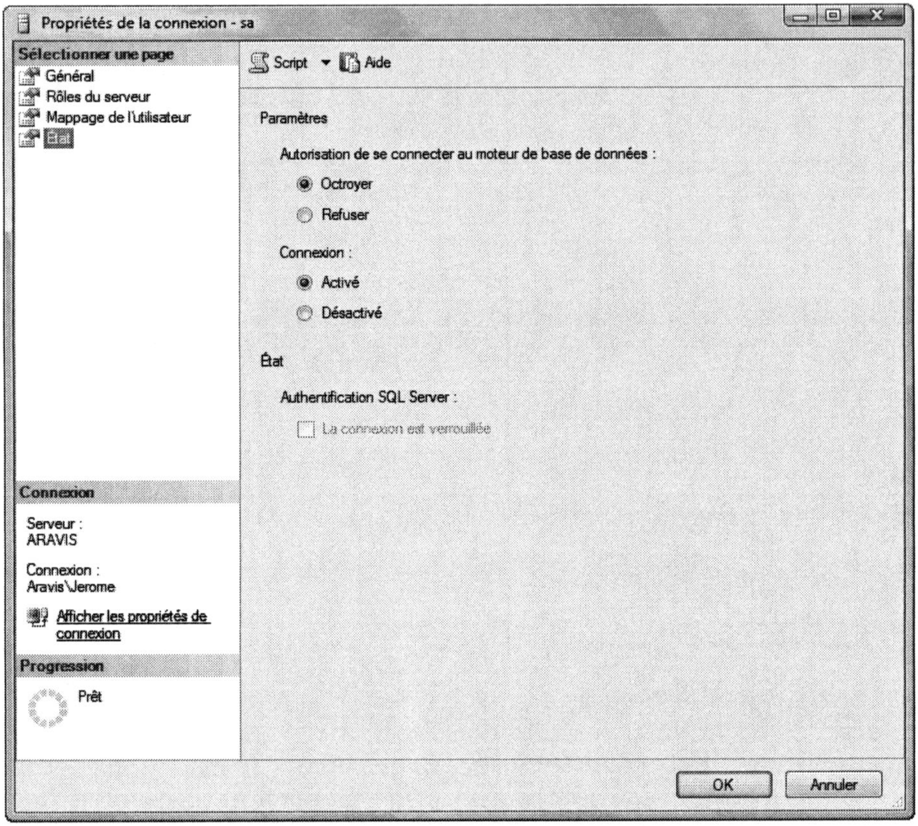

Corrigé 3.2 : Définir une nouvelle connexion

Pour définir une nouvelle connexion depuis SQL Server Management Studio, il faut sélectionner **Nouvelle connexion**depuis le menu contextuel du nœud **Sécurité - connexions**.

© Editions ENI - Toute reproduction interdite

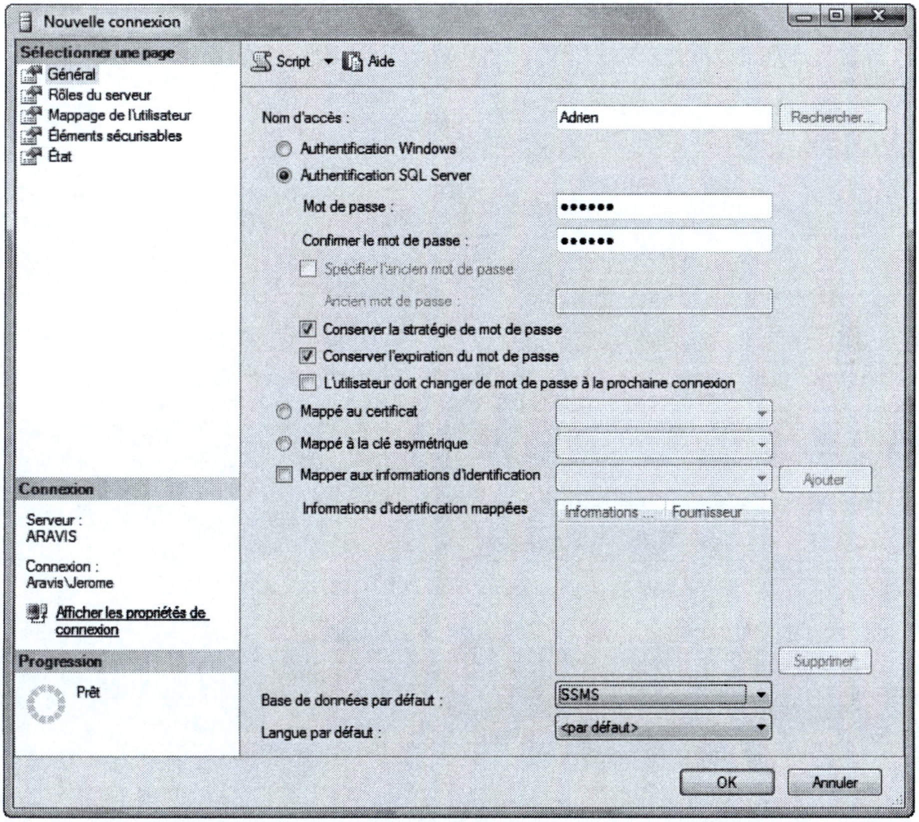

Le script suivant permet de définir la nouvelle connexion :

```
USE MASTER;
GO
CREATE LOGIN Pierre
    WITH PASSWORD ='erreip',
         DEFAULT_DATABASE=TSQL;
```

Corrigé 3.3 : Intégrer des comptes et groupes Windows

Les utilisateurs Windows sont définis depuis la console de gestion de l'ordinateur en sélectionnant **Nouvel utilisateur** depuis le menu contextuel du nœud **Outils système - Utilisateurs et groupes locaux - Utilisateurs**.

© Editions ENI - Toute reproduction interdite

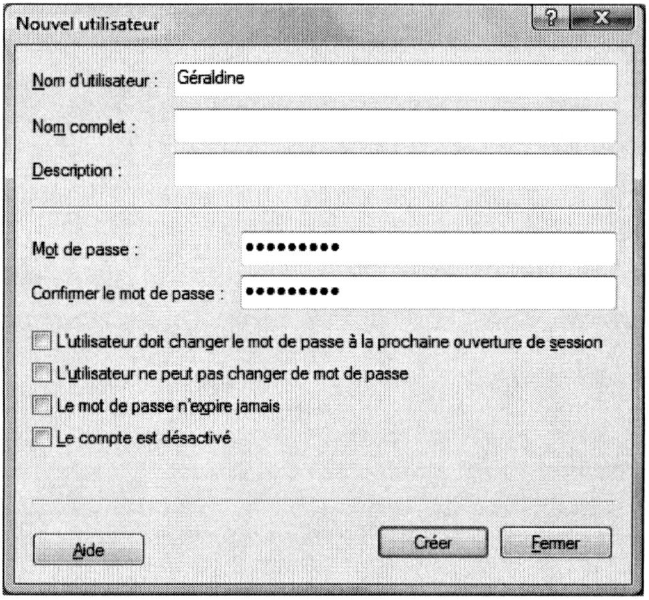

La procédure est répétée à l'identique pour les trois utilisateurs.
L'opération de création des groupes est similaire.

Le second groupe est également créé.

© Editions ENI - Toute reproduction interdite

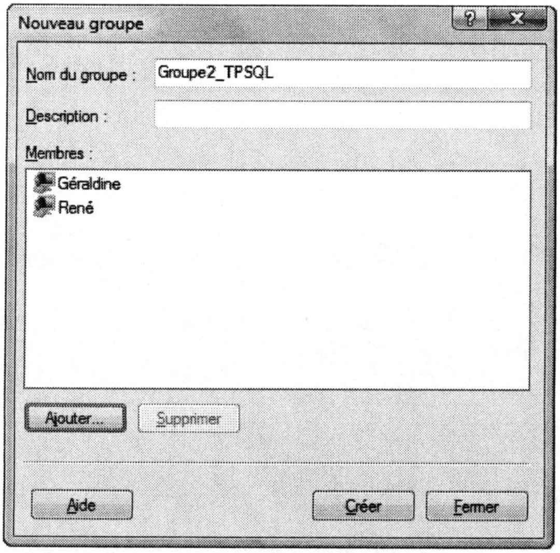

Depuis SQL Server Management, il est nécessaire de demander la création d'une nouvelle connexion depuis le menu contextuel du nœud **Sécurité - connexions**.

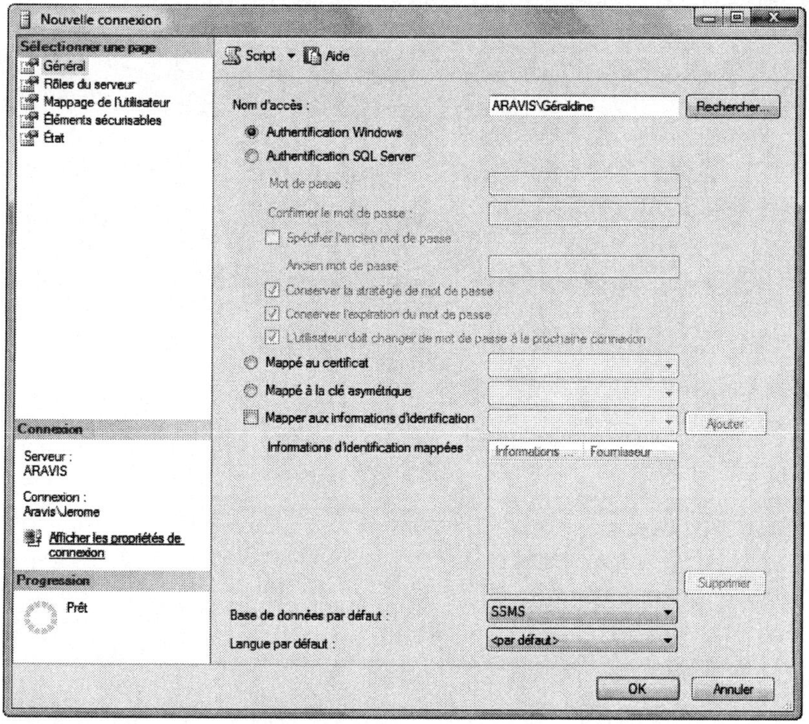

© Editions ENI - Toute reproduction interdite

Le script suivant permet de définir une connexion SQL Server pour l'utilisateur Windows Léon :

```
USE MASTER;
GO
CREATE LOGIN [ARAVIS\Léon]
    FROM WINDOWS
    WITH DEFAULT_DATABASE=TSQL;
```

Depuis SQL Server Management Studio, il est possible d'associer la connexion directement à un groupe Windows.

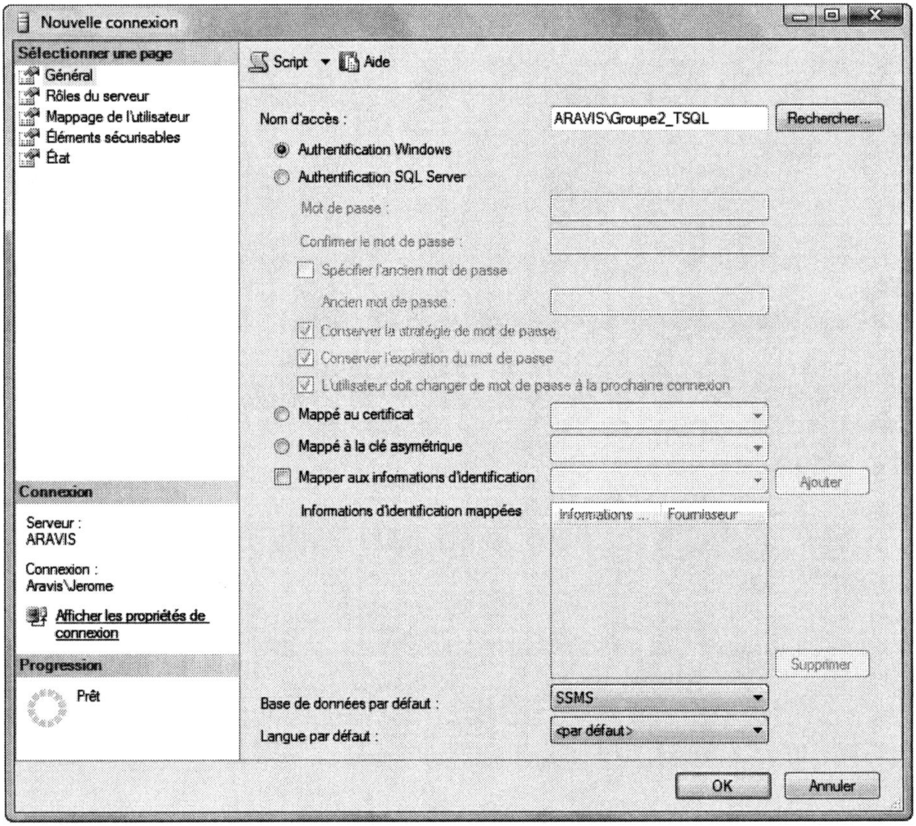

© Editions ENI - Toute reproduction interdite

Corrigé 3.4 : Définir des utilisateurs de base de données

La création d'un utilisateur de base de données est possible en sélectionnant **Nouvel utilisateur** dans le menu contextuel du nœud **Base de données - SSMS - Sécurité - Utilisateurs**. Il est alors nécessaire de sélectionner le nom d'accès qui sera associé à cet utilisateur.

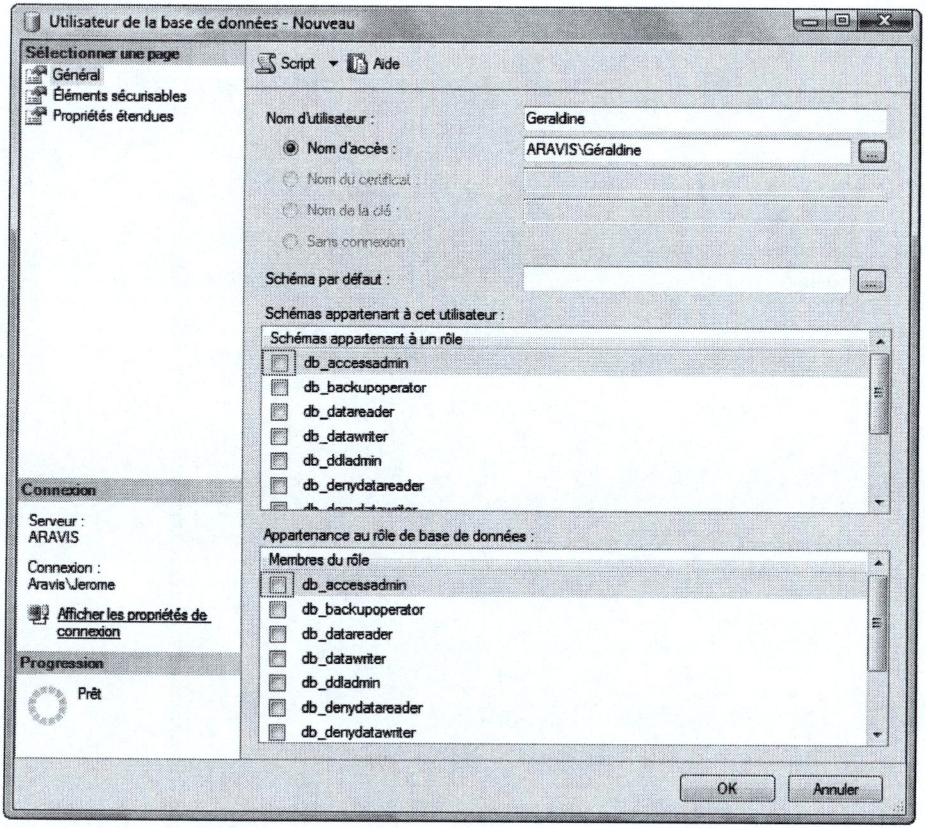

L'instruction CREATE USER permet de définir un nouvel utilisateur de base de données.

```
USE TSQL;
GO
CREATE USER LEON
    FROM LOGIN [ARAVIS\Léon];
```

© Editions ENI - Toute reproduction interdite

Corrigé 3.5 : Travailler avec le compte guest

Le compte guest est déjà défini sur la base de données SSMS, car il est défini dans la base Model. Toutefois cet utilisateur ne dispose pas de privilèges suffisants pour pouvoir se connecter à la base. Il faut accorder la possibilité de se connecter (CONNECT) à cet utilisateur (GRANT CONNECT TO GUEST). Le résultat de cette opération peut être visualisé en affichant la page **Autorisations** de la fenêtre des **Propriétés de la base de données**.

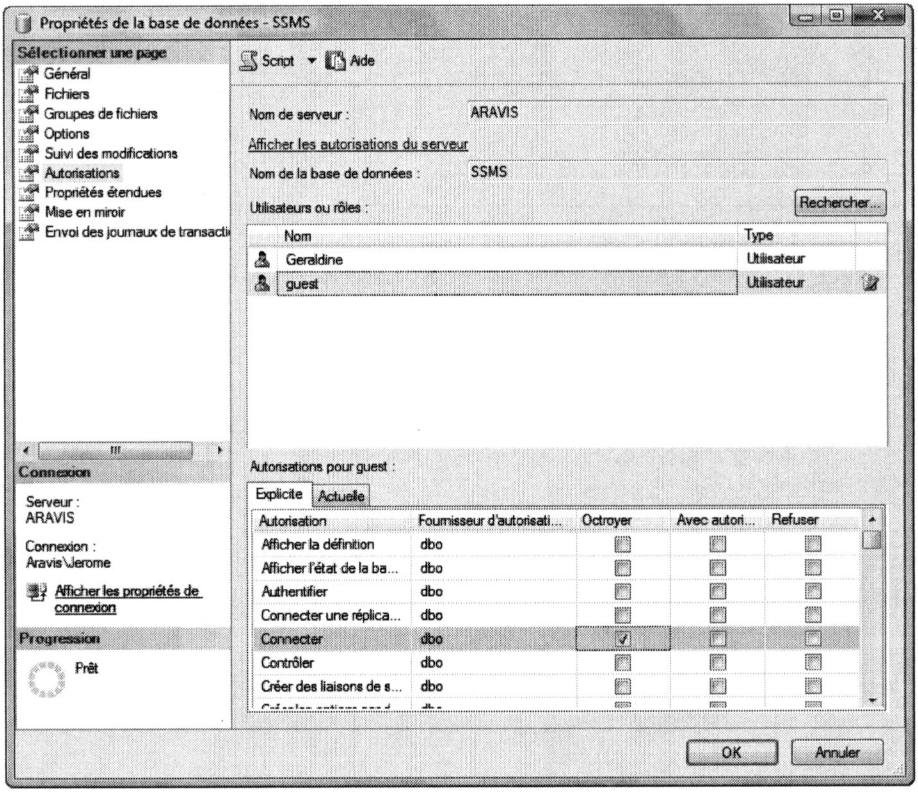

Le compte utilisateur guest peut être défini sur la base TSQL à l'aide du script présenté ci-dessous :

```
USE TSQL;
GO
GRANT CONNECT TO Guest;
```

La connexion Pierre est capable de se connecter aux bases SSMS et TSQL. Dans chaque cas, la connexion ne dispose pas d'utilisateur associé et va donc utiliser le contexte du compte d'utilisateur guest pour pouvoir travailler sur la base.

© Editions ENI - Toute reproduction interdite

Corrigé 3.6 : Accorder des droits spécifiques

Pour accorder des privilèges d'utilisation d'instructions Transact SQL il faut sélectionner l'utilisateur depuis la page **Autorisations** de la fenêtre **Propriétés de la base de données SSMS** puis cocher les privilèges accordés depuis la liste **Autorisations pour Géraldine**.

Les libellés correspondant aux droits d'utilisation des instructions CREATE TABLE et CREATE VIEW sont **Créer une table** et **Créer une vue**.

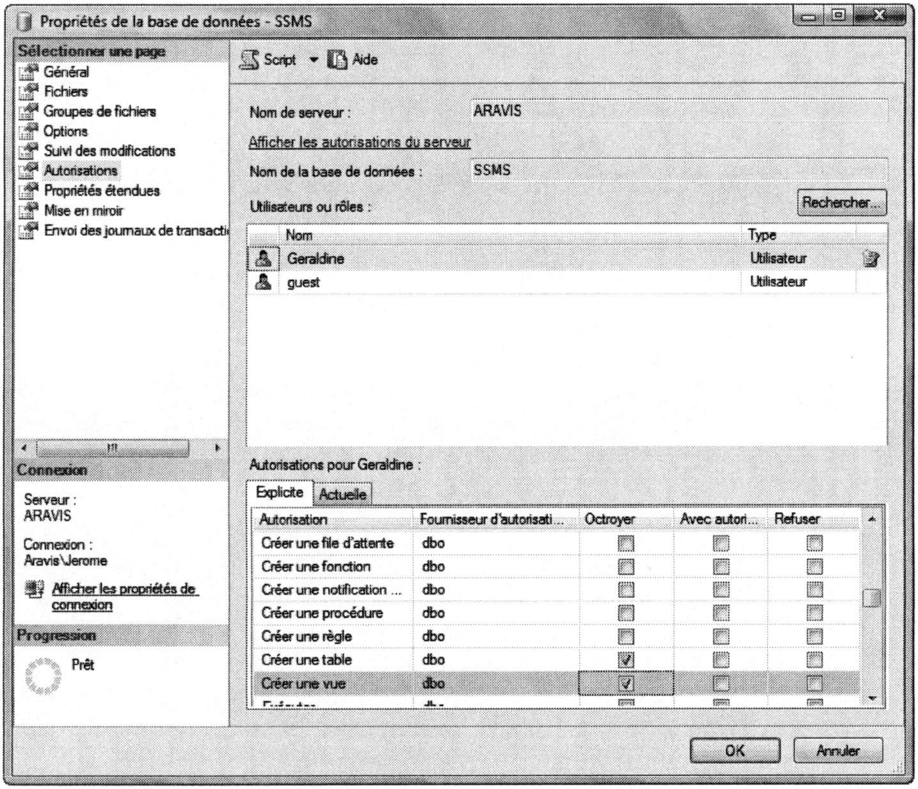

Le script présenté ci-dessous permet d'accorder les privilèges demandés à l'utilisateur Léon.

```
USE TSQL;
GO
GRANT CREATE TABLE, CREATE VIEW, CREATE PROCEDURE TO Leon;
```

© Editions ENI - Toute reproduction interdite

Corrigé 3.7 : Définir un rôle de base de données

Le nouveau rôle de base de données est créé en sélectionnant **Nouveau rôle de base de données** dans le menu contextuel du nœud **Bases de données SSMS - Sécurité - Rôles - Rôles de base de données**. La fenêtre **Nouveau rôle de base de données** est alors affichée et il est possible de nommer le nouveau rôle.

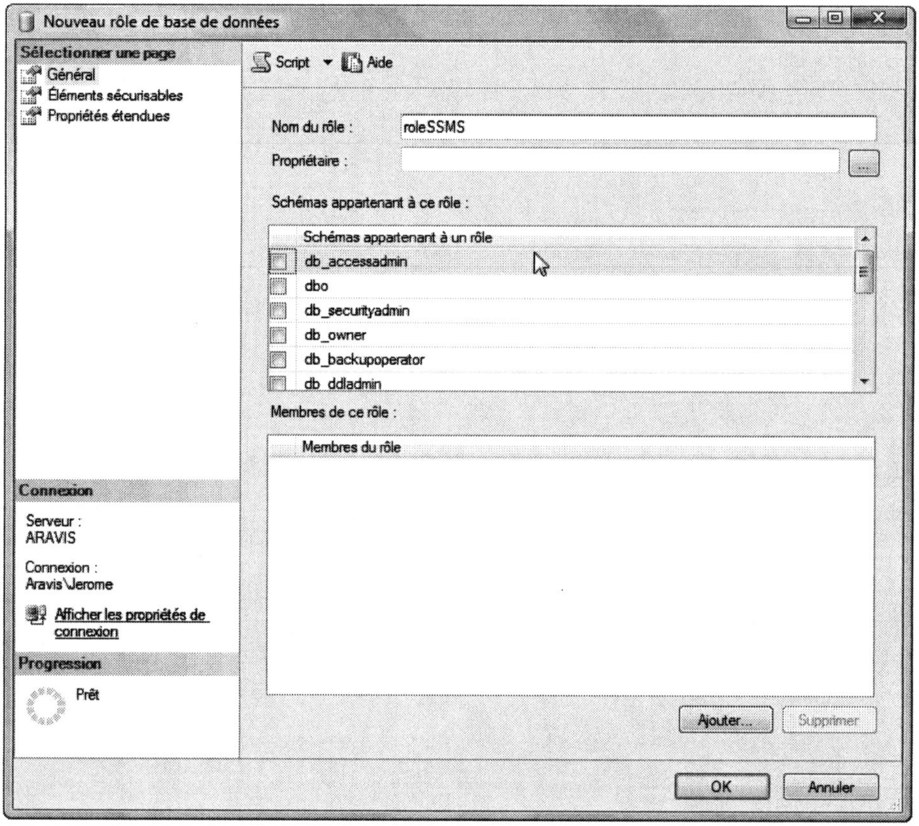

Le script suivant permet de créer un rôle de base de données et de lui accorder des privilèges :

```
USE TSQL;
GO
CREATE ROLE roleTSQL;
GRANT CREATE TABLE, CREATE VIEW, CREATE PROCEDURE TO roleTSQL;
```

© Editions ENI - Toute reproduction interdite

Corrigé 3.8 : Accorder des rôles de bases de données à des utilisateurs

Depuis la fenêtre des propriétés de l'utilisateur de base de données sur la page **Général**, il est possible d'accorder un ou plusieurs rôles de base de données en les sélectionnant depuis la liste **Appartenance au rôle de base de données**.

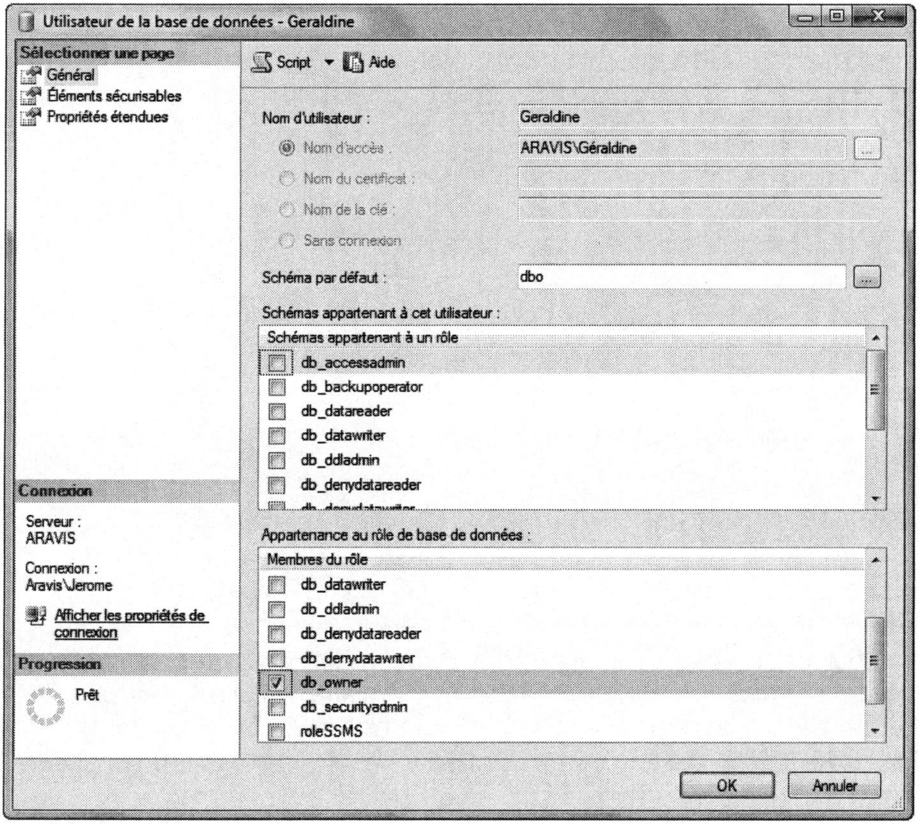

Une opération similaire est effectuée pour l'utilisateur guest, mais en sélectionnant le rôle db_datareader depuis la liste des rôles de base de données.

© Editions ENI - Toute reproduction interdite

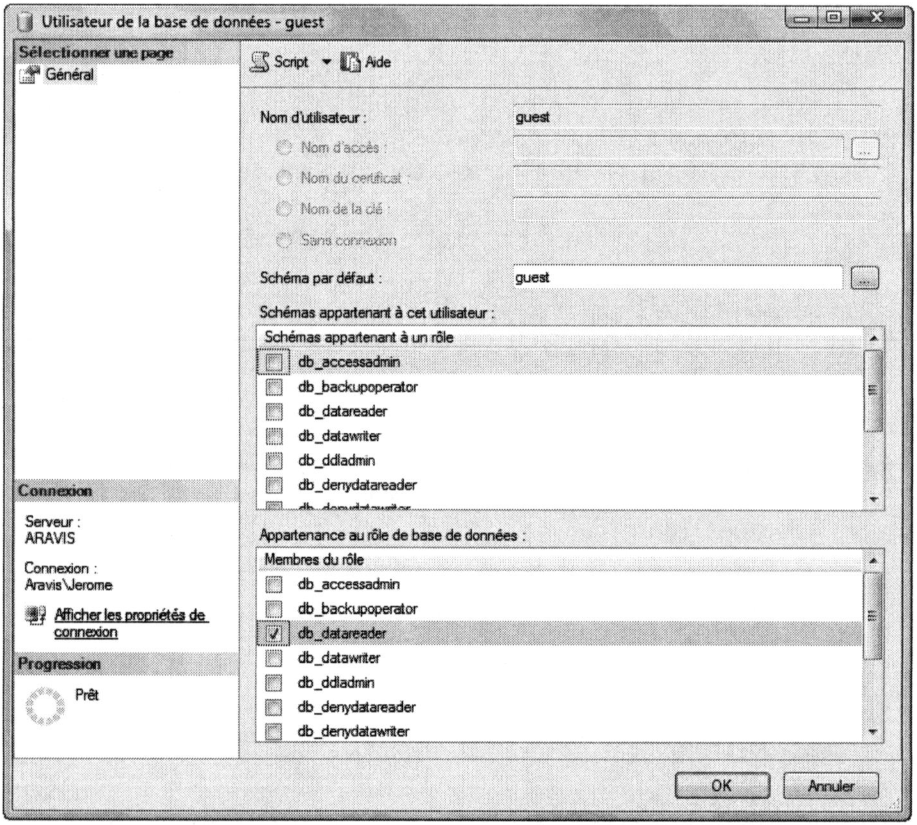

Le nouvel utilisateur est créé en sélectionnant **Nouvel utilisateur** depuis le menu contextuel du nœud **Bases de données - SSMS - Sécurité - Utilisateurs**. Le nom d'accès correspondant à la connexion est sélectionné puis les rôles accordés depuis la liste **Appartenance aux rôles de base de données** comme illustré ci-après.

© Editions ENI - Toute reproduction interdite

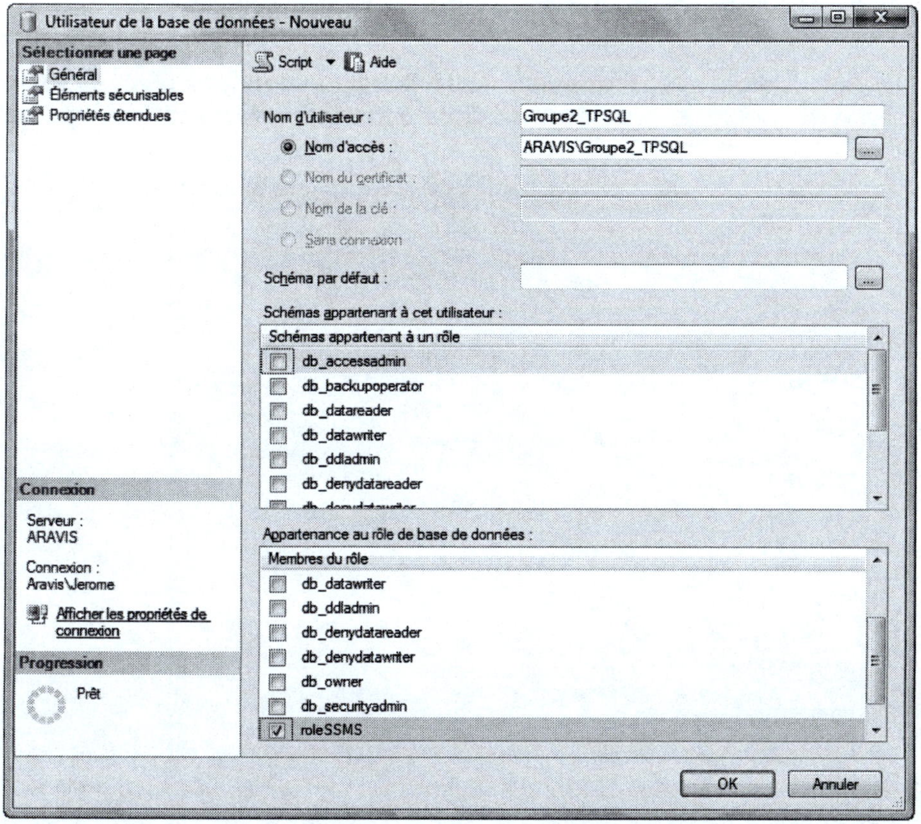

Le script Transact SQL qui suit permet d'accorder des rôles de base de données à des utilisateurs :

```
USE TSQL;
GO
exec sp_addrolemember @rolename='db_datareader', @membername='Leon';
exec sp_addrolemember @rolename='db_datawriter', @membername='guest';
exec sp_addrolemember @rolename='roleTSQL', @membername='guest';
```

© Editions ENI - Toute reproduction interdite

Corrigé 3.9 : Interdire l'utilisation de certains privilèges

Depuis la page **Autorisations** des **Propriétés de la base de données SSMS**, il faut sélectionner **Refuser** pour les privilèges dans la liste **Autorisations pour Groupe2_TPSQL**.

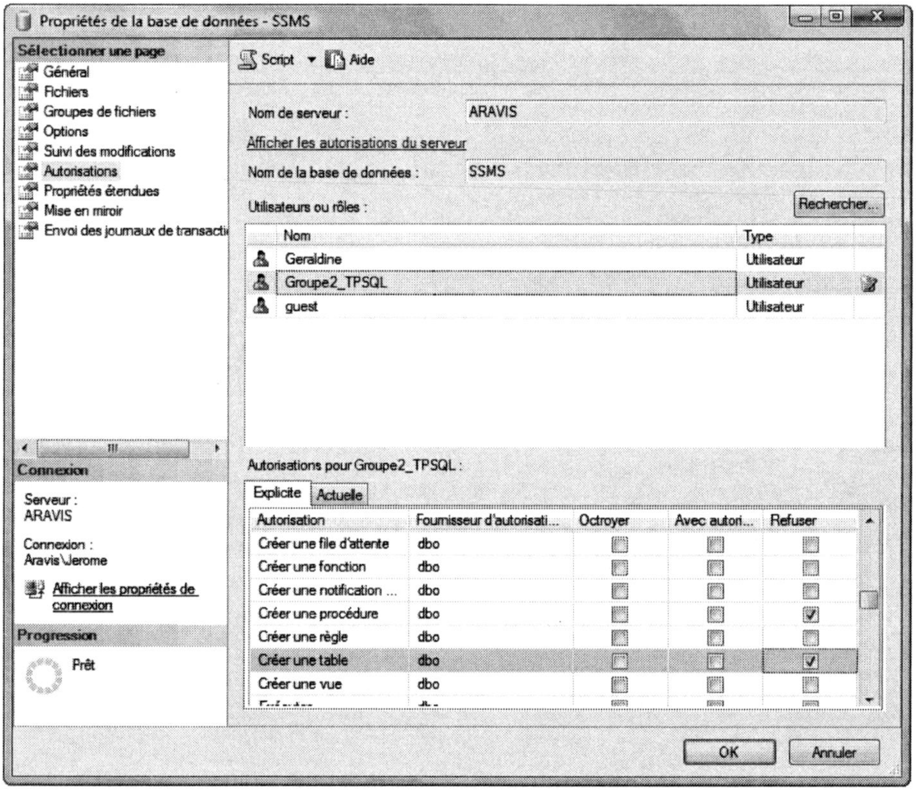

Pour interdire l'utilisation de certains privilèges par l'utilisateur Léon, il est possible d'exécuter les instructions suivantes :

```
USE TSQL;
GO
DENY CREATE PROCEDURE, CREATE FUNCTION TO Leon;
```

© Editions ENI - Toute reproduction interdite

Corrigé 3.10 : Définir un rôle d'application

Sélectionnez **Nouveau rôle d'application** depuis le menu contextuel du nœud **Bases de données - SSMS – Sécurité - Rôles - Rôle d'application**. Saisissez alors le nom et le mot de passe du rôle.

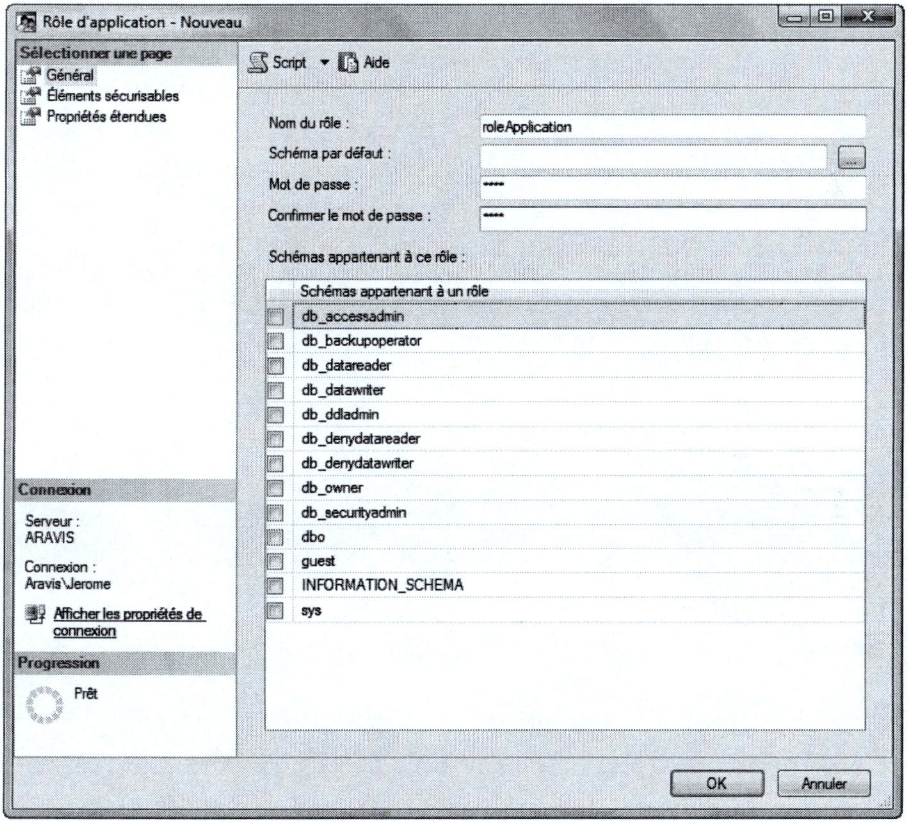

Il est possible d'accorder les rôles de base de données au rôle d'application avec les instructions suivantes :

```
USE SSMS;
GO
GRANT CREATE TABLE, CREATE VIEW TO roleApplication;
```

© Editions ENI - Toute reproduction interdite

Corrigé 3.11 : Utiliser un rôle d'application

Il n'est pas possible d'exécuter l'instruction CREATE TABLE car l'utilisateur Léon ne dispose pas de ce privilège. La table n'est donc pas créée et une erreur est levée. Le test peut être réalisé de la façon suivante :

```
EXECUTE AS LOGIN='ARAVIS\Léon';
USE SSMS;
CREATE TABLE TTEST (C1 int);
```

Le rôle d'application est activé de la façon suivante :

```
EXECUTE AS LOGIN='ARAVIS\Léon';
USE SSMS;
exec sp_setapprole @rolename='roleApplication',@password='ssms';
CREATE TABLE TTEST (C1 int);
```

La table TTEST est correctement créée. L'utilisateur ne dispose toujours pas du privilège d'exécuter l'instruction CREATE TABLE mais le rôle d'application oui et ce rôle est activé par rapport à la connexion courante.

© Editions ENI - Toute reproduction interdite

Table des Matières

Chapitre 4 : Planification de tâches

© Editions ENI - Toute reproduction interdite

Chapitre 4 : Planification de tâches

Pré-requis

1. **b.**
   Non la notion d'opérateur est complètement dissociée de celle d'utilisateur de base de données.
2. **c.**
   L'opérateur de prévention de défaillance ne peut être défini que lorsque les opérateurs sont avertis par radio messagerie.
3. **c.**
   Toutes les informations relatives aux opérateurs et travaux sont stockées dans la base MSDB.
4. **a., b., c.**
   Il est possible de définir des alertes sur ces trois critères.
5. **a.**
   Oui il est possible de définir jusqu'à dix compteurs de performances personnalisés.
6. **b.**
   Non une alerte ne peut être associée qu'à une erreur qui est inscrite dans l'observateur d'évènements.
7. **b.**
   Non il n'est pas nécessaire que l'analyseur de performances s'exécute pour que l'alerte soit active.
8. **a., b.**
   Lors de sa création, l'alerte est associée à toutes les bases du serveur ou bien à une base de données spécifique.
9. **c.**
   Le travail peut notifier un opérateur en cas de réussite, d'échec ou bien dans les deux cas.
10. **d.**
    Dans tous ces cas un travail peut être exécuté.
11. **b.**
    Les tâches planifiées sont exécutées par le service SQL Server Agent. Si ce service n'est pas démarré, les tâches ne peuvent pas être exécutées.

© Editions ENI - Toute reproduction interdite

Corrigé 4.1 : Définir de nouveaux opérateurs

À partir de l'Explorateur d'objets de SQL Server Management Studio, sélectionnez **Nouvel opérateur** dans le menu contextuel du nœud **Agent SQL Server - Opérateurs**.

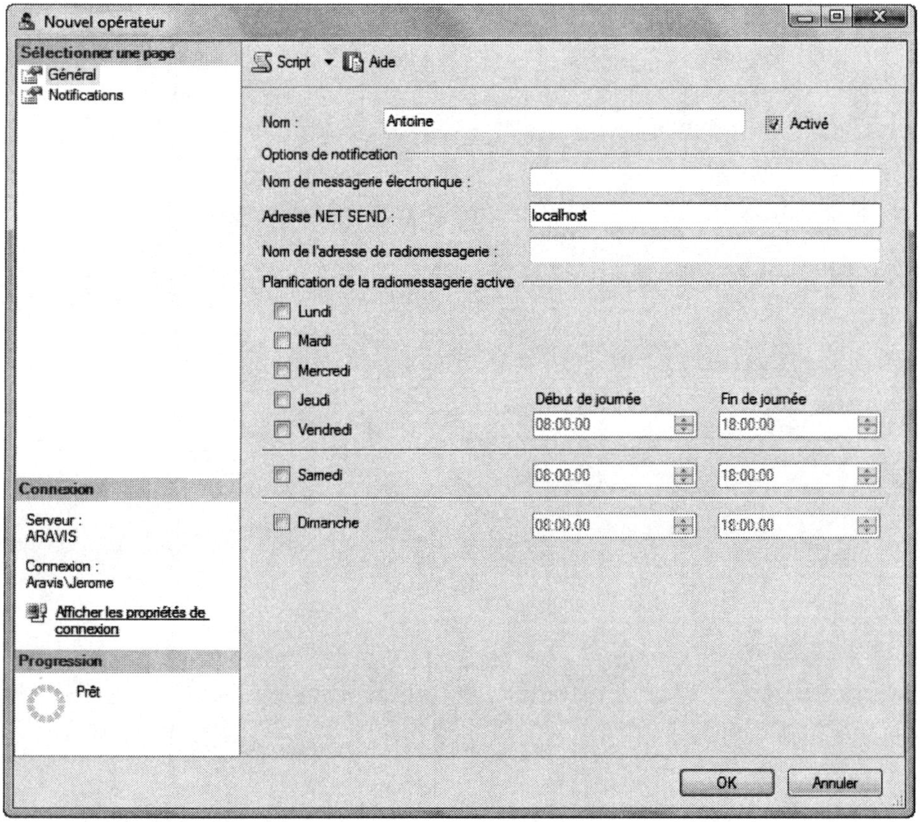

Effectuez la même opération pour définir l'opérateur Marie.

© Editions ENI - Toute reproduction interdite

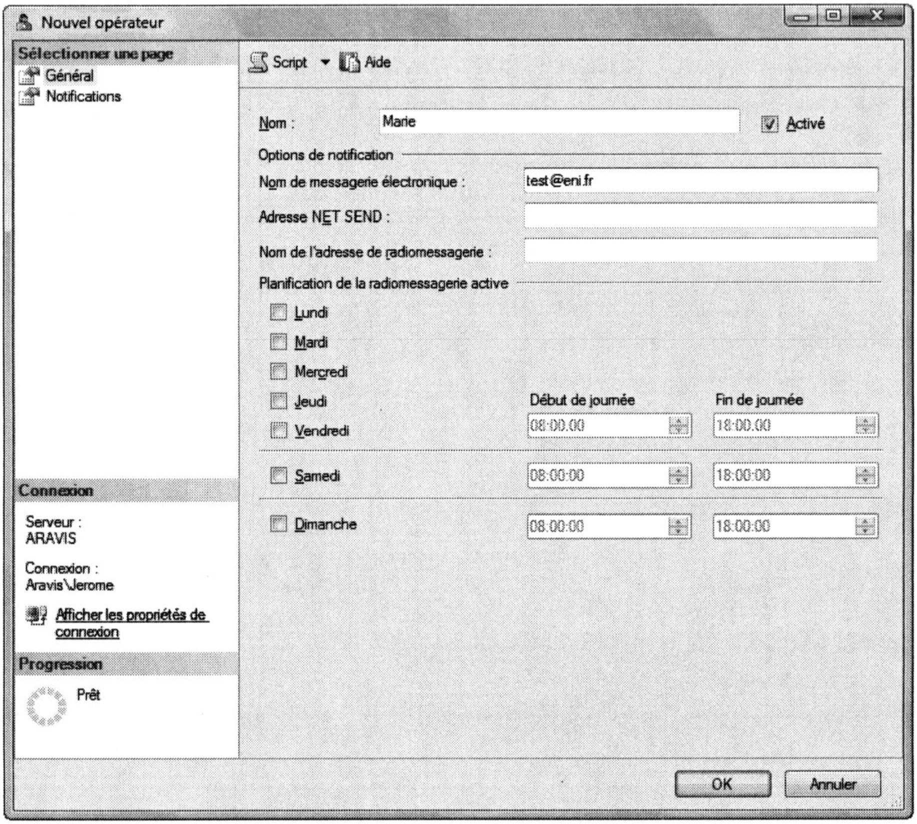

L'opérateur Philippe est créé à l'aide du script suivant :

```
USE MSDB;
GO
exec sp_add_operator @name='Philippe', @enabled=1,
    @email_address='test2@eni.fr', @netsend_address='localhot';
```

Corrigé 4.2 : Définir une alerte par rapport à un numéro d'erreur

Une nouvelle alerte peut être définie depuis SQL Server Management Studio en sélectionnant **Nouvelle alerte** dans le menu contextuel du nœud **Agent SQL Server - Alertes**.

© Editions ENI - Toute reproduction interdite

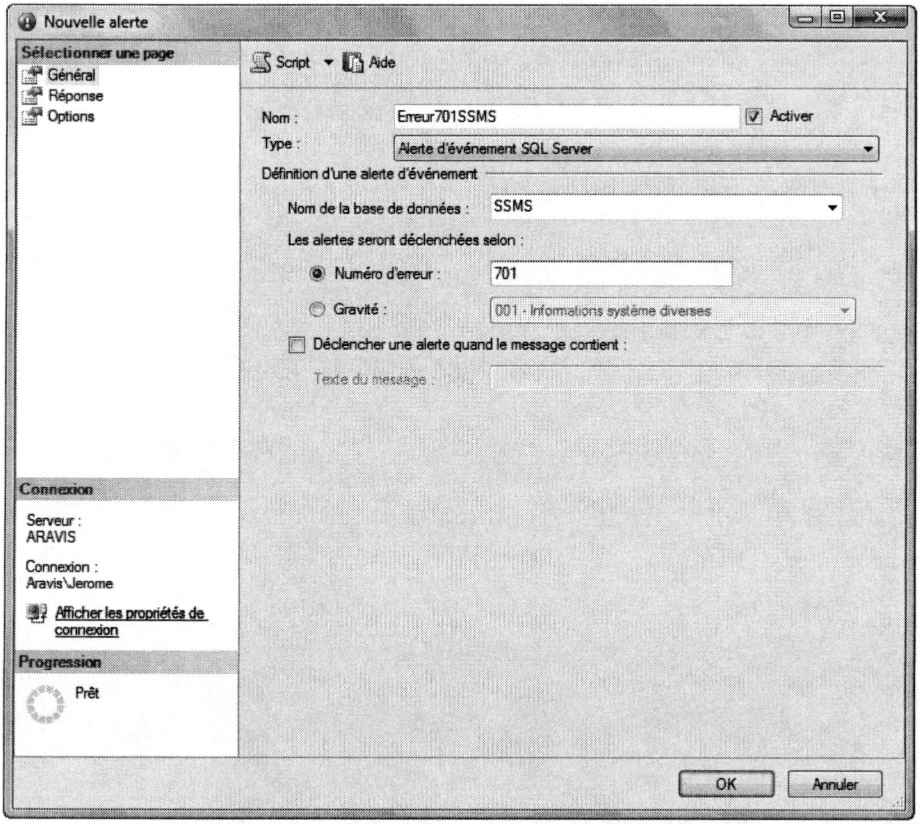

Les opérateurs à notifier sont définis sur la page **Réponse** de la fenêtre de définition de la nouvelle alerte.

© Editions ENI - Toute reproduction interdite

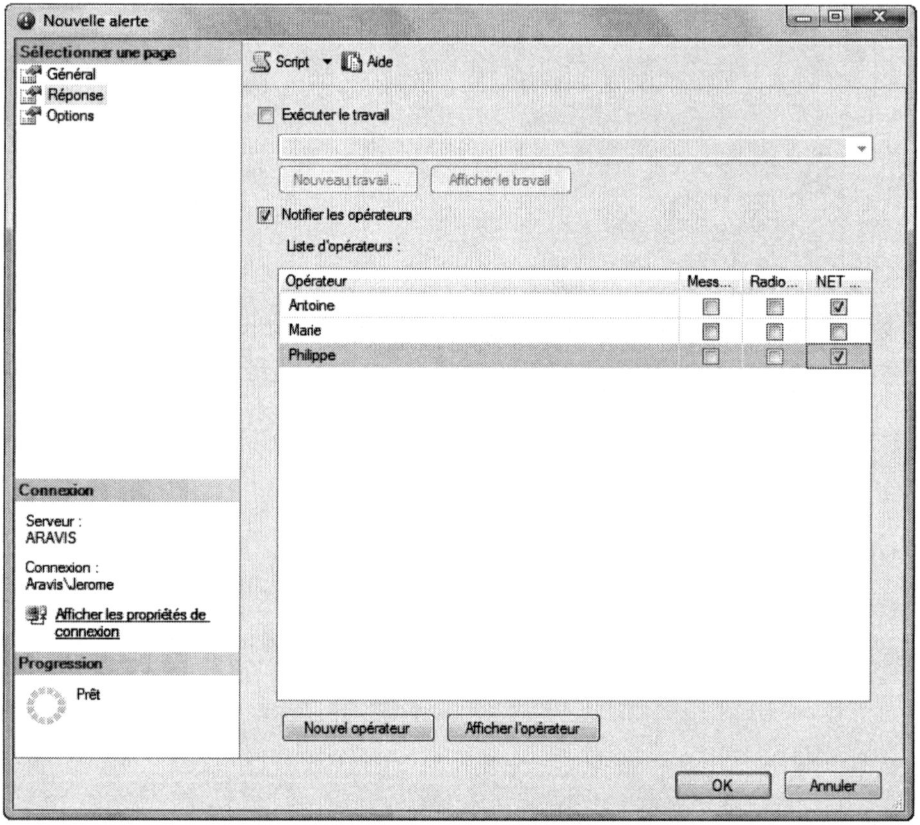

La fréquence d'envoi de la notification ainsi que le texte de la notification sont quant à eux, spécifiés à partir de la page **Options**.

© Editions ENI - Toute reproduction interdite

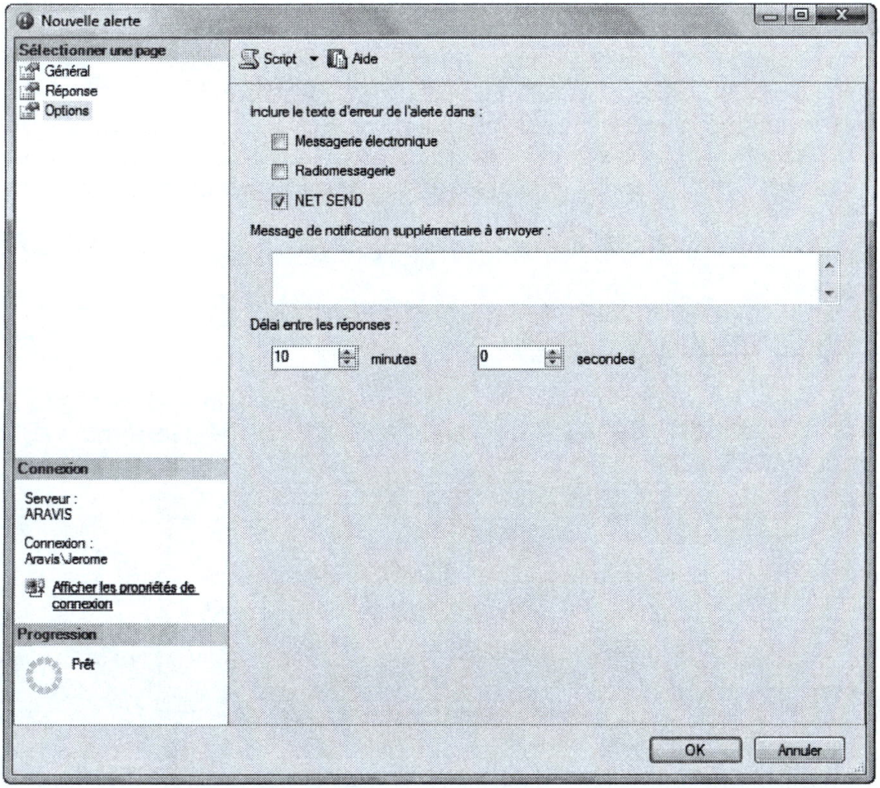

Corrigé 4.3 : Définir une alerte par rapport à une gravité d'erreur

Le script suivant permet de définir une nouvelle alerte avec la procédure **sp_add_alert**. Le paramètre @include_event_description_in permet de demander à inclure le message d'erreur dans la notification. La liste des opérateurs à notifier face à cette alerte est définie en exécutant la procédure **sp_add_notification**.

```
USE MSDB;
GO
exec sp_add_alert @name='Gravite21TSQL',
    @severity=21, @enabled=1,
    @include_event_description_in=1,
    @database_name='TSQL';
exec sp_add_notification @alert_name='Gravite21TSQL',
    @operator_name='Marie',
    @notification_method=1;
```

© Editions ENI - Toute reproduction interdite

Le paramètre **notification_method** de la procédure **sp_add_notification** permet de spécifier le moyen à utiliser pour alerter l'opérateur. Comme il est possible d'alerter le même opérateur par différents canaux, ce paramètre est un simple drapeau binaire qui peut prendre les valeurs 1 pour un envoi par mail, 2 par radiomessagerie et 4 pour un simple message sur le réseau. C'est d'ailleurs ce mode de communication qui est choisi si le paramètre **notification_method** n'est pas valorisé.

Corrigé 4.4 : Définir un nouveau travail

Le nouveau travail est créé en sélectionnant l'option **Nouveau travail** du menu contextuel du nœud **Agent SQL Server - Travaux**. Depuis la page **Général**, il est possible de nommer le travail.

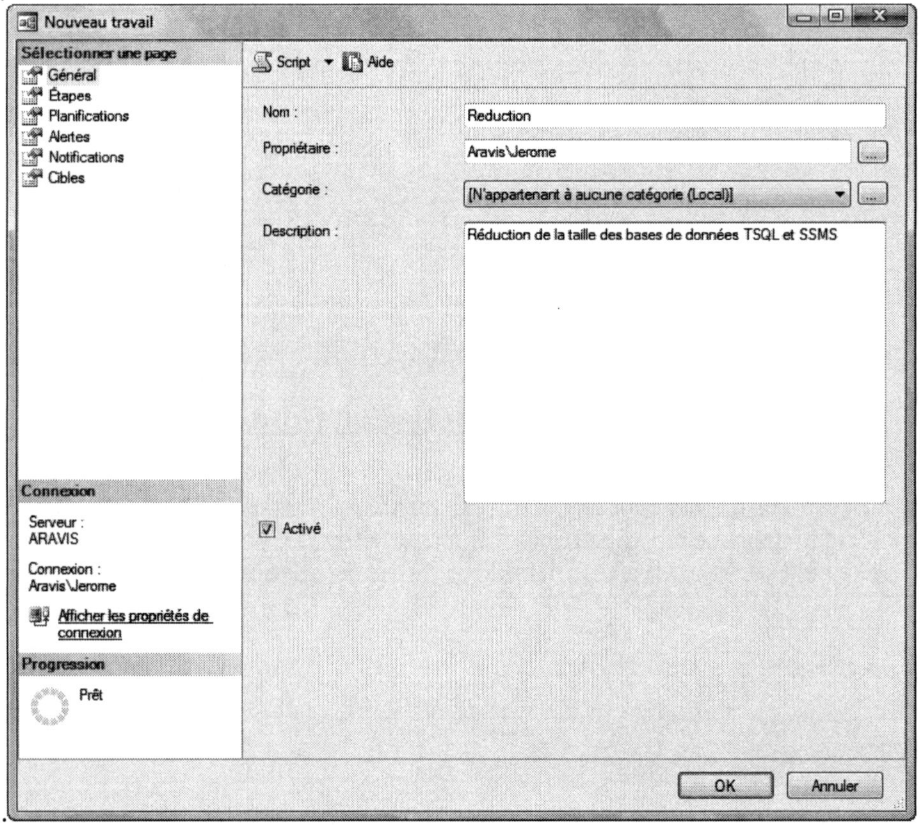

© Editions ENI - Toute reproduction interdite

La tâche de réduction de la base TSQL va pouvoir être définie en créant une nouvelle étape depuis la page **Etapes**. La boîte de dialogue de définition d'une nouvelle étape est affichée. La première étape nommée **Étape1** a pour objectif d'exécuter l'instruction DBCC SHRINKDATABASE sur la base TSQL et peut être définie de la façon suivante :

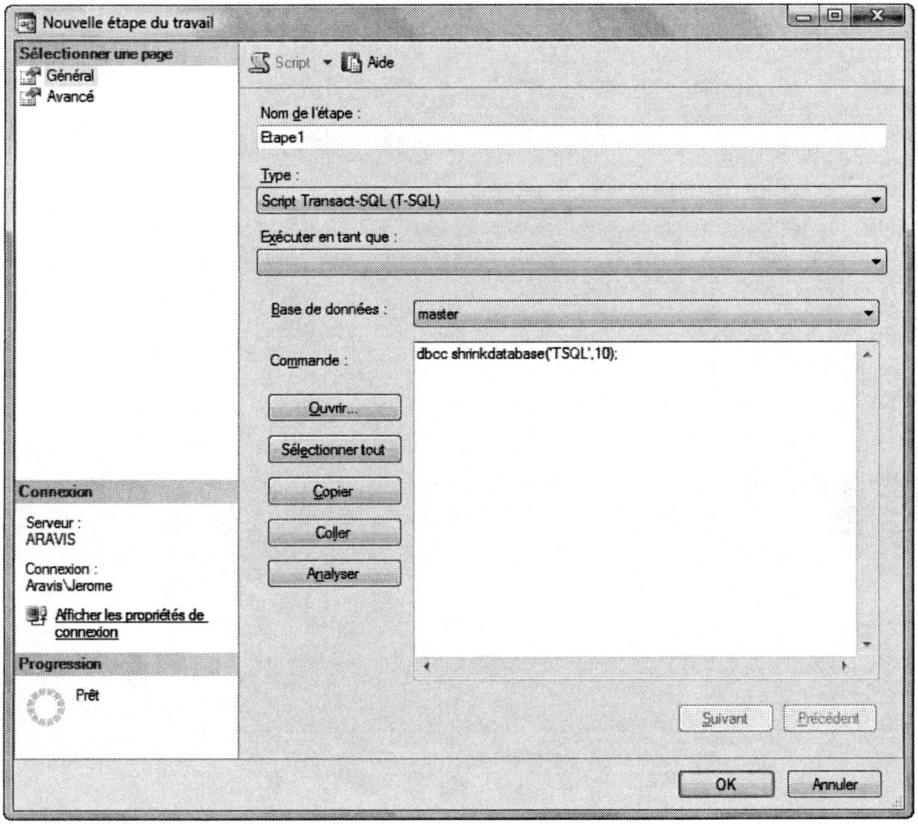

© Editions ENI - Toute reproduction interdite

Le même type d'opération est effectué pour définir la seconde étape de ce travail.

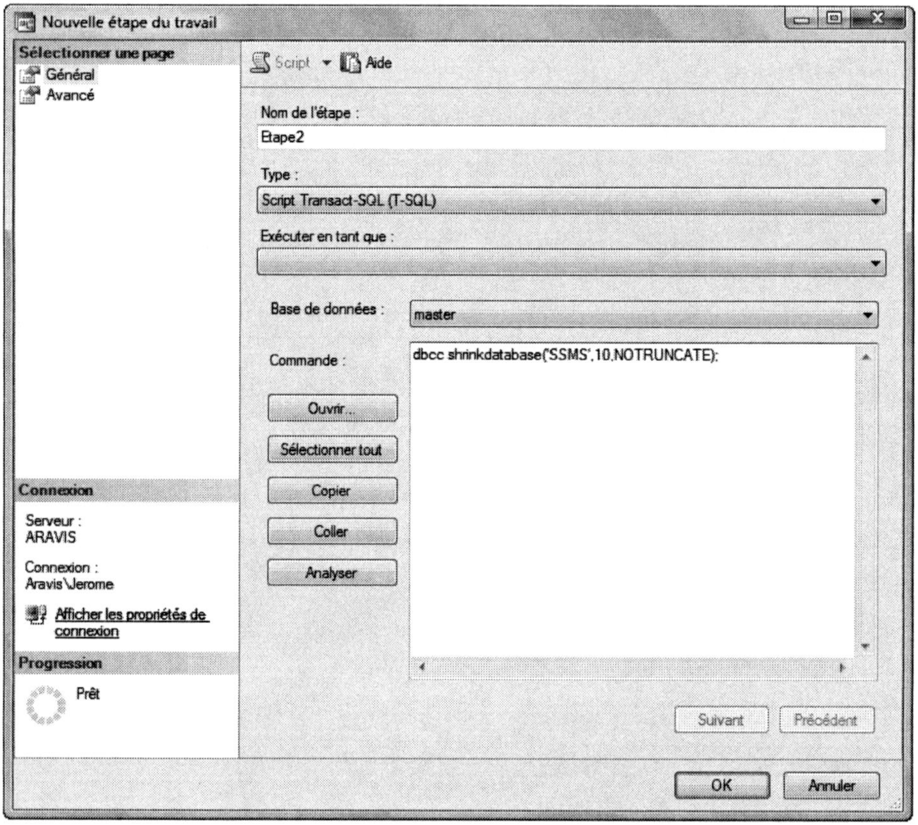

© Editions ENI - Toute reproduction interdite

Le même type de manipulation est répété pour créer ce second travail.

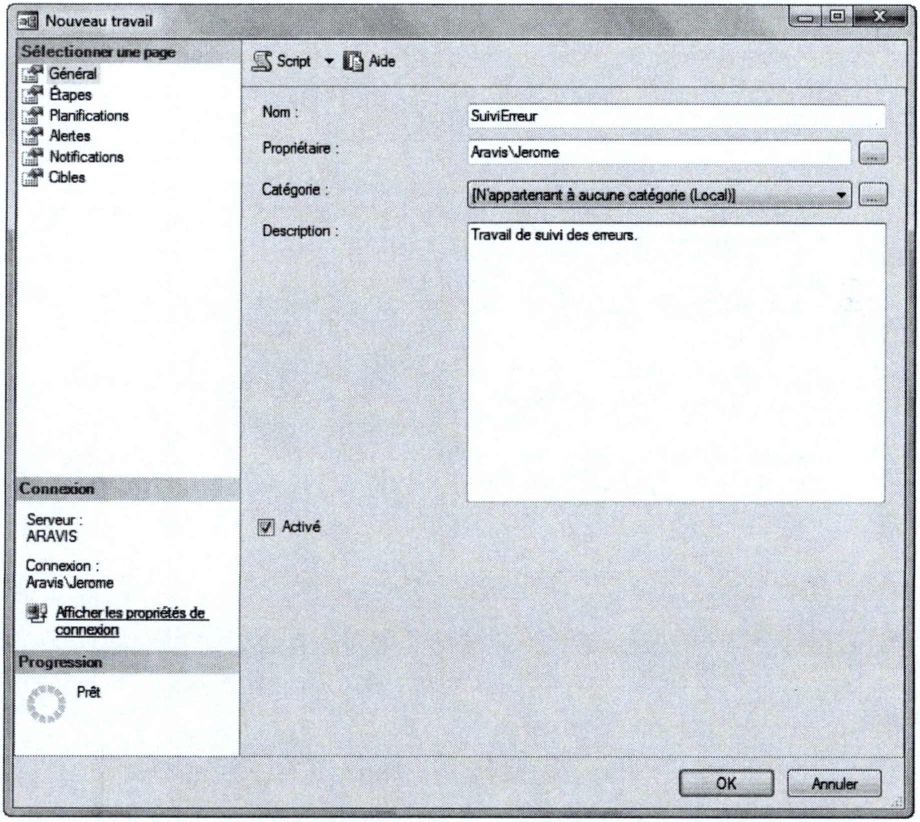

© Editions ENI - Toute reproduction interdite

La première étape de travail va utiliser la fonction OBJECT_ID pour s'assurer que la table SuiviErreurs est définie. Si ce n'est pas le cas (la fonction OBJECT_ID a retourné une valeur nulle) alors la table est créée. Cette tâche doit être exécutée sur la base TSQL.

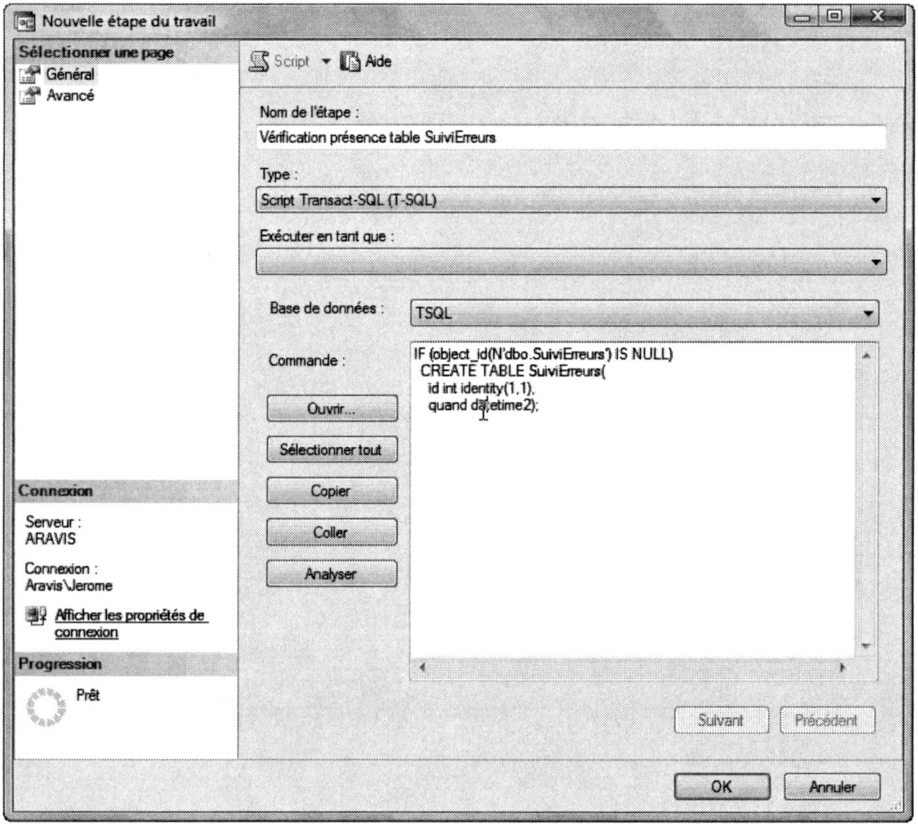

© Editions ENI - Toute reproduction interdite

La seconde étape permet d'enregistrer une trace de l'exécution de ce travail dans la table SuiviErreurs.

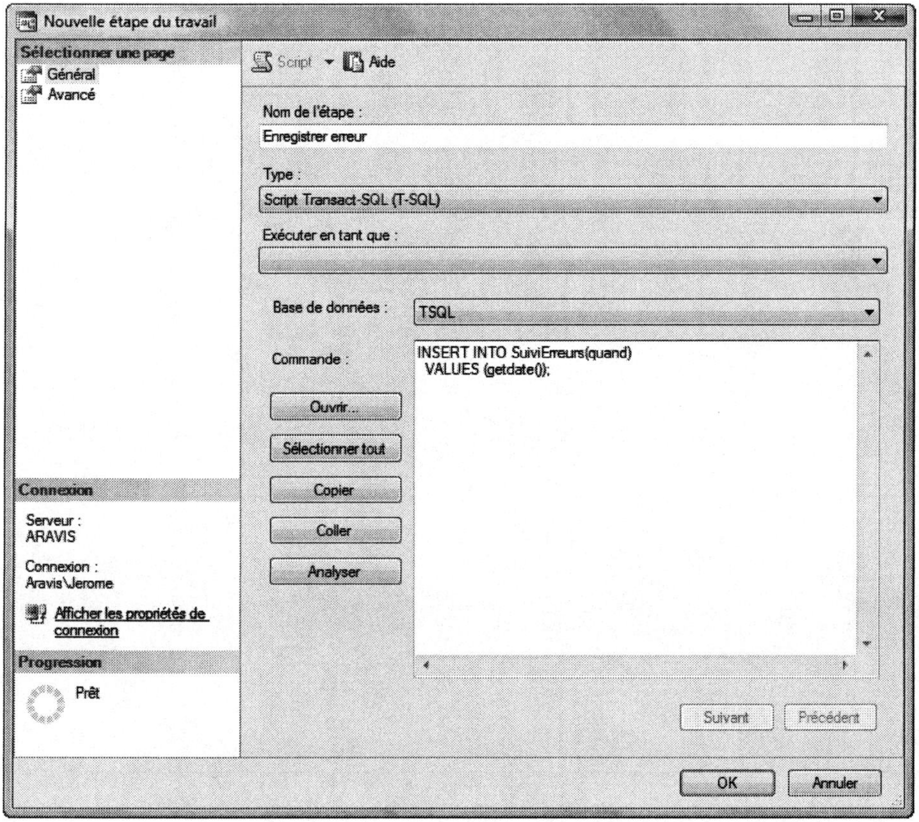

© Editions ENI - Toute reproduction interdite

Corrigé 4.5 : Planifier l'exécution d'un travail

Pour pouvoir répondre à ce type de problème, il est nécessaire de définir deux planifications pour le travail. Une première planification pour les jours travaillés et une seconde pour le week-end. Les planifications peuvent être définies depuis la page **Planifications** de la fenêtre présentant les **Propriétés du travail**.

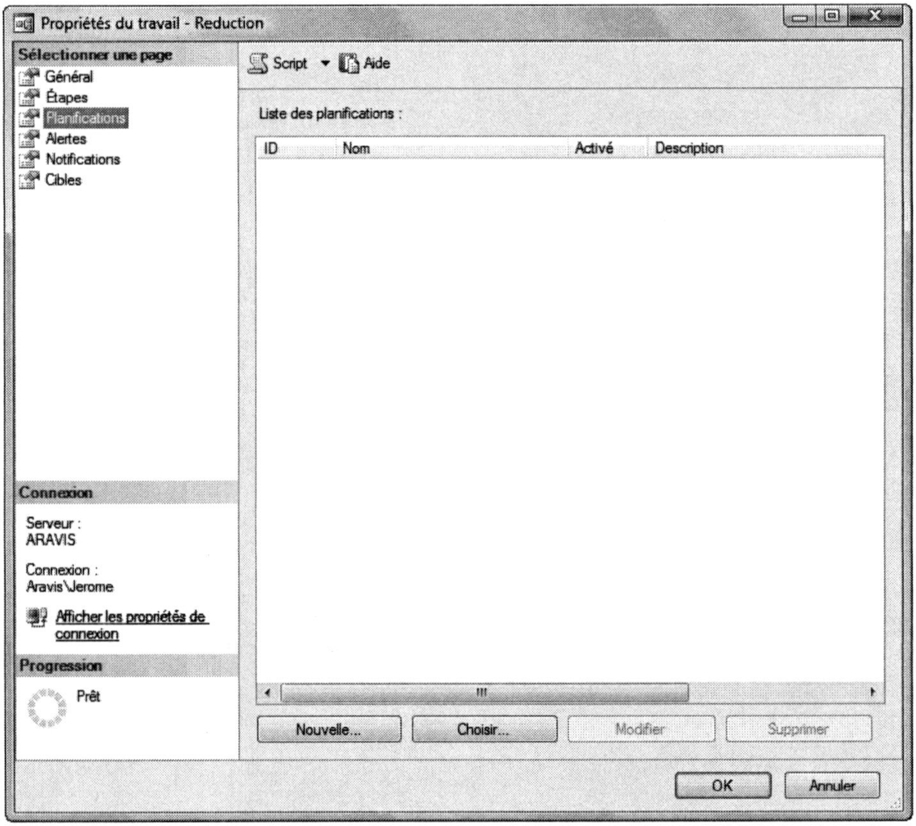

© Editions ENI - Toute reproduction interdite

Le bouton **Nouvelle** permet de définir les planifications. La première planification correspond aux jours travaillés et peut être définie de la façon suivante :

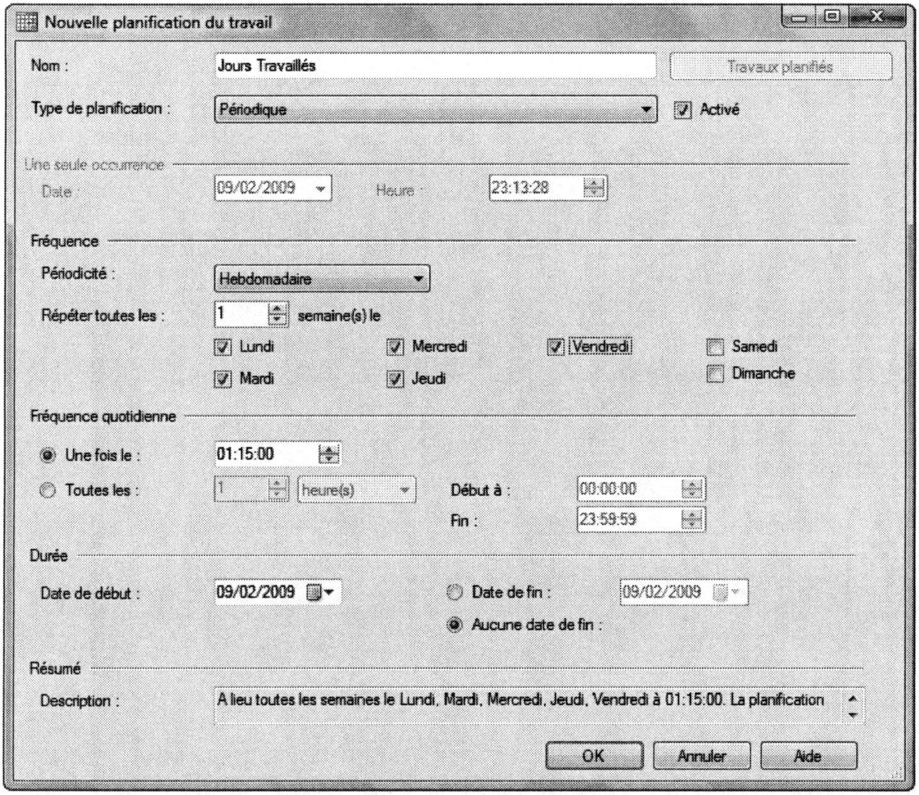

© Editions ENI - Toute reproduction interdite

La seconde planification correspond aux week-ends :

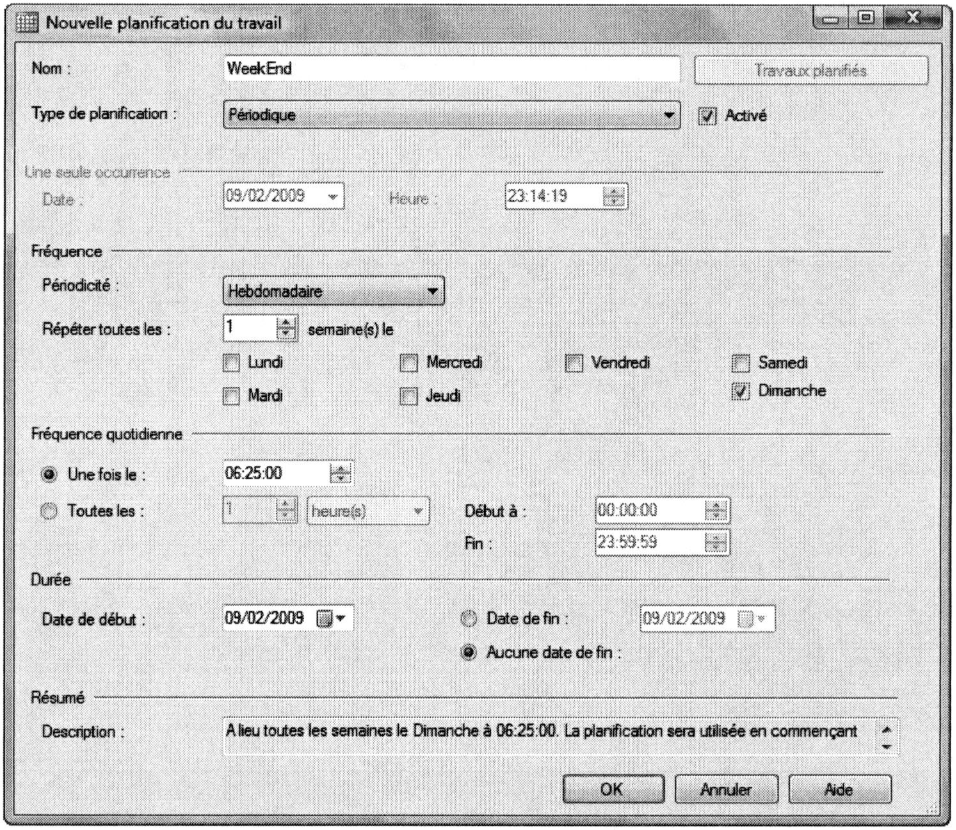

© Editions ENI - Toute reproduction interdite

Corrigé 4.6 : Notifier un opérateur suite à l'exécution du travail

La notification d'un opérateur à la fin de l'exécution d'un travail peut être définie à partir de la page **Notifications** depuis la fenêtre présentant les propriétés du travail. C'est également depuis cette page qu'il est possible de préciser qu'une trace doit être enregistrée dans le journal des évènements de Windows.

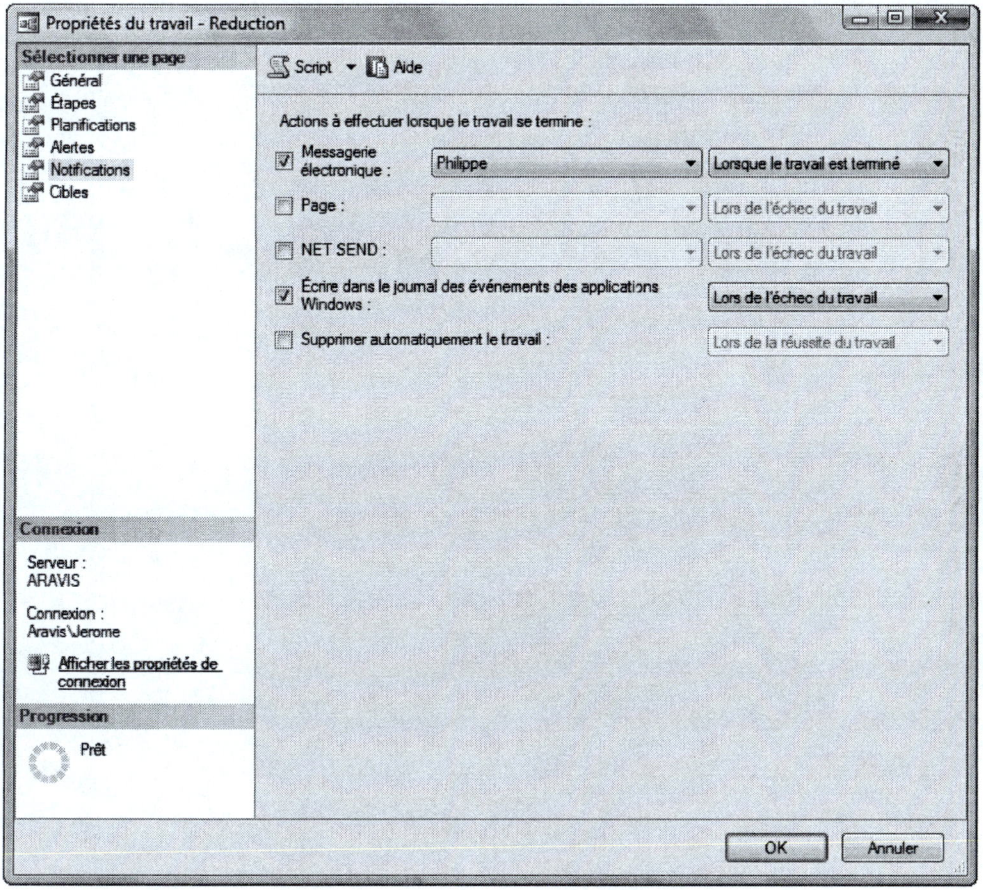

© Editions ENI - Toute reproduction interdite

Corrigé 4.7 : Exécuter un travail en réponse à une alerte

L'exécution d'un travail suite au déclenchement d'une alerte est définie à partir de la page **Réponse** depuis les propriétés de l'alerte.

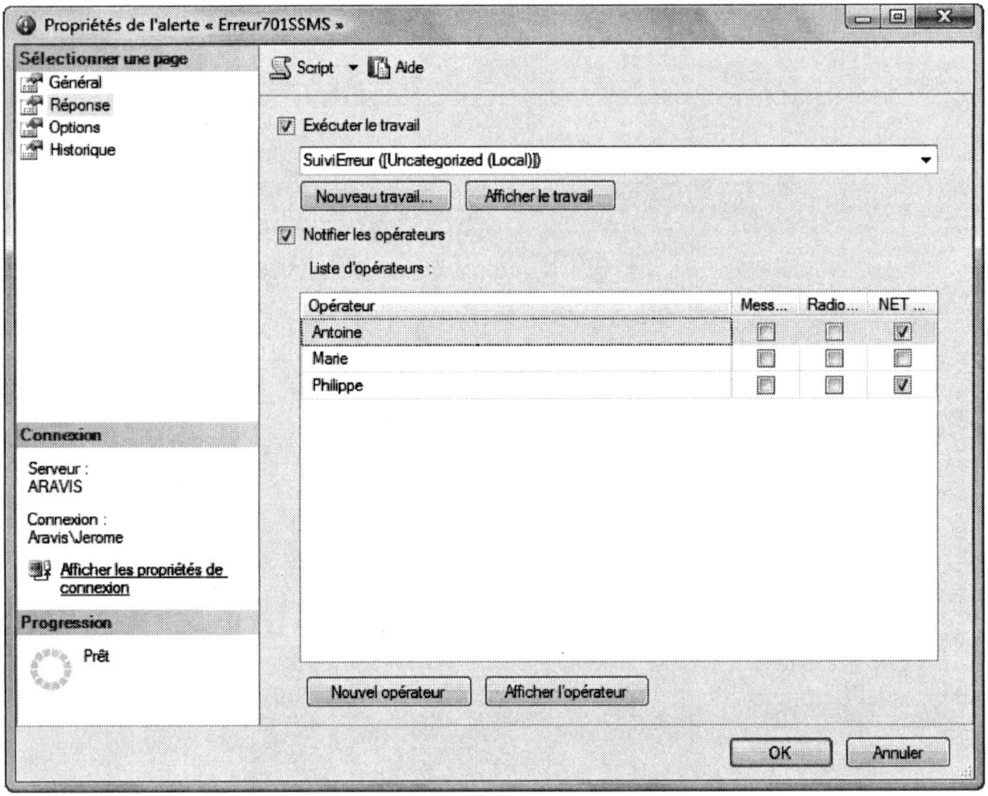

© Editions ENI - Toute reproduction interdite

Corrigé 4.8 : Définir une alerte liée à une condition de performance

L'alerte **JournalPlein** est définie de la façon suivante :

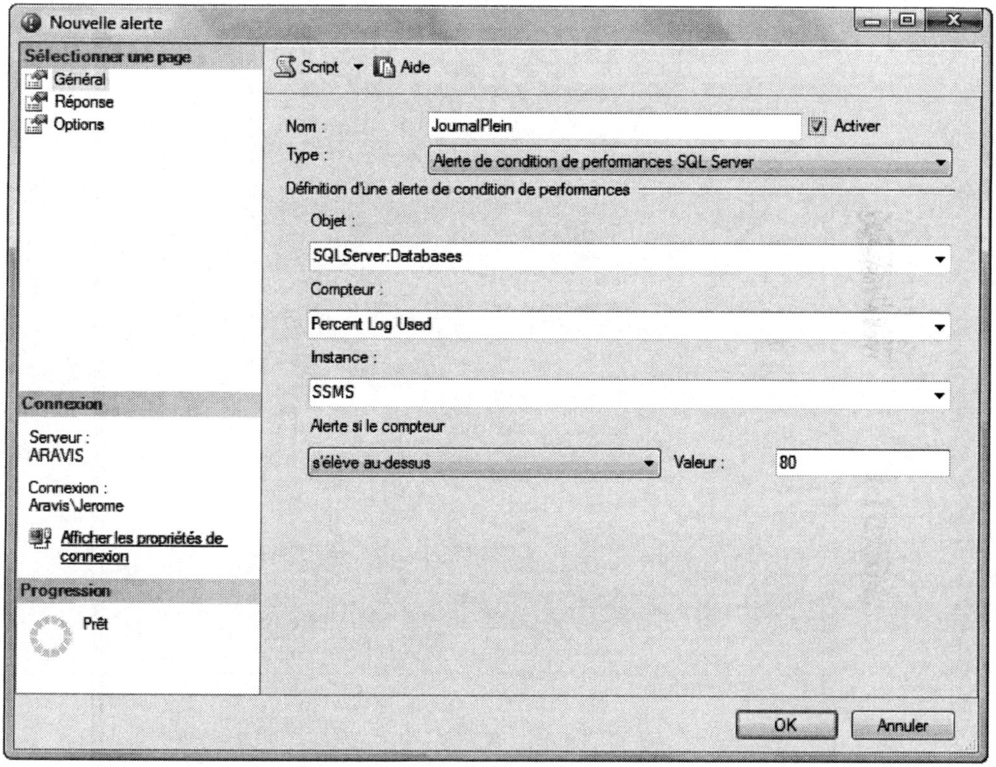

© Editions ENI - Toute reproduction interdite

Il est nécessaire de modifier les propriétés de l'alerte depuis la page **Réponse** pour stipuler que l'opérateur Antoine doit être averti.

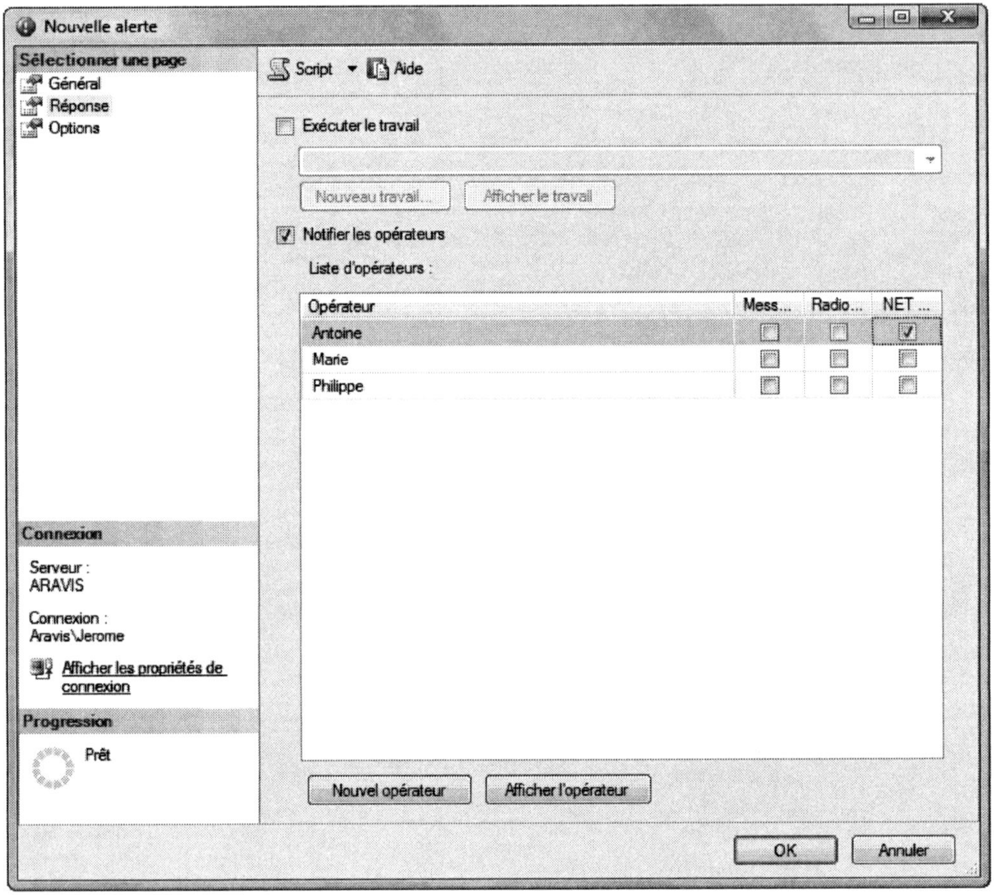

© Editions ENI - Toute reproduction interdite

Le travail **AgrandirTailleJournalSSMS** est composé d'une seule étape dont le détail est présenté ci-après.

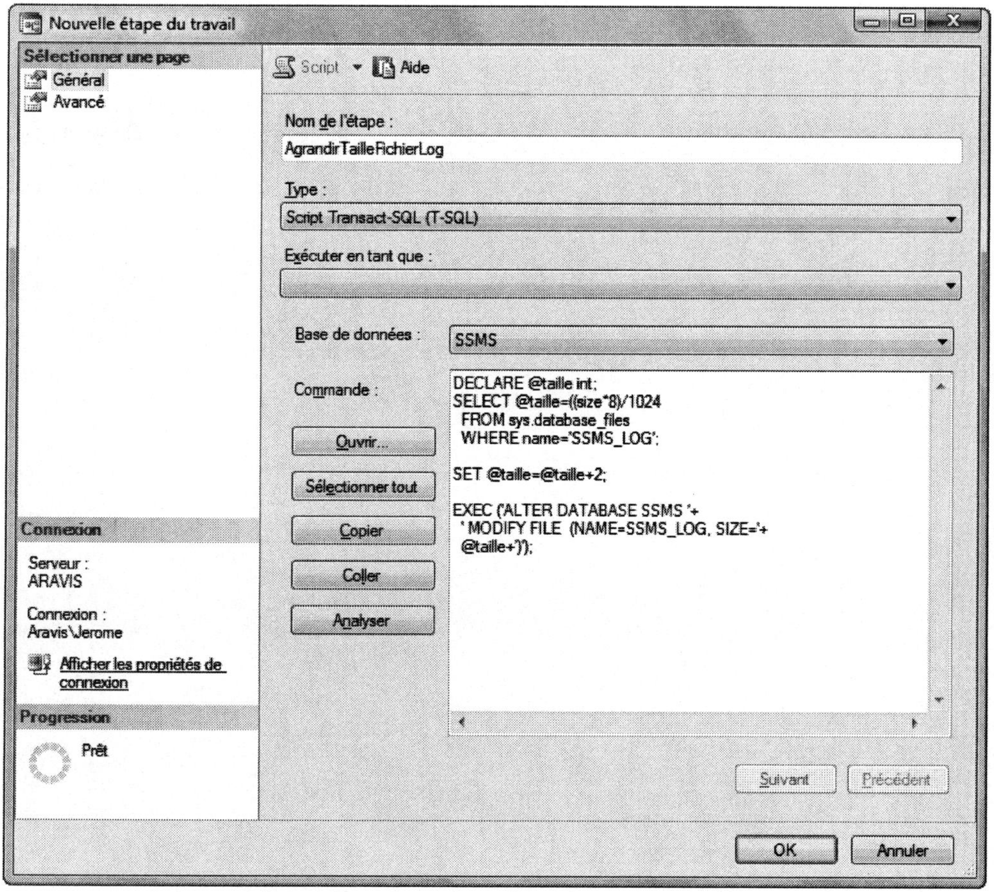

© Editions ENI - Toute reproduction interdite

L'exécution du travail, suite au déclenchement de l'alerte, est définie depuis la page **Réponse** depuis les propriétés de l'alerte.

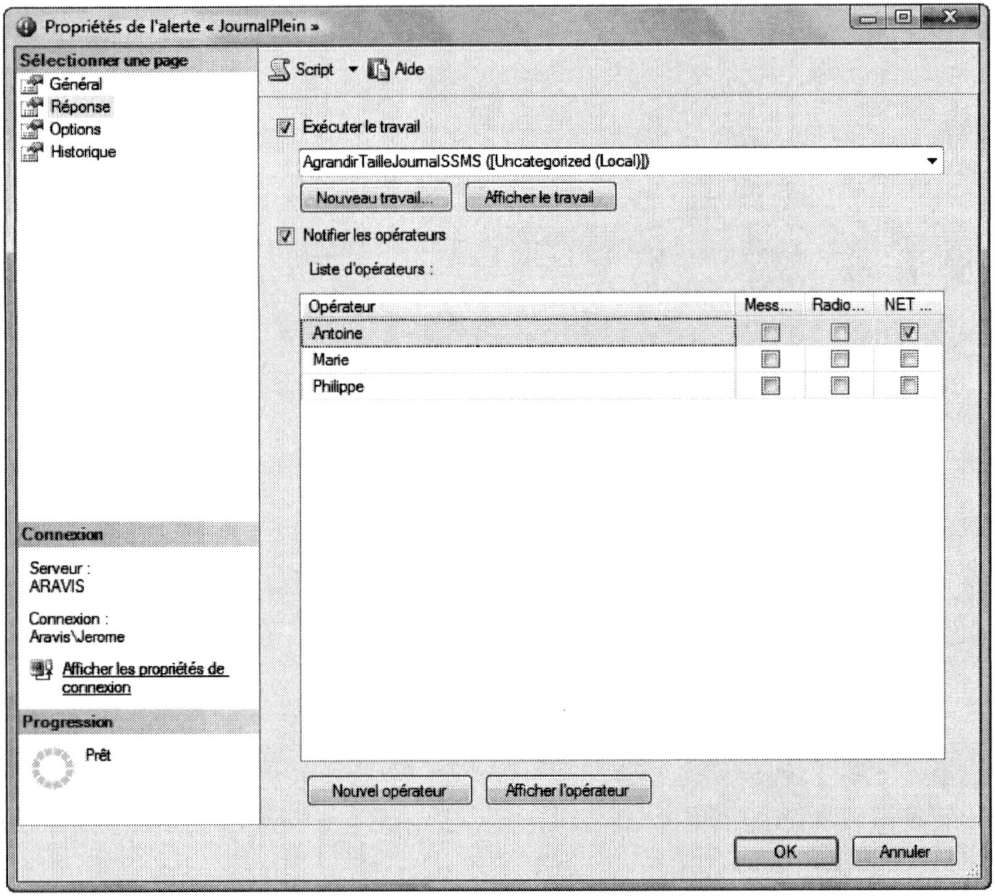

Le temps de répétition entre deux déclenchements de l'alerte est, quant à lui, défini à partir de la page **Options**.

© Editions ENI - Toute reproduction interdite

Corrigé 4.9 : Définir ses propres compteurs de performances

La première étape consiste à définir une fonction qui retourne le nombre de clients :

```
USE SSMS;
GO
CREATE FUNCTION nbreClients() RETURNS int
BEGIN
    DECLARE @retour int;
    SELECT @retour=count(*) FROM clients;
    RETURN @retour;
END;
```

Ensuite, il est nécessaire de mettre à jour la valeur du compteur personnalisé n°1 par l'intermédiaire de la procédure **sp_user_counter1**. Pour que le compteur reflète au mieux la réalité des informations présentes dans la base, la mise à jour de la valeur du compteur à partir de la valeur retournée par la fonction nbreClients est réalisée par un travail planifié pour s'exécuter toutes les cinq minutes. Le détail de l'étape qui compose ce travail est présenté ci-dessous.

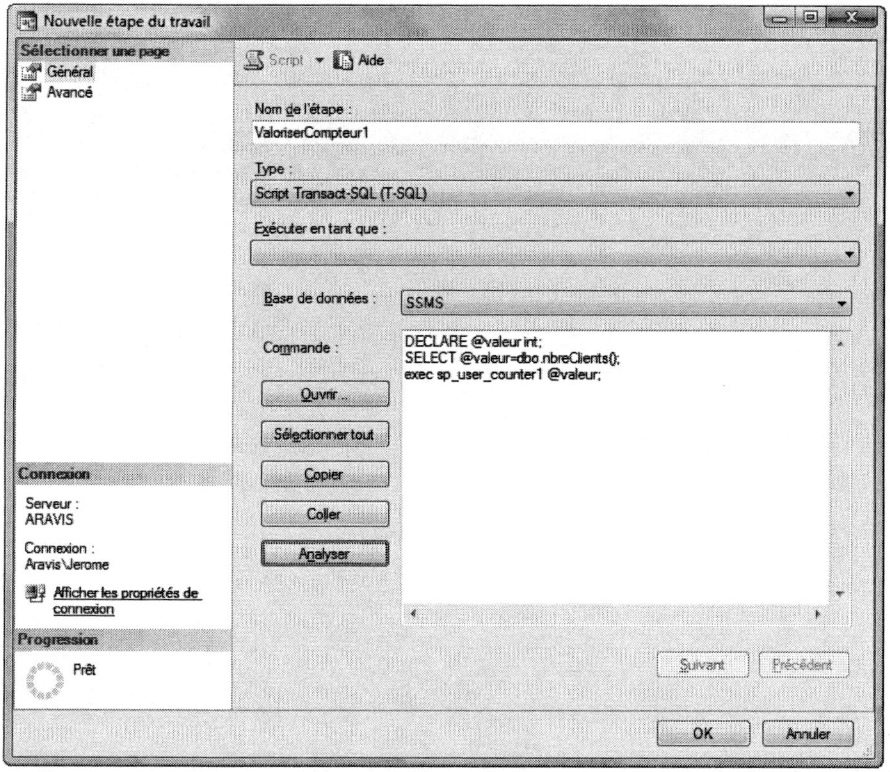

© Editions ENI - Toute reproduction interdite

Pour tester la bonne mise en place du compteur personnalisé, il est nécessaire d'afficher sa valeur depuis l'analyseur de performances de Windows. Le compteur n°1 est disponible à partir de l'objet **SQL Server:User Settable**.

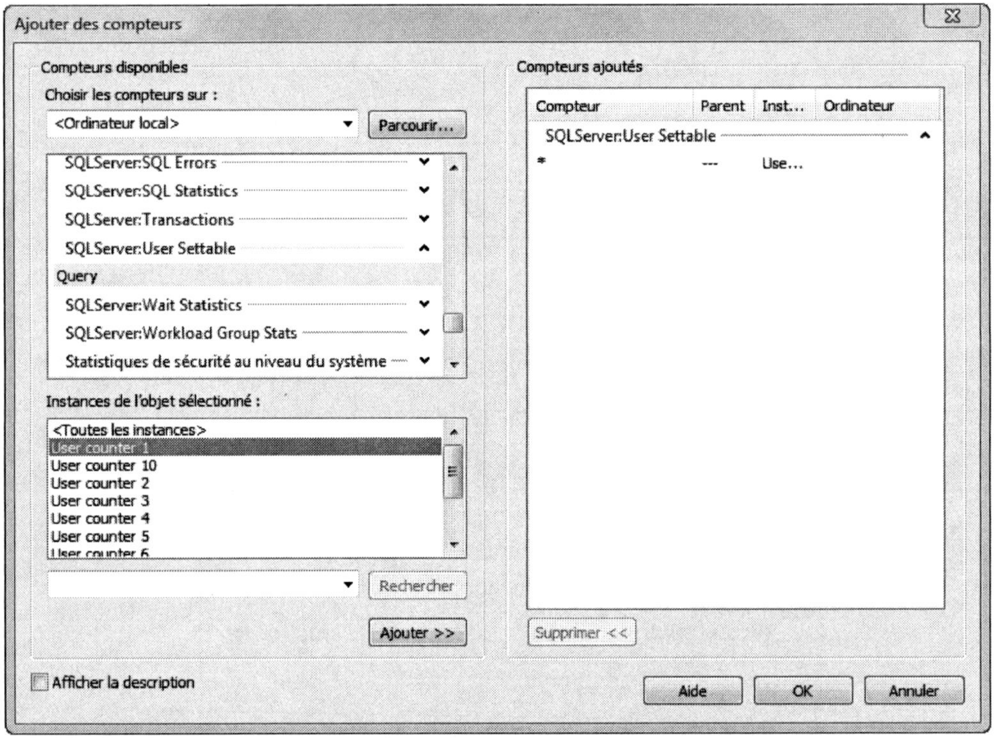

© Editions ENI - Toute reproduction interdite

Après l'ajout de quelques clients, la valeur du compteur est modifiée :

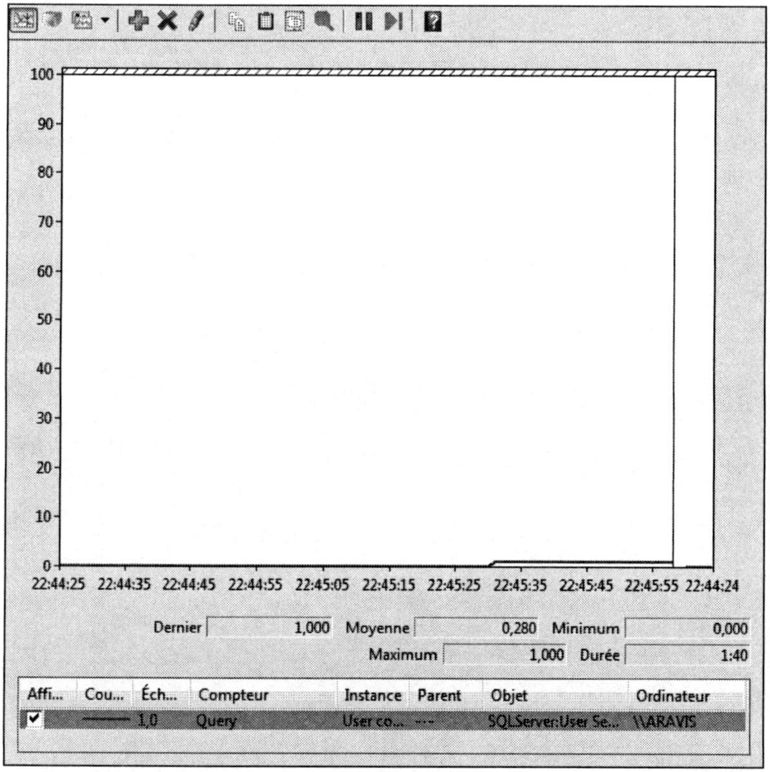

© Editions ENI - Toute reproduction interdite

Corrigé 4.10 : Définir une alerte par rapport à un compteur de performances personnalisé

Une alerte associée à une condition de performance est toujours définie de la même façon qu'il s'agisse ou non d'un compteur personnalisé. Après avoir sélectionné l'option **Nouvelle alerte** depuis le menu contextuel du nœud **SQL Server Agent - Alertes**, la fenêtre de création de l'alerte est affichée et complétée de la façon suivante.

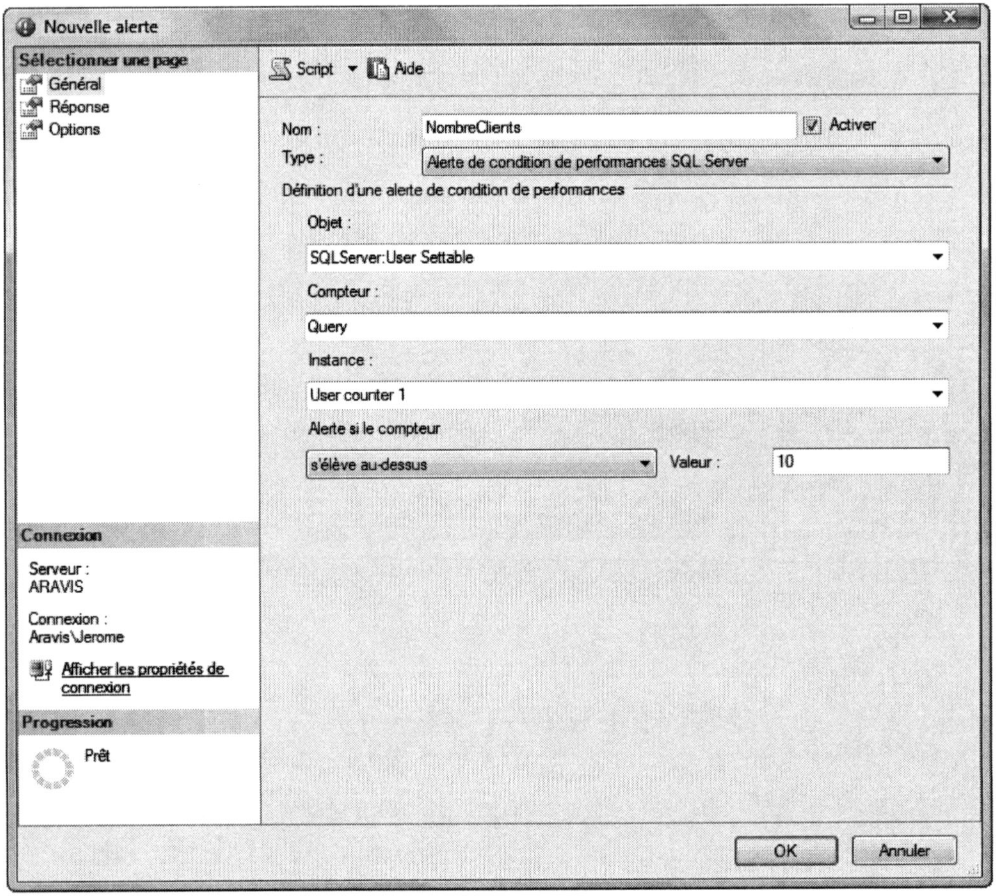

© Editions ENI - Toute reproduction interdite

Corrigé 4.11 : Configurer le service de messagerie

Avant que le service SQL Server Agent ne soit en mesure d'envoyer des mails, il est nécessaire de configurer cette fonctionnalité au niveau du serveur. Cette configuration s'effectue depuis SQL Server Management Studio. Il faut effectuer le choix **Configurer la messagerie de base de données** depuis le menu contextuel associé au nœud **Gestion - Service de messagerie de base de données**. Un assistant de configuration s'exécute. Cet assistant permet aussi bien la configuration initiale que la modification ou bien la suppression de profils de messagerie déjà configurés.
Sur l'écran de définition d'un nouveau profil, il est nécessaire de définir le compte SMTP à utiliser pour envoyer les courriers, comme illustré ci-dessous :

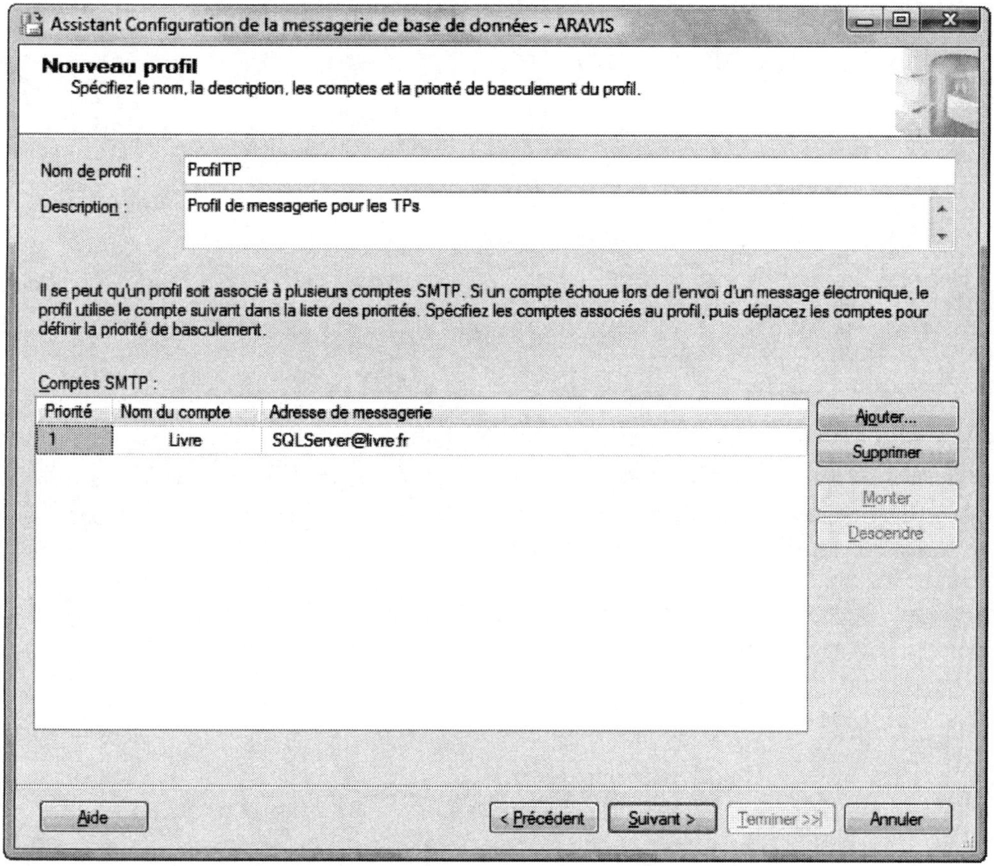

Ce profil doit ensuite être défini comme profil par défaut.

© Editions ENI - Toute reproduction interdite

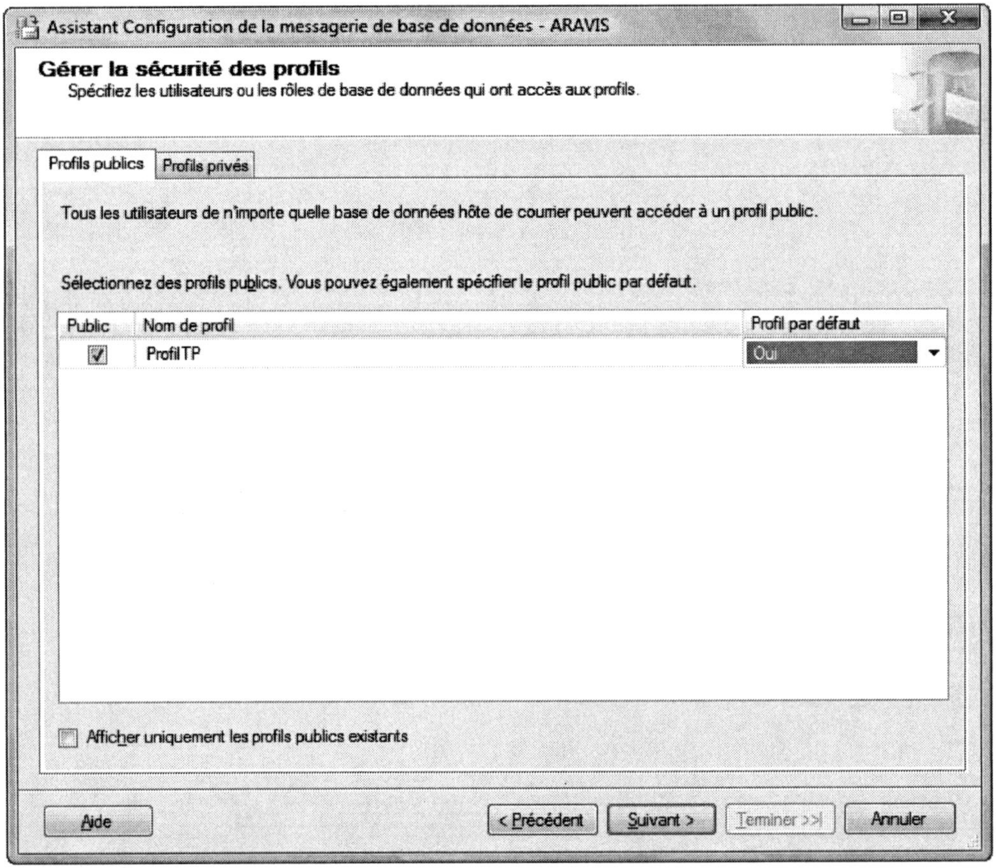

En terminant avec succès l'assistant de configuration, le service de messagerie de base de données est prêt à fonctionner. Il est possible de tester ce service en effectuant le choix **Envoyer un message électronique de test** depuis le menu contextuel associé au service de messagerie de base de données. Il est également possible d'envoyer un mail avec la procédure **sp_send_dbmail**.

© Editions ENI - Toute reproduction interdite

Table des Matières

Chapitre 5 : Transfert de données

© Editions ENI - Toute reproduction interdite

Chapitre 5 : Transfert de données

Pré-requis

1. e.

Les packages sont spécifiques à SSIS. L'utilitaire en ligne de commande peut être paramétré, mais ce n'est pas un package. Ce fichier des paramètres doit être présent sur le poste qui exécute l'utilitaire bcp.

2. a, b.

Les utilitaires BCP et SSIS permettent de réaliser ce type de travail, même si l'opération est plus facile à réaliser avec SSIS.

3. b.

SSIS permet le transfert d'objets entre deux bases SQL Server.

4. b.

Non, le fichier résultant d'un export réalisé avec BCP ne contient que les données. La structure de la table n'est pas présente dans le fichier.

5. b.

C'est l'option S qui permet de préciser le nom de l'instance SQL Server à laquelle l'outil va se connecter.

6. b.

Pour réaliser une exportation des données, il est simplement nécessaire de disposer d'un privilège de lecture (SELECT) des données. Les rôles db_owner et db_datareader permettent de lire le contenu de toutes les tâches et couvrent donc plus que les besoins exprimés. Ces choix ne sont donc pas optimaux.

7. a.

Le concepteur SSIS est disponible depuis Business Intelligence Development Studio, bien qu'il soit possible de définir des packages simples d'import ou d'export depuis SQL Server Management Studio.

8. a.

Oui bien sûr, il est possible d'extraire des informations issues de plusieurs tables et de positionner ces informations dans une ou plusieurs tables de destination.

9. a.

Oui, le package SSIS est exécuté par SQL Server mais il n'est pas nécessaire de faire référence à une base SQL Server en tant qu'origine ou destination des données, même si c'est très fréquemment le cas.

© Editions ENI - Toute reproduction interdite

10. e.

SSIS n'est pas intégré au moteur de base de données. Il est donc nécessaire d'installer Integration Services. Il est possible de demander l'installation de ce service lors de l'installation de SQL Server ou bien d'ajouter ce service en modifiant l'installation de SQL Server.

11. d.

L'opération qui consiste à détacher une base puis à l'attacher à un serveur permet de transférer de façon rapide et sûre les données depuis un serveur vers un autre serveur.

Corrigé 5.1 : Exporter les données d'une table avec BCP

L'instruction BCP est utilisée en lui passant en paramètre le nom complet de la table ainsi que le nom complet du fichier de sortie. L'option **-c** permet d'obtenir un fichier au format caractère. L'options **-S** permet de préciser le nom de l'instance à laquelle il est nécessaire de se connecter et enfin l'option **-T** permet d'ouvrir une session en utilisant le mode de sécurité Windows.

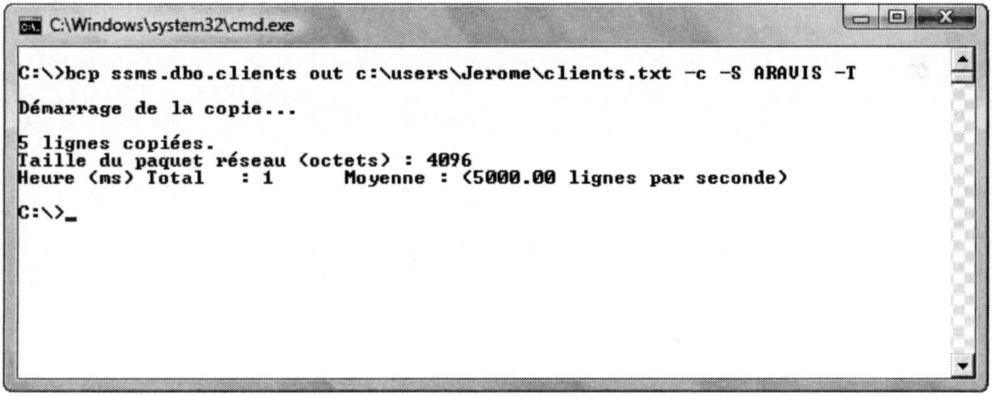

Corrigé 5.2 : Exporter le résultat d'une requête avec BCP

La requête d'extraction des informations doit être encadrée par des guillemets doubles. Il est également nécessaire d'utiliser **queryout** pour préciser le sens de transfert des données.

© Editions ENI - Toute reproduction interdite

```
C:\Windows\system32\cmd.exe

C:\>bcp "select ville from ssms.dbo.clients" queryout c:\users\Jerome\lesVilles.
txt -c -SAravis -UPierre -Perreip

Démarrage de la copie...

5 lignes copiées.
Taille du paquet réseau (octets) : 4096
Heure (ms) Total    : 1      Moyenne : (5000.00 lignes par seconde)

C:\>_
```

Corrigé 5.3 : Importer des données avec BCP

La table de destination peut être créée à partir du script suivant :

```
USE SSMS;
GO
CREATE TABLE CodePostaux(
    commune nvarchar(50) null,
    codePostal char(5) null,
    departement nvarchar(50) null,
    codeInsee int null
);
```

La première ligne du fichier de données contient le nom des colonnes donc l'option **-F** de BCP est utilisée pour préciser le numéro de la première ligne qui contient ces informations. Comme le fichier d'origine est au format texte, l'option **-c** est utilisée.

```
C:\Windows\system32\cmd.exe

C:\>bcp ssms.dbo.CodePostaux in c:\codePostal.txt -c -F 2 -t ; -SAravis -T

Démarrage de la copie...
1000 lignes envoyées vers SQL Server. Total envoyé : 1000
1000 lignes envoyées vers SQL Server. Total envoyé : 2000
1000 lignes envoyées vers SQL Server. Total envoyé : 3000
1000 lignes envoyées vers SQL Server. Total envoyé : 4000
1000 lignes envoyées vers SQL Server. Total envoyé : 5000
1000 lignes envoyées vers SQL Server. Total envoyé : 6000
1000 lignes envoyées vers SQL Server. Total envoyé : 7000
1000 lignes envoyées vers SQL Server. Total envoyé : 8000
1000 lignes envoyées vers SQL Server. Total envoyé : 9000
1000 lignes envoyées vers SQL Server. Total envoyé : 10000
1000 lignes envoyées vers SQL Server. Total envoyé : 11000
1000 lignes envoyées vers SQL Server. Total envoyé : 12000
1000 lignes envoyées vers SQL Server. Total envoyé : 13000
1000 lignes envoyées vers SQL Server. Total envoyé : 14000
1000 lignes envoyées vers SQL Server. Total envoyé : 15000
1000 lignes envoyées vers SQL Server. Total envoyé : 16000
1000 lignes envoyées vers SQL Server. Total envoyé : 17000
1000 lignes envoyées vers SQL Server. Total envoyé : 18000
1000 lignes envoyées vers SQL Server. Total envoyé : 19000
1000 lignes envoyées vers SQL Server. Total envoyé : 20000
1000 lignes envoyées vers SQL Server. Total envoyé : 21000
```

© Editions ENI - Toute reproduction interdite

Corrigé 5.4 : Copier des tables entre deux bases SQL Server

Pour transférer des informations et des objets entre deux bases SQL Server, il est nécessaire de sélectionner **Tâches - Exporter les données** depuis le menu contextuel de la base de données SSMS. L'assistant d'importation et d'exportation est alors exécuté. La première étape consiste à définir l'origine des informations, qui est la base SSMS dans le cas présent.

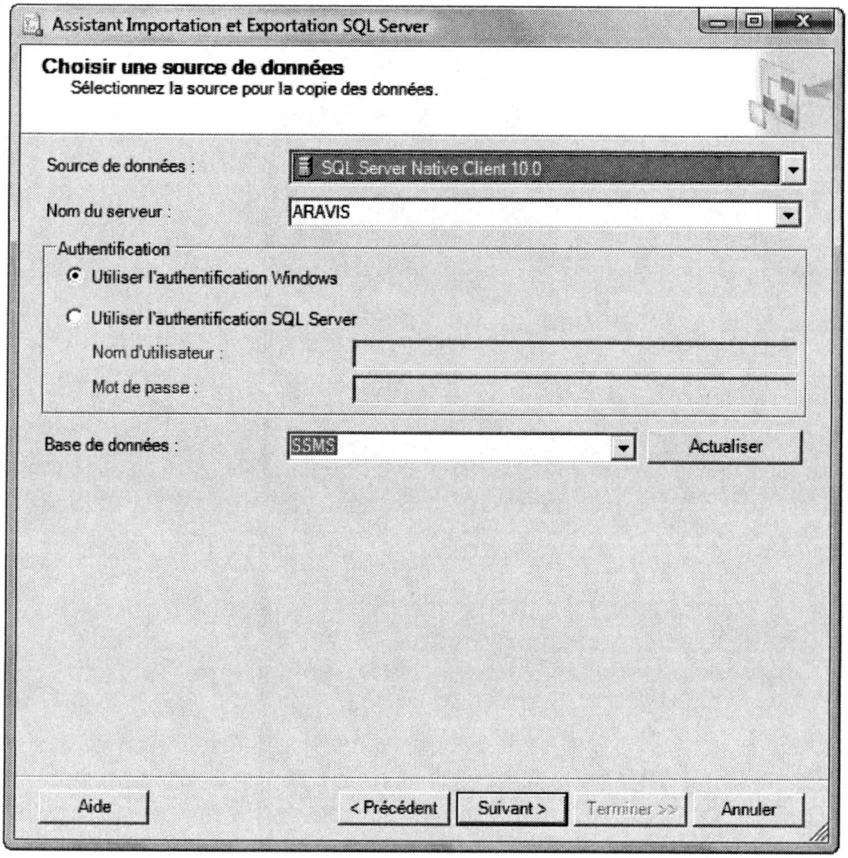

© Editions ENI - Toute reproduction interdite

Puis il est nécessaire de définir la destination de l'opération d'exportation.

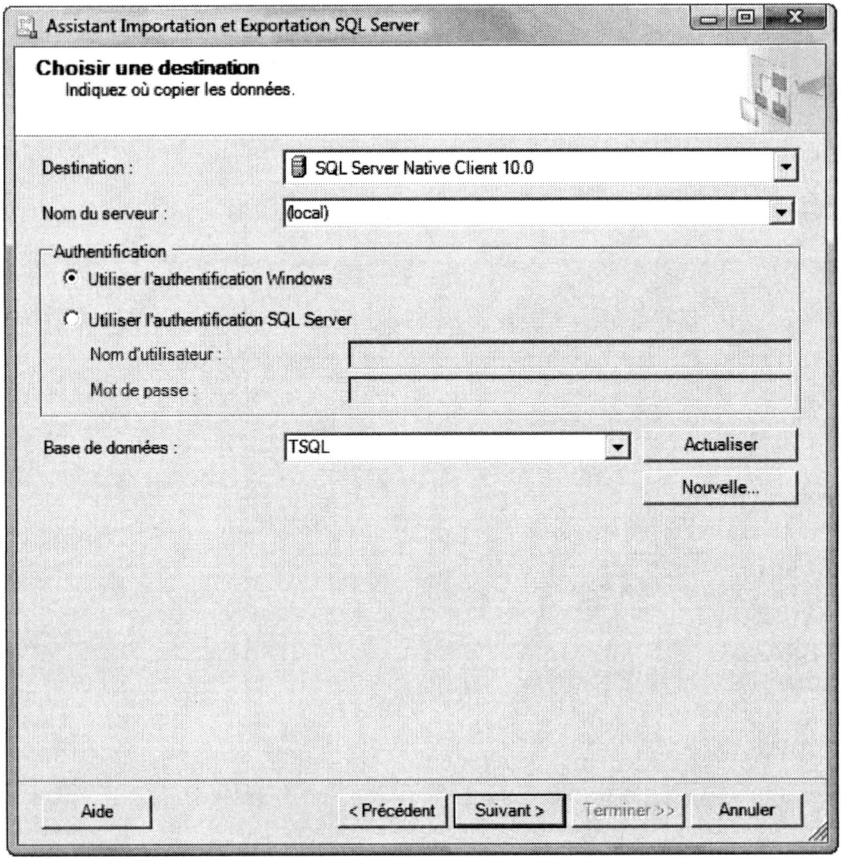

© Editions ENI - Toute reproduction interdite

Comme la source et la destination de l'exportation sont des bases SQL Server, il est possible de sélectionner les objets à transférer.

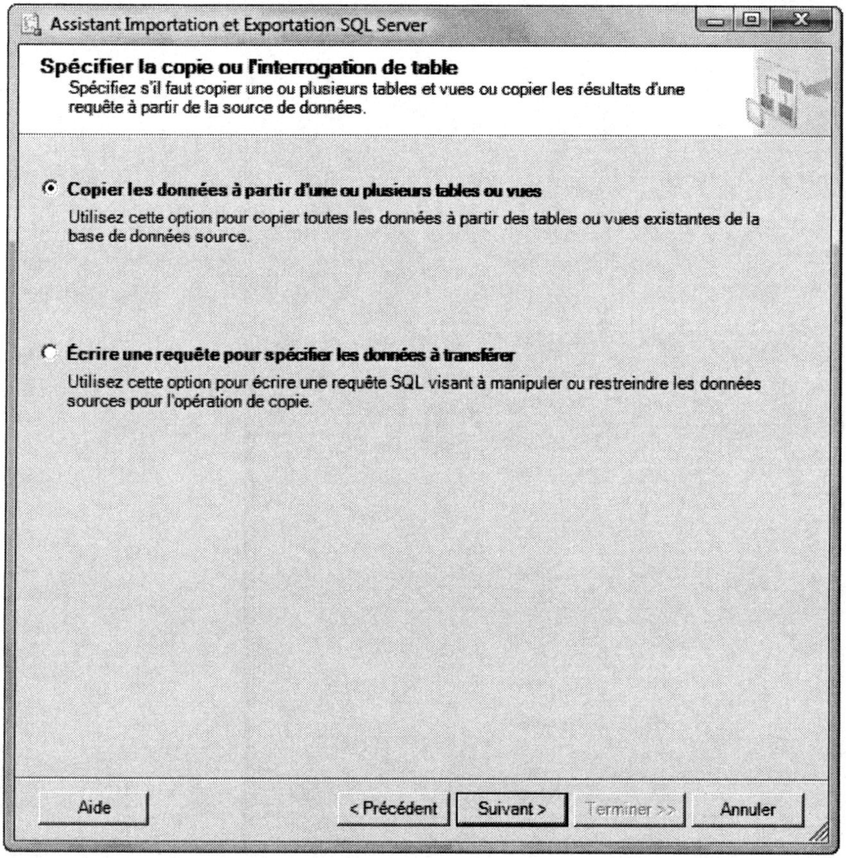

© Editions ENI - Toute reproduction interdite

Seule la table des clients est sélectionnée.

© Editions ENI - Toute reproduction interdite

Le package peut alors être enregistré dans SQL Server après avoir sélectionné le niveau de sécurité.

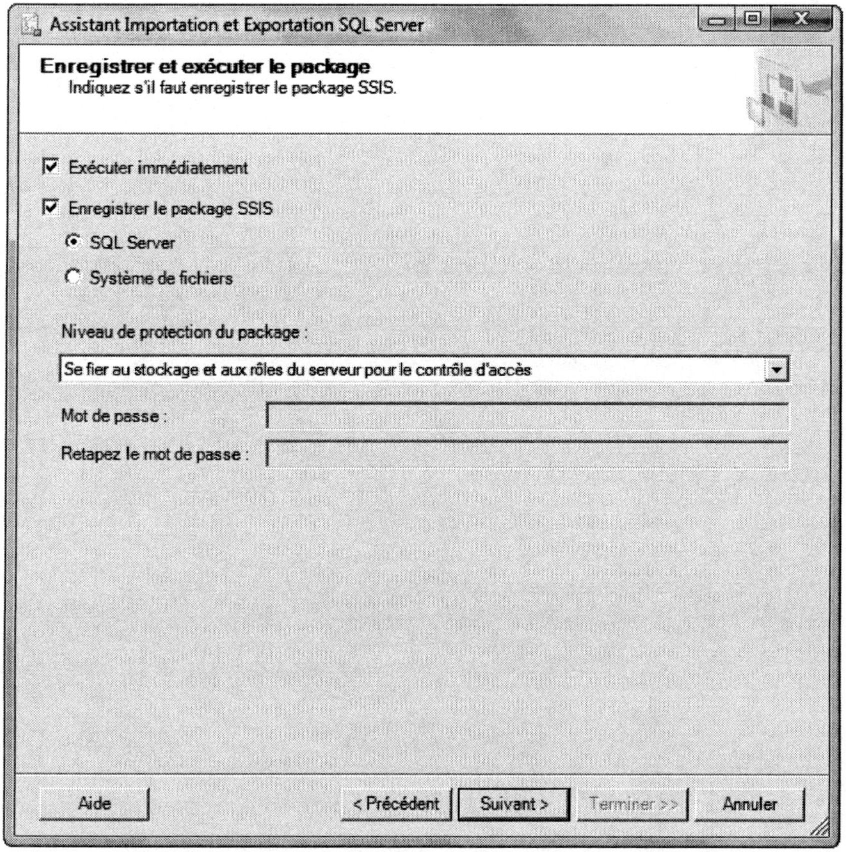

Après son enregistrement le package est aussitôt exécuté et la table Clients ainsi que ses données sont bien copiées sur la base TSQL.

© Editions ENI - Toute reproduction interdite

Corrigé 5.5 : Importer et transformer des données

La table CodesPostaux peut être définie à partir du script suivant :

```
USE TSQL;
GO
CREATE TABLE CodePostaux(
    codeInsee char(6) null,
    codePostal char(5) null,
    commune varchar(100) null,
    departement varchar(100) null
);
```

L'assistant d'importation est alors exécuté à partir de la base TSQL. La source des données est cette fois-ci le fichier au format csv.

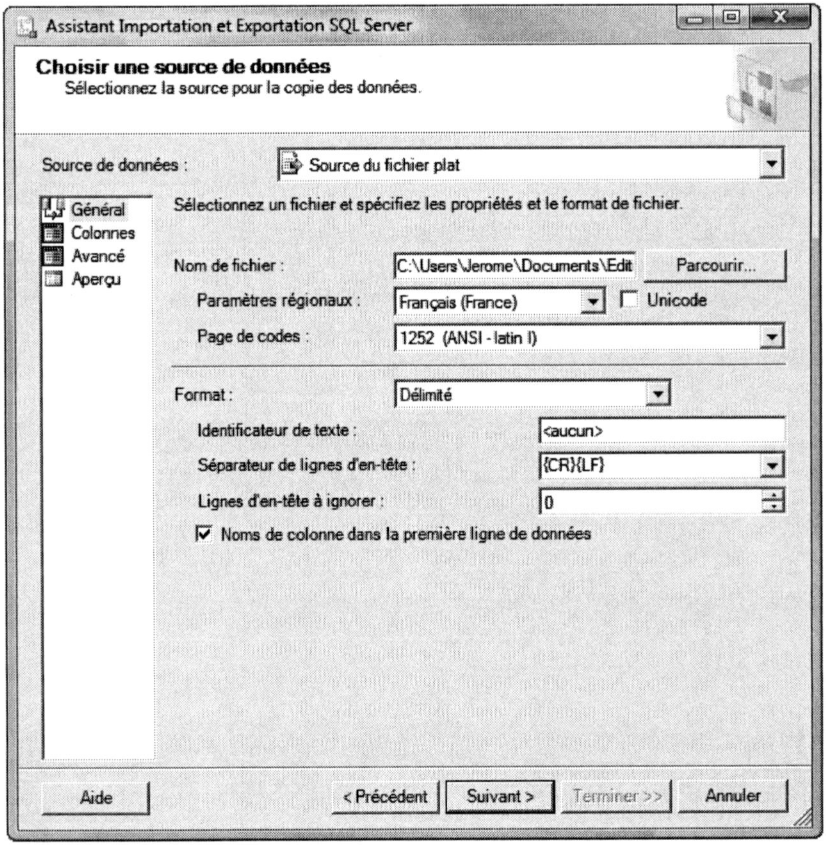

© Editions ENI - Toute reproduction interdite

Il est nécessaire de préciser plus finement la propriété **OutputColumnWidth** depuis la page **Avancé** en utilisant la valeur six pour la colonne codeInsee et cinq pour la colonne codePostal.

Depuis cette même page **Avancé**, le bouton **Suggérer les types** permet d'analyser les données d'un extrait du fichier initial pour proposer automatiquement les types. Le nombre de lignes à prendre en compte pour cette analyse doit être spécifié mais ne peut en aucun cas être strictement supérieur à 1000.

La destination est alors précisée comme étant la base TSQL :

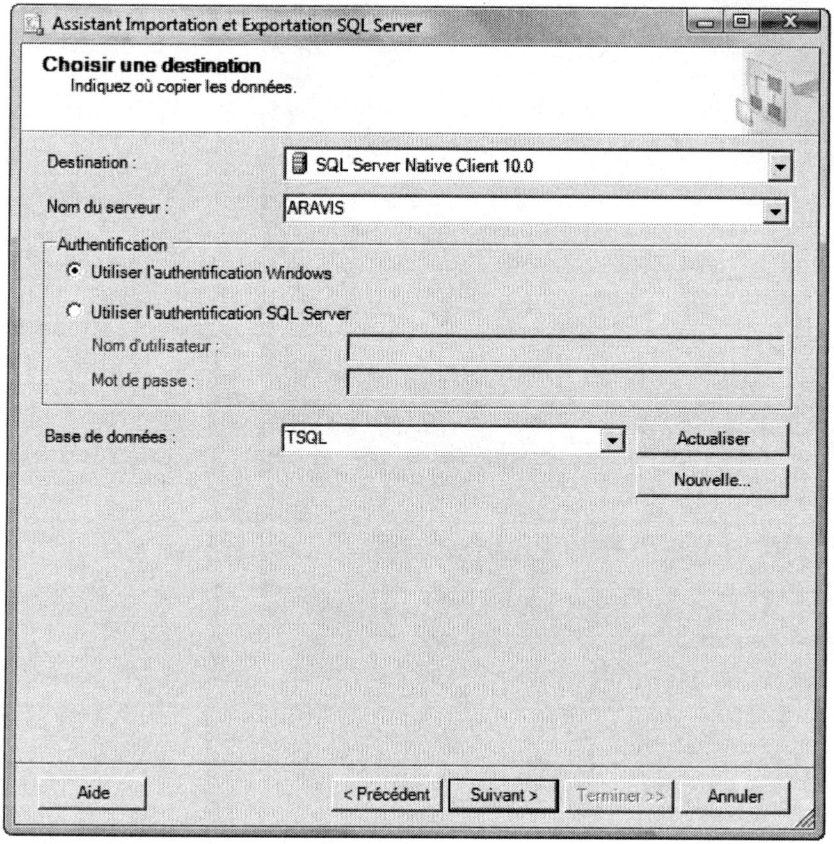

© Editions ENI - Toute reproduction interdite

Le mappage entre le fichier de données et la table est défini de façon automatique.

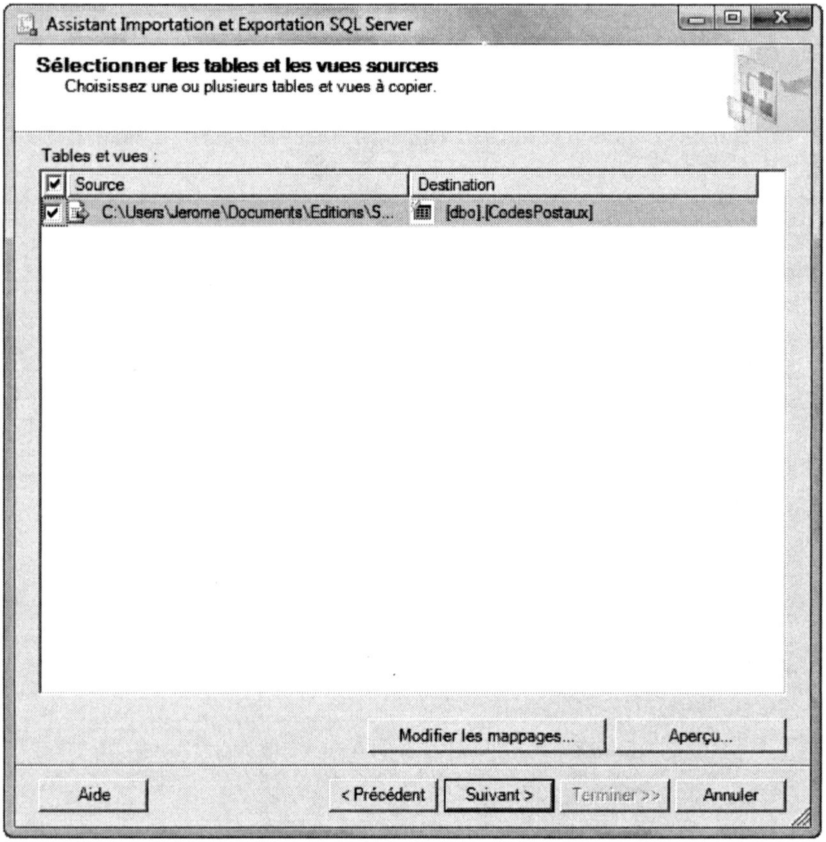

Le mappage entre les colonnes de la table et celles du fichier csv défini automatiquement est à compléter en sélectionnant le bouton **Modifier** de l'écran présenté en bas de la page précédente.

© Editions ENI - Toute reproduction interdite

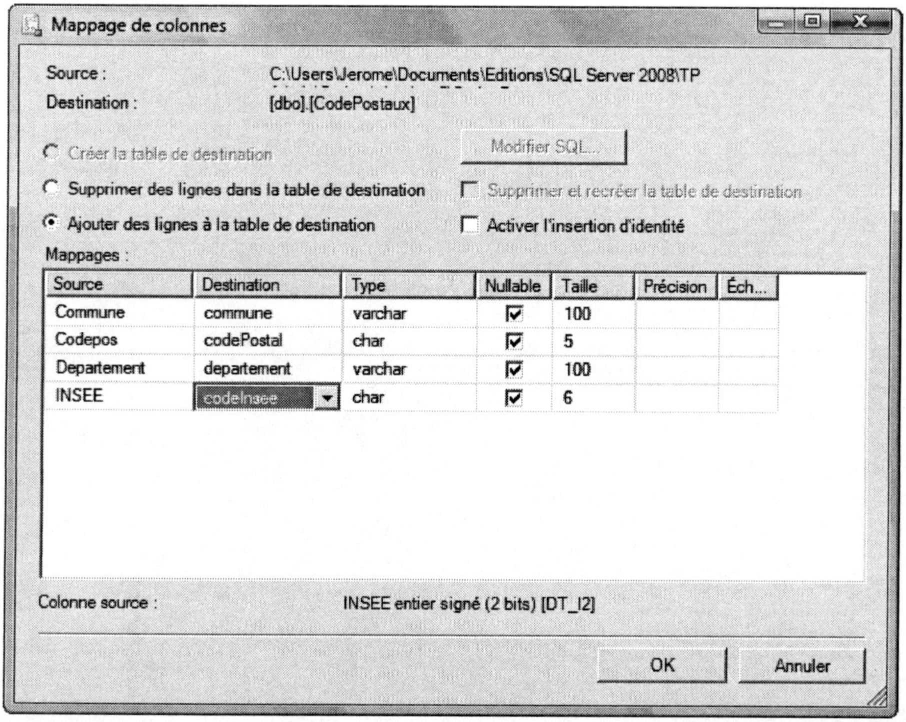

Le package est complètement défini et il peut être exécuté avec succès.

Corrigé 5.6 : Définir un package SSIS

La première étape consiste à utiliser l'assistant d'importation pour définir un package SSIS qui répond partiellement au problème posé. Ici, l'assistant est utilisé pour définir un package qui importe toutes les données présentes dans le fichier csv d'origine vers une table de la base de données TSQL. Ce package est enregistré mais il n'est pas exécuté.

© Editions ENI - Toute reproduction interdite

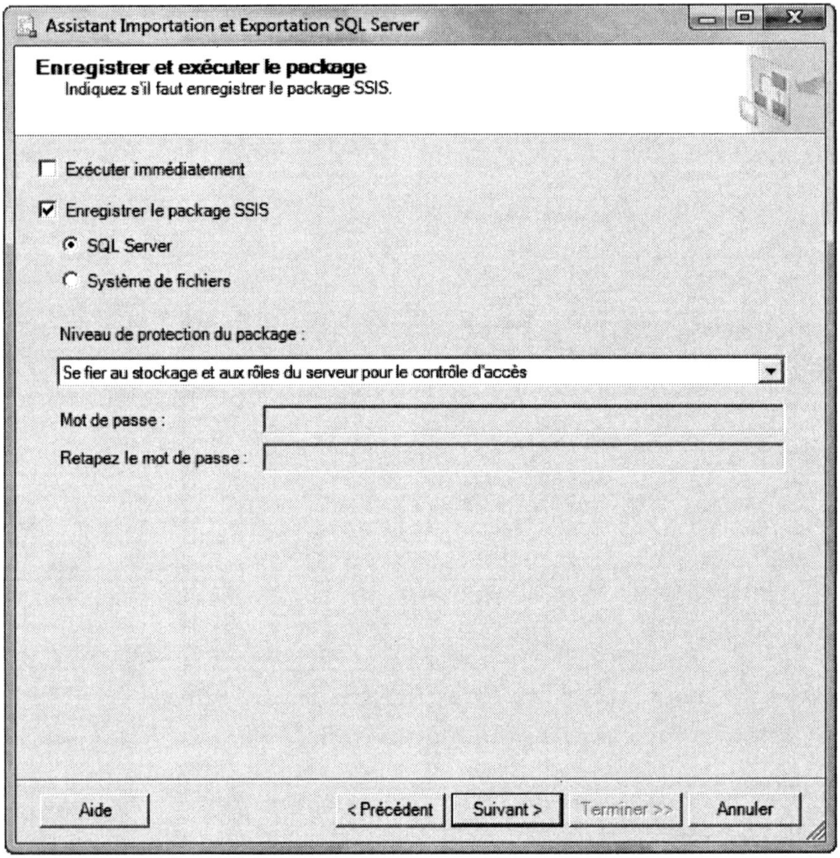

Le package est enregistré en utilisant comme niveau de protection : **Se fier au stockage et aux rôles du serveur pour le contrôle d'accès** sous le nom **Les départements**.

© Editions ENI - Toute reproduction interdite

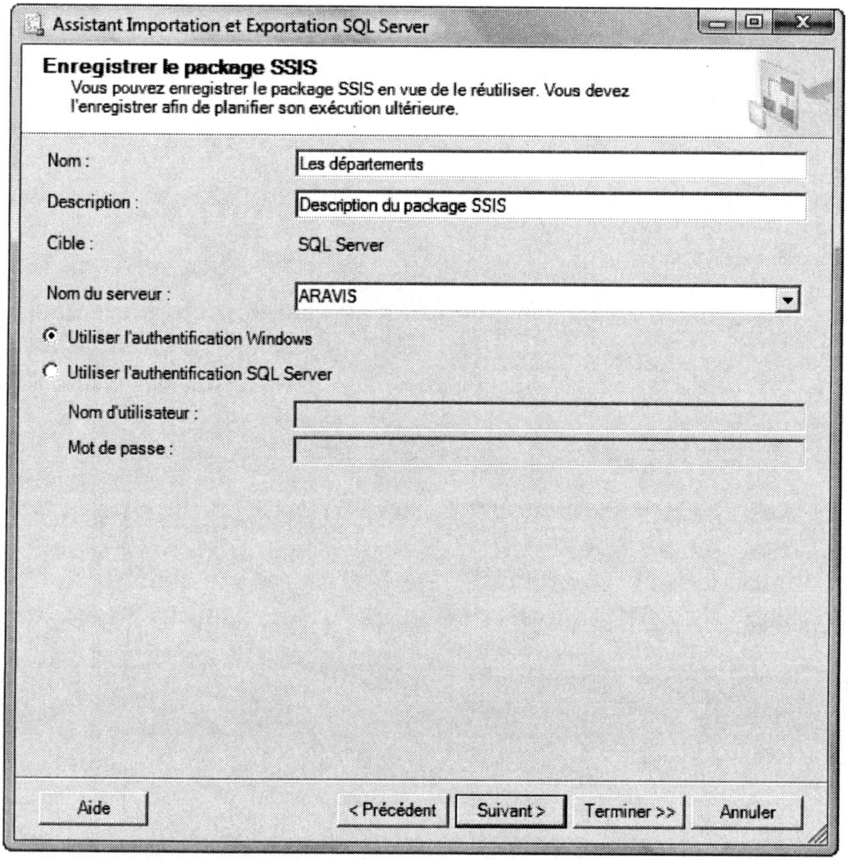

L'assistant se finalise et la définition du package est enregistrée.

Pour pouvoir modifier le package, il faut se connecter au service **Integration Services** soit depuis le menu **Fichier - Connecter l'explorateur d'objets** soit en sélectionnant **Integration Services** depuis le menu déroulant **Connexion** de l'**Explorateur d'objets**.

© Editions ENI - Toute reproduction interdite

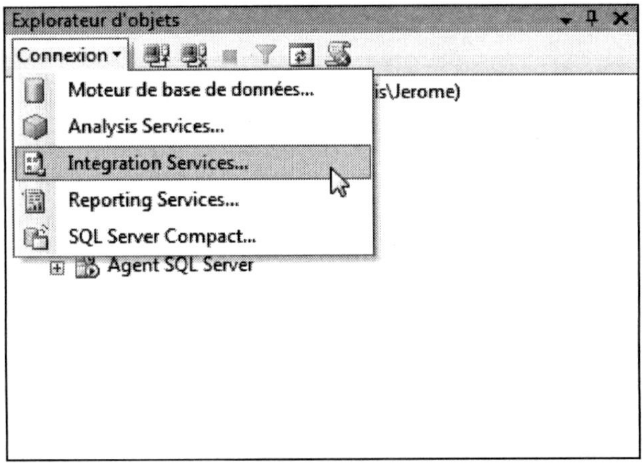

Pour que la connexion soit possible, il est nécessaire que le service SQL Server Integration Services soit démarré.

L'explorateur d'objets dispose de deux nœuds de premier niveau, l'un correspond au moteur de base de données et le second correspond au service d'intégration.

Les packages enregistrés sont visibles en développant les nœuds **Packages stockés - MSDB**.

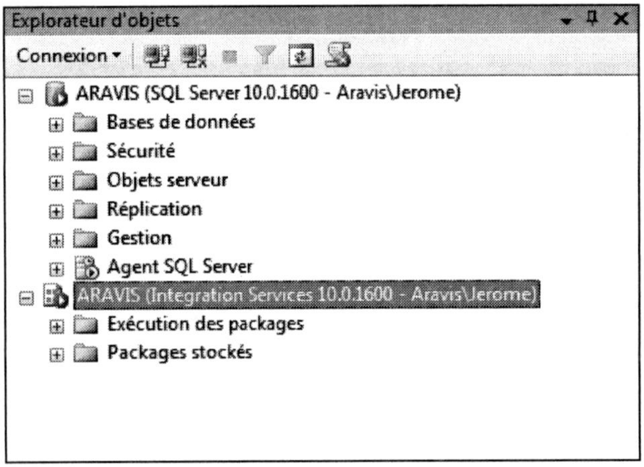

Il n'est pas possible de modifier le package depuis SQL Server Management Studio. Il est nécessaire d'exécuter **SQL Server Business Intelligence Development Studio** depuis le menu **Démarrer - Tous les programmes - Microsoft SQL Server 2008**.

Il faut ensuite définir un nouveau projet de type **Integration Services** par le menu **Fichier - Nouveau - Projet**.

© Editions ENI - Toute reproduction interdite

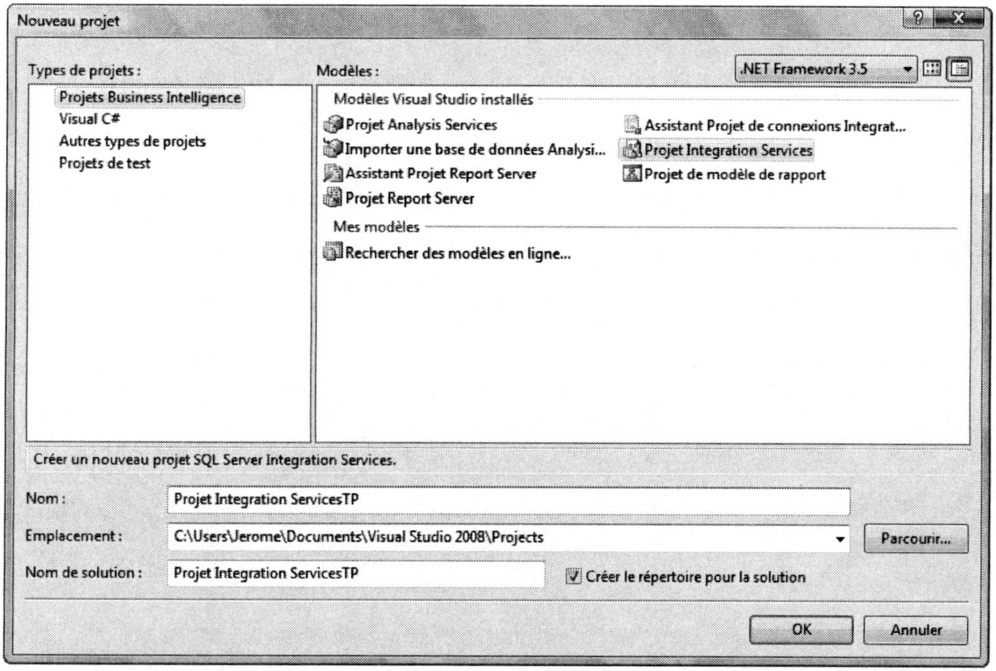

Depuis l'Explorateur de solutions, le package défini précédemment doit être importé.

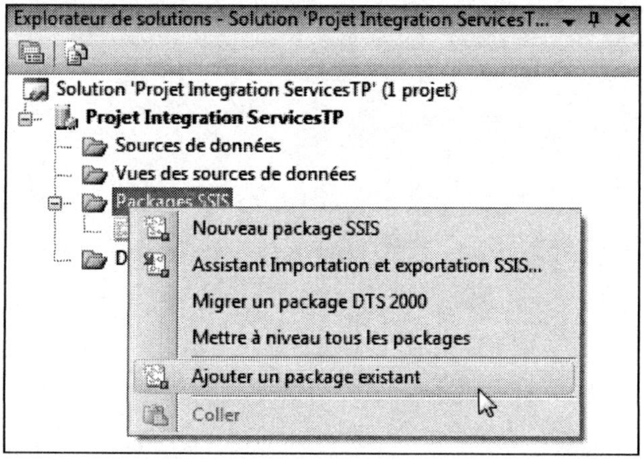

Puis le package **Les départements** peut être sélectionné.

© Editions ENI - Toute reproduction interdite

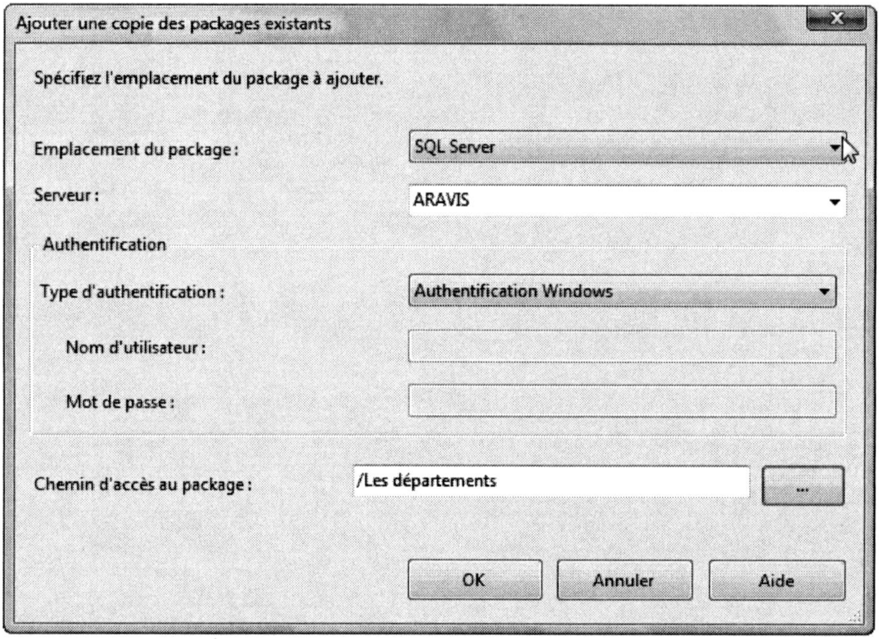

Un double clic sur le package permet de l'ouvrir dans la partie design. Depuis la boîte à outils, ajoutez une **Tâche d'exécution de requêtes SQL** qui s'exécute à la suite de l'importation des données.

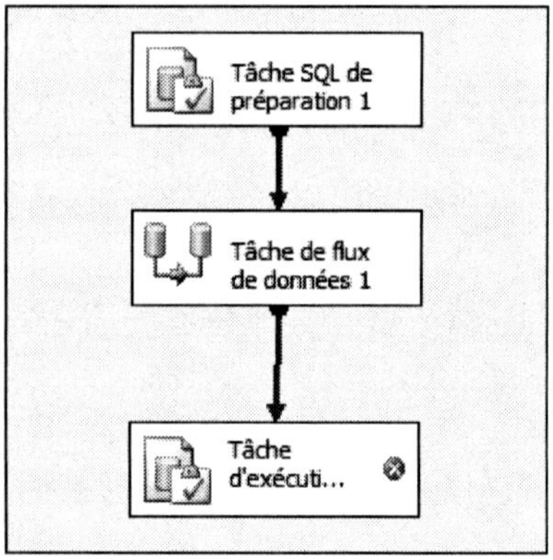

© Editions ENI - Toute reproduction interdite

Un double clic sur cette nouvelle tâche permet de définir le nom de la tâche (**Créer table Départements**) ainsi que le script SQL à exécuter.

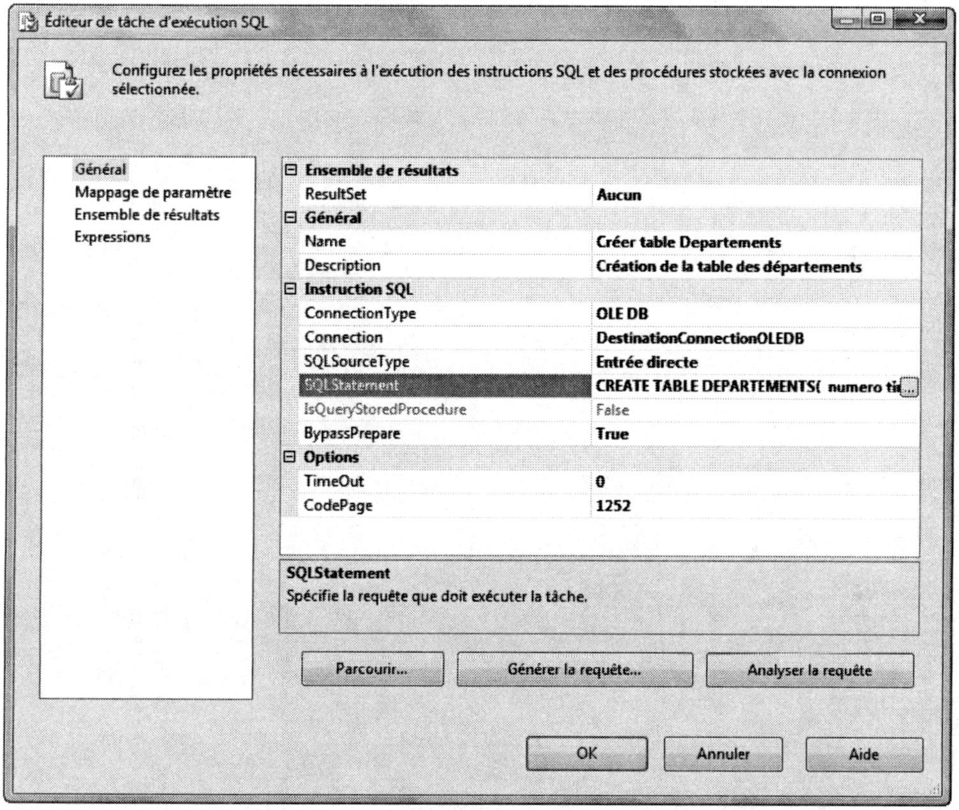

© Editions ENI - Toute reproduction interdite

La tâche suivante du même type va permettre de valoriser la table Départements.

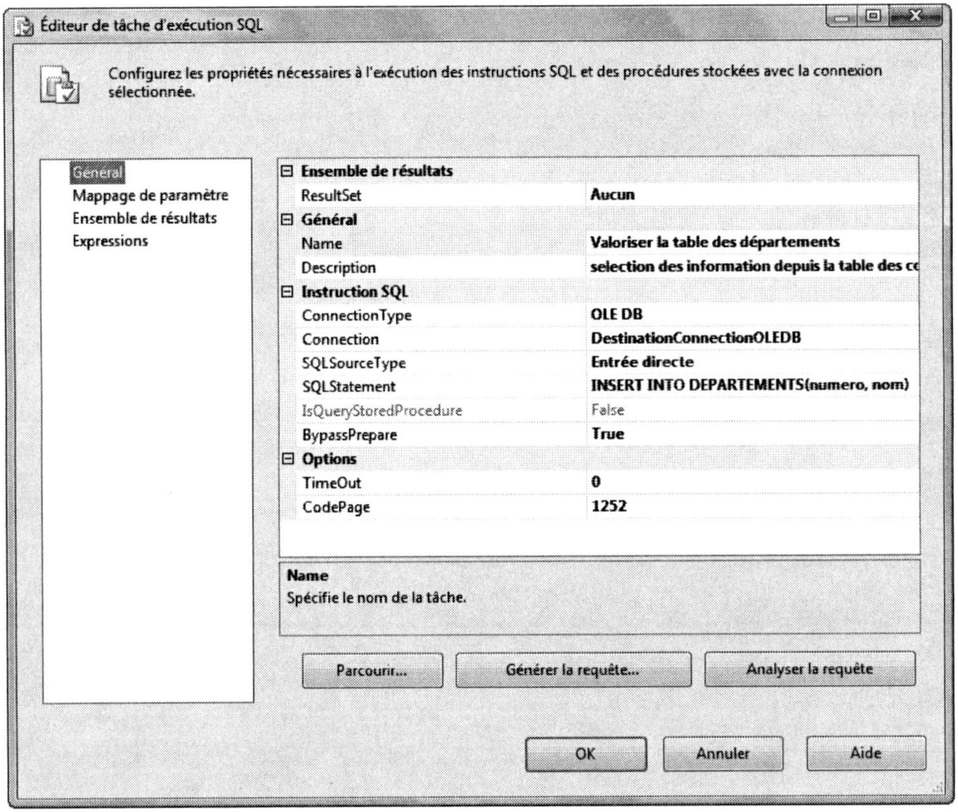

C'est la requête suivante qui est utilisée :

```
INSERT INTO DEPARTEMENTS(numero, nom)
SELECT DISTINCT convert(tinyint, convert(int,codePostal)/1000), departement from
codepostaux;
```

Il est maintenant nécessaire d'enregistrer le package avant de demander son exécution par le menu **Déboguer - Exécuter sans débogage**.

© Editions ENI - Toute reproduction interdite

Corrigé 5.7 : Importer des données au formax XML

Depuis SQL Server Business Intelligence Studio, créez un nouveau projet de type **Integration Services** puis modifiez le package de la façon suivante :

Depuis l'onglet **Design**, sélectionnez la page **Flux de données** et ajoutez-y une **source XML**. Cet objet est disponible depuis la section **Source de flux de données** de la boîte à outils.

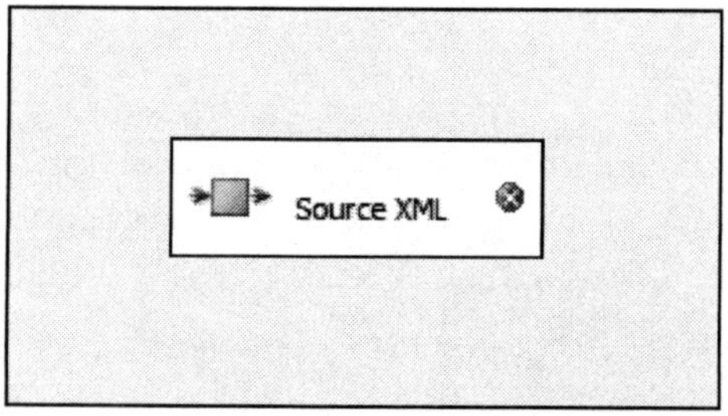

Cet objet va permettre d'établir la correspondance avec le fichier composants.xml présent sur le disque dur.

Depuis les propriétés de l'objet source XML, sélectionnez le fichier puis demandez à créer le fichier XSD.

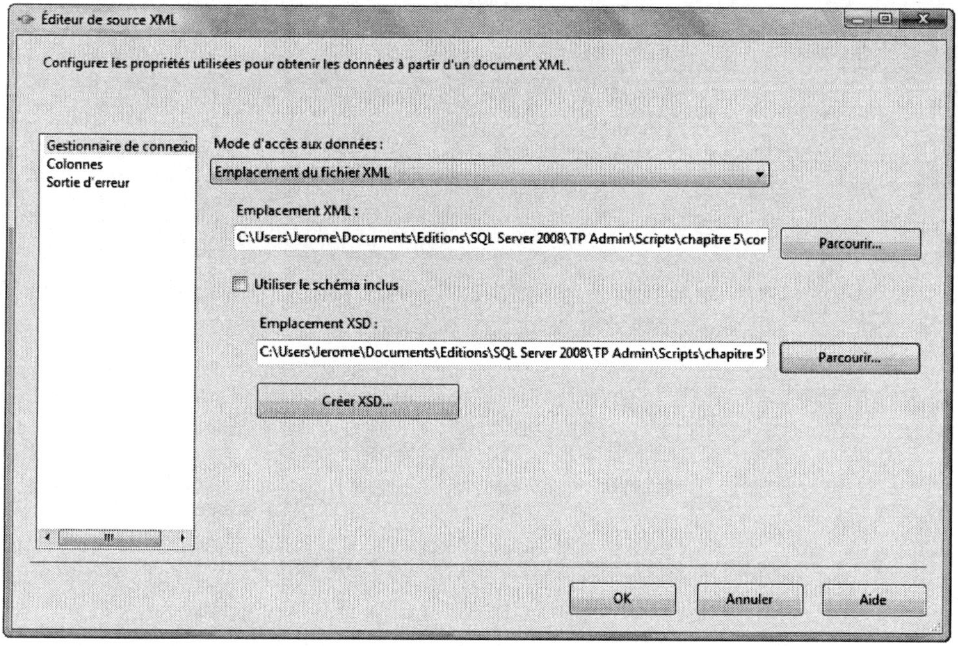

© Editions ENI - Toute reproduction interdite

Depuis la page **Colonnes**, sélectionnez comme nom de la sortie l'élément **item**.

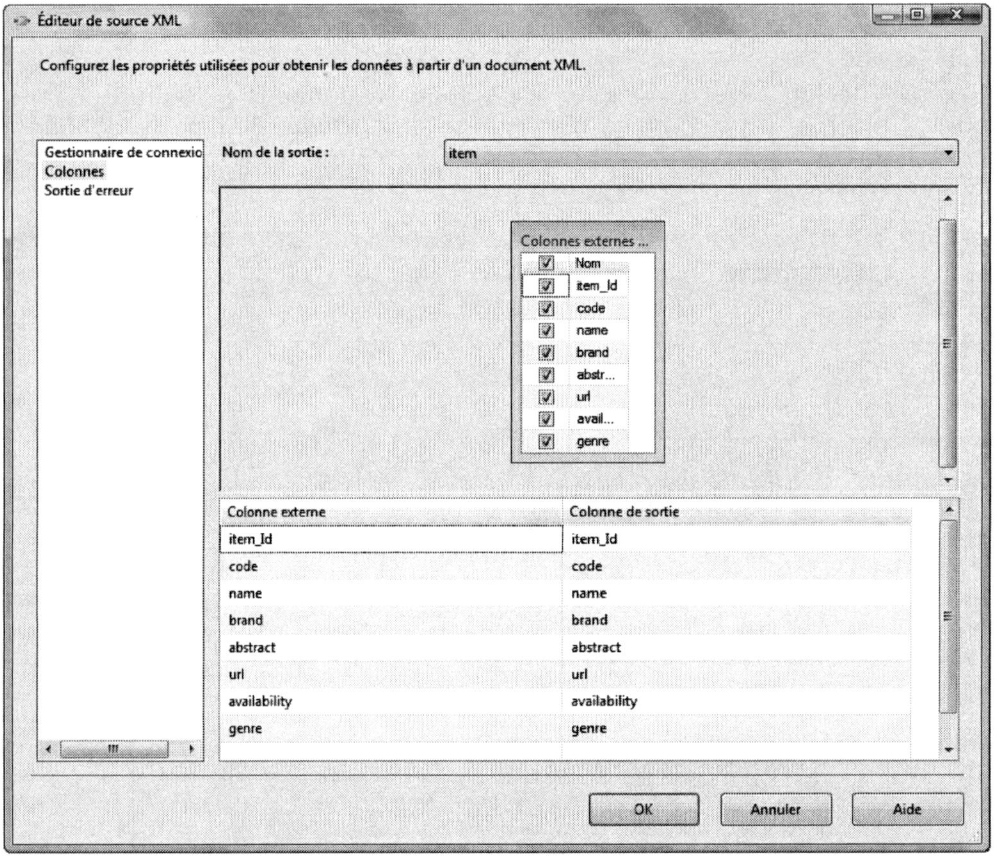

Ajoutez sur le schéma une destination pour SQL Server, puis créez une connexion en glissant la sortie du flux de données source XML vers le composant destination pour SQL Server.

© Editions ENI - Toute reproduction interdite

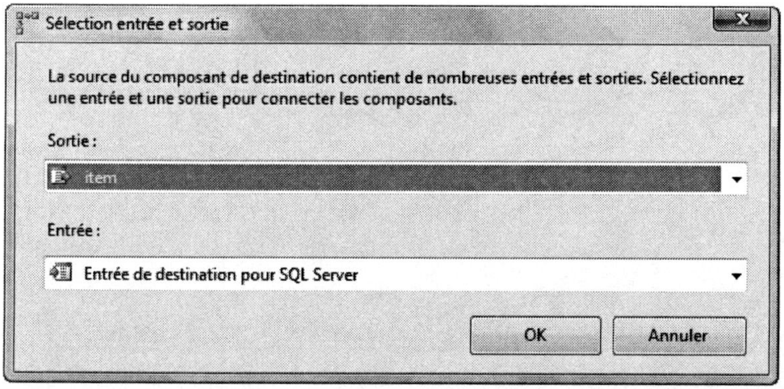

Éditez les propriétés du composant Destination pour SQL Server afin d'établir un lien vers la table des composants sur la base SSMS. Le mappage entre le fichier xml et les colonnes de la table va être défini de la façon suivante :

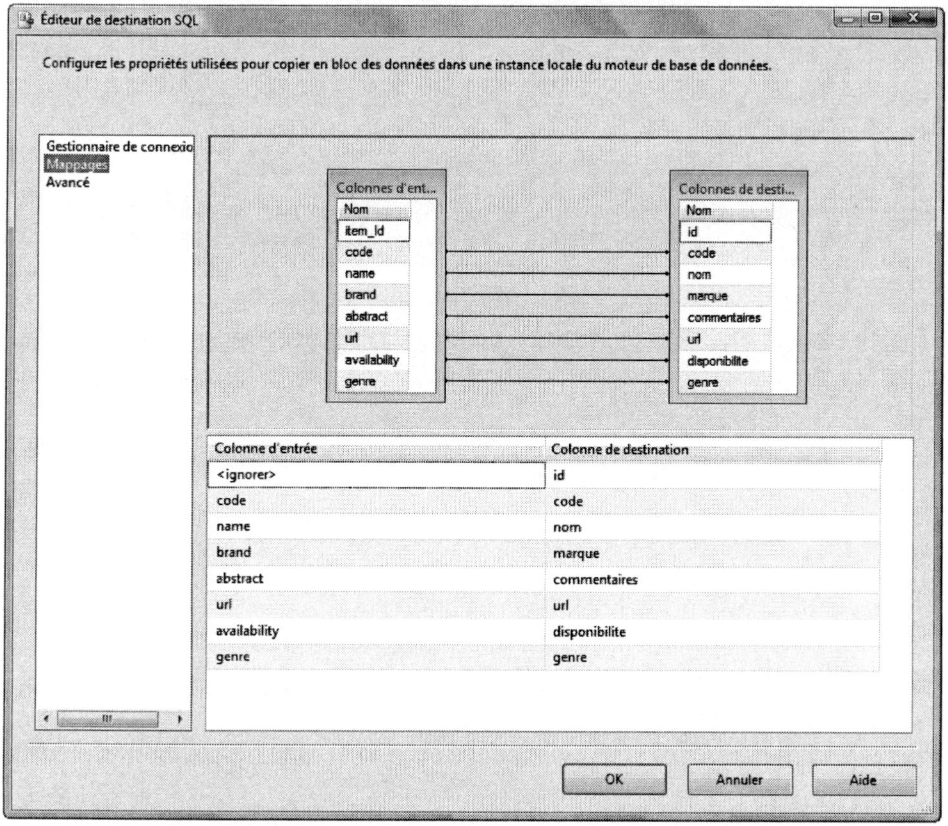

© Editions ENI - Toute reproduction interdite

Le composant est maintenant complètement paramétré.

Le signal d'avertissement sur le composant Destination OLE DB signale que compte tenu des propriétés de la table de destination, certaines informations seront peut-être tronquées.

L'exécution du composant peut être effectuée par **Déboguer - Continuer** ou bien par l'appui sur la touche [F5].

Corrigé 5.8 : Planifier l'exécution régulière d'une exportation BCP

Définissez un nouveau travail en sélectionnant **Nouveau travail** depuis le menu contextuel du nœud **SQL Server Agent - Travaux**. Ce travail est composé d'une étape de type **Système d'exploitation (CmdExec)**.

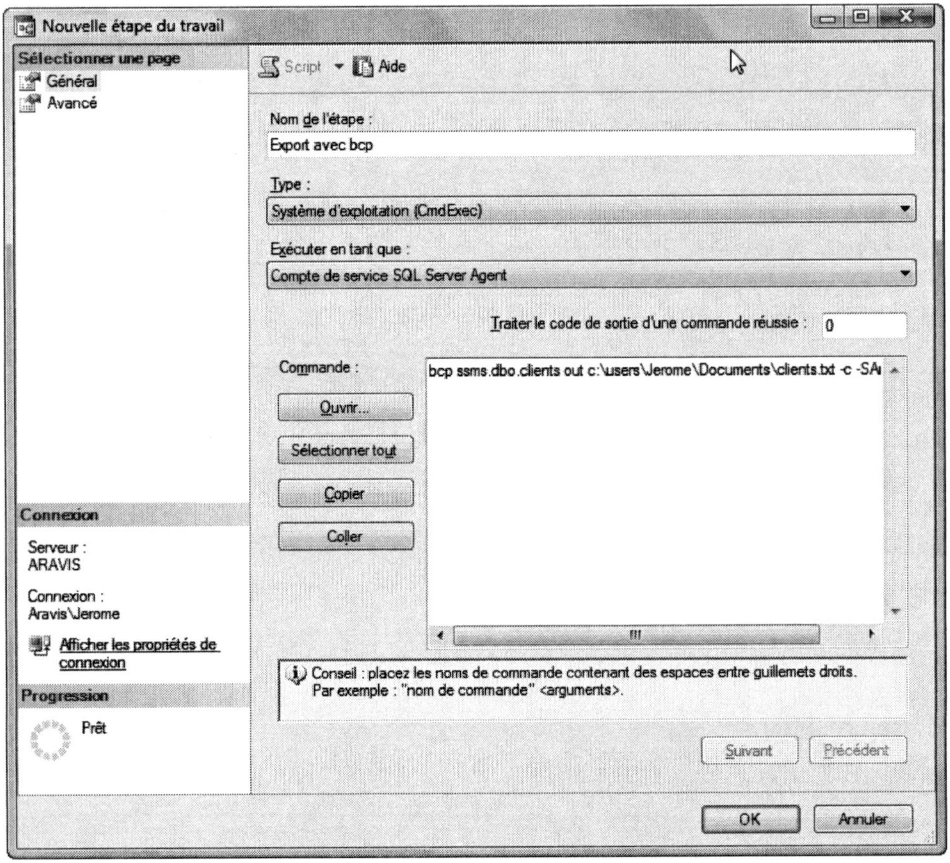

© Editions ENI - Toute reproduction interdite

Puis une planification est définie pour permettre une exécution quotidienne.

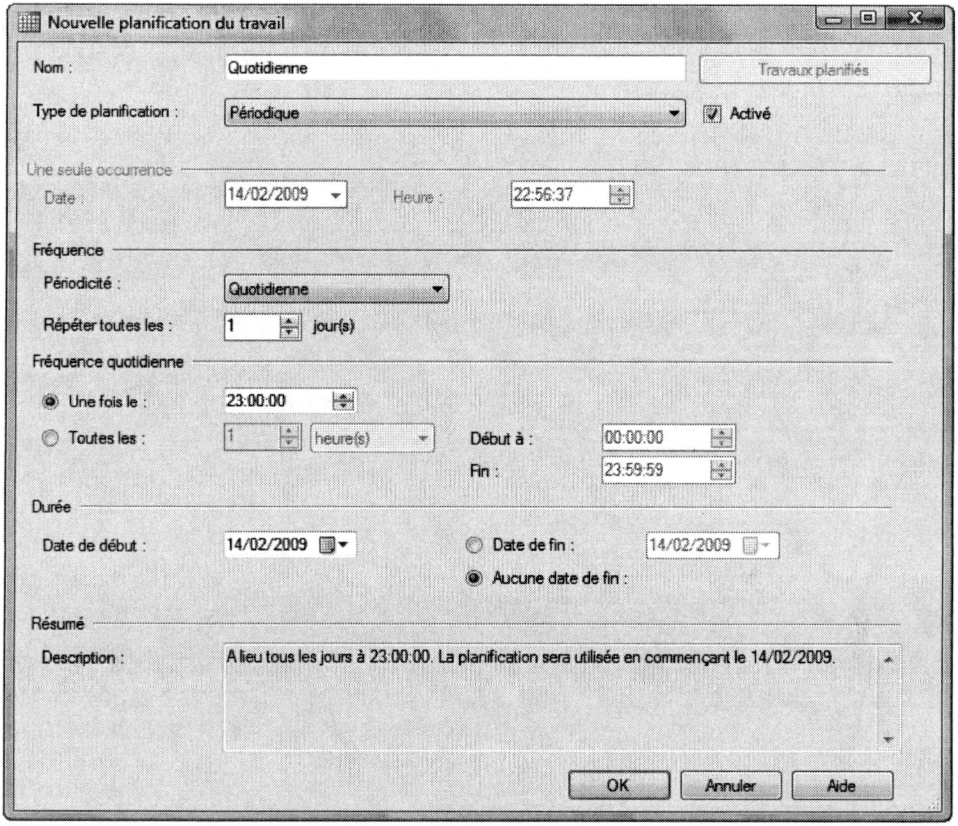

© Editions ENI - Toute reproduction interdite

Corrigé 5.9 : Planifier l'exécution d'un package SSIS

La première étape consiste à utiliser l'assistant d'exportation pour définir le lot SSIS. Les données proviennent de la base SSMS et sont à destination du fichier **catalogue.mdb**.

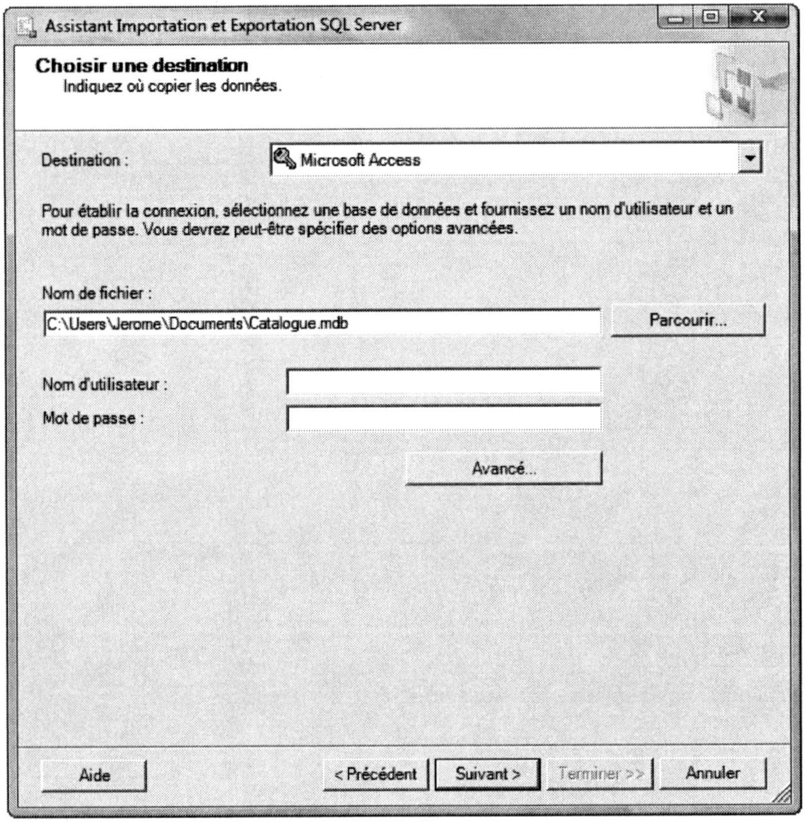

© Editions ENI - Toute reproduction interdite

L'opération d'export ne concerne que la table des composants.

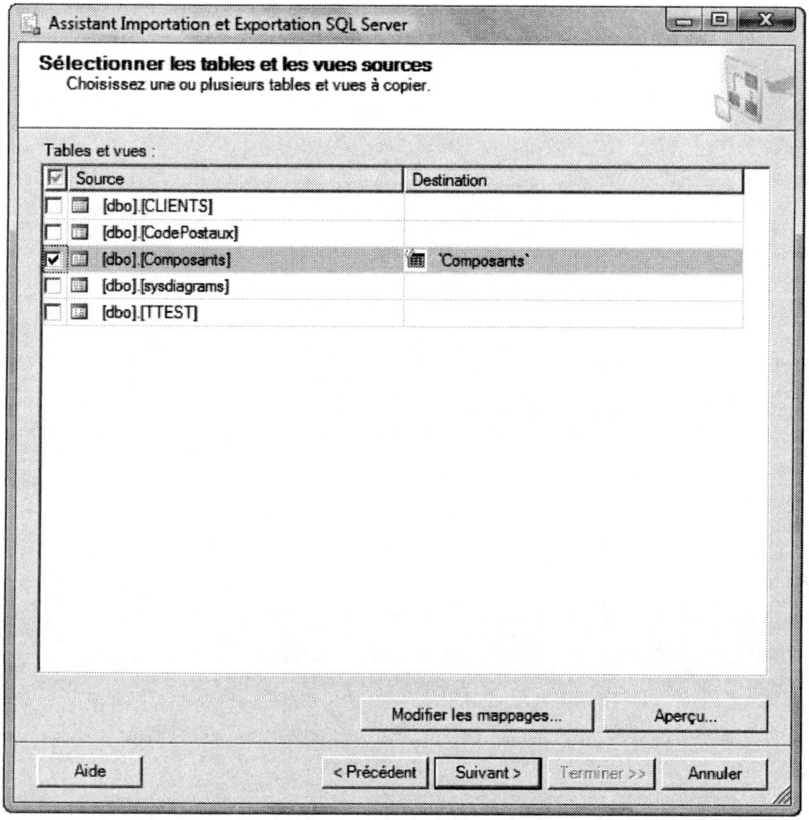

© Editions ENI - Toute reproduction interdite

Le package n'est pas exécuté mais il est enregistré dans SQL Server.

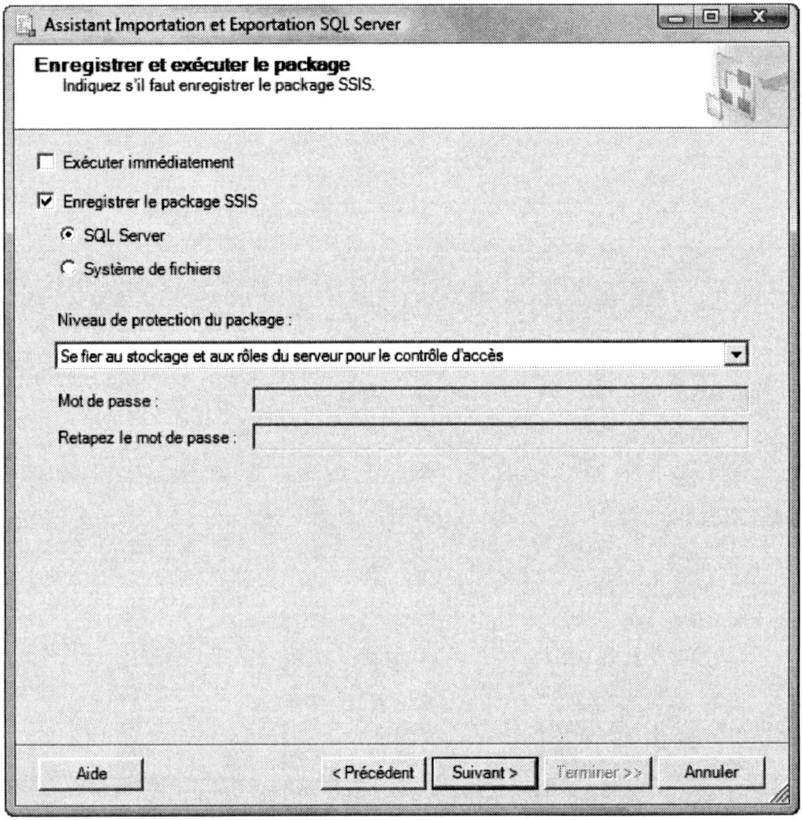

Le niveau de protection du package est **Se fier au stockage et aux rôles de serveur pour le contrôle d'accès**. Le package est enregistré sous le nom **ExportComposants**.

© Editions ENI - Toute reproduction interdite

Un nouveau travail est défini avec une étape de type **Package SQL Server Integration Services**.

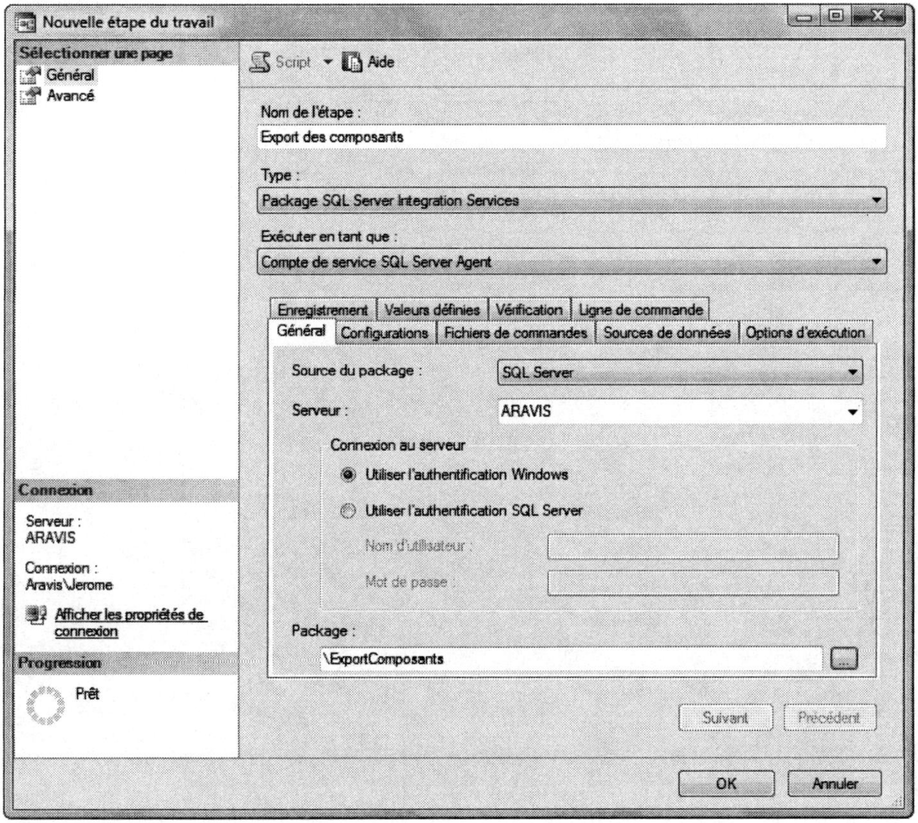

© Editions ENI - Toute reproduction interdite

Une planification est définie pour permettre une exécution hebdomadaire du travail.

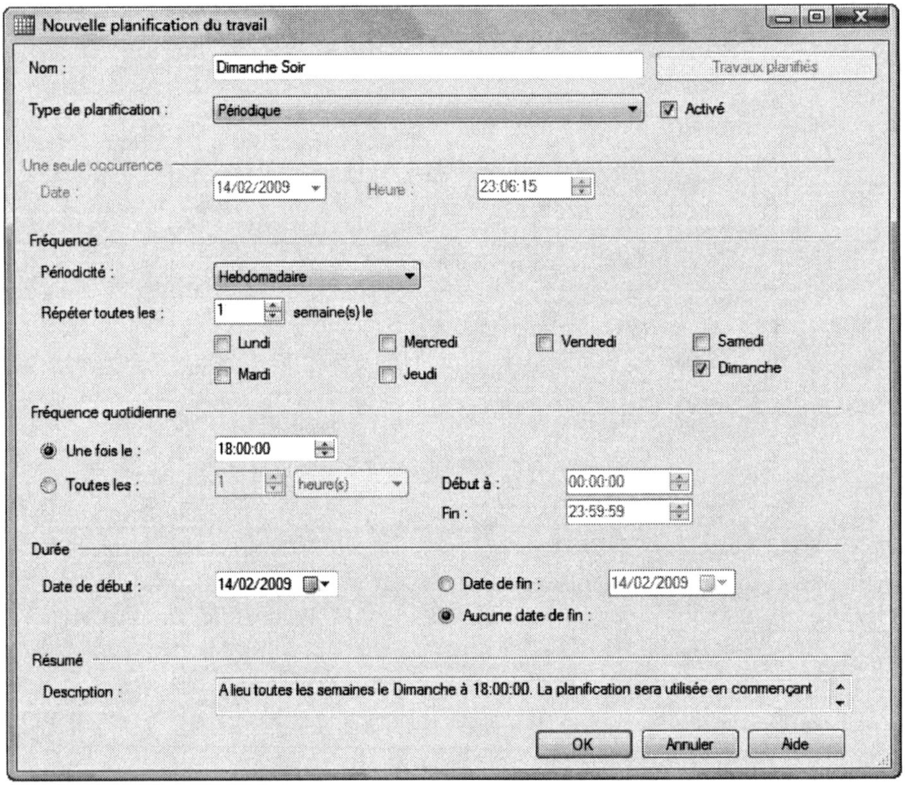

Corrigé 5.10 : Détacher une base

Pour effectuer une copie des fichiers de la base AdventureWorks2008, il est nécessaire de connaître les fichiers qui composent cette base. Ce type d'information peut être fourni soit depuis la fenêtre des propriétés de la base soit en exécutant la procédure **sp_helpdb** ou bien encore en interrogeant la vue **sys.database_files** à l'aide de la requête suivante :

```
SELECT type_desc,physical_name
FROM  AdventureWorks2008.sys.database_files;
```

© Editions ENI - Toute reproduction interdite

L'exécution de la procédure sp_helpdb est illustrée ci-dessous :

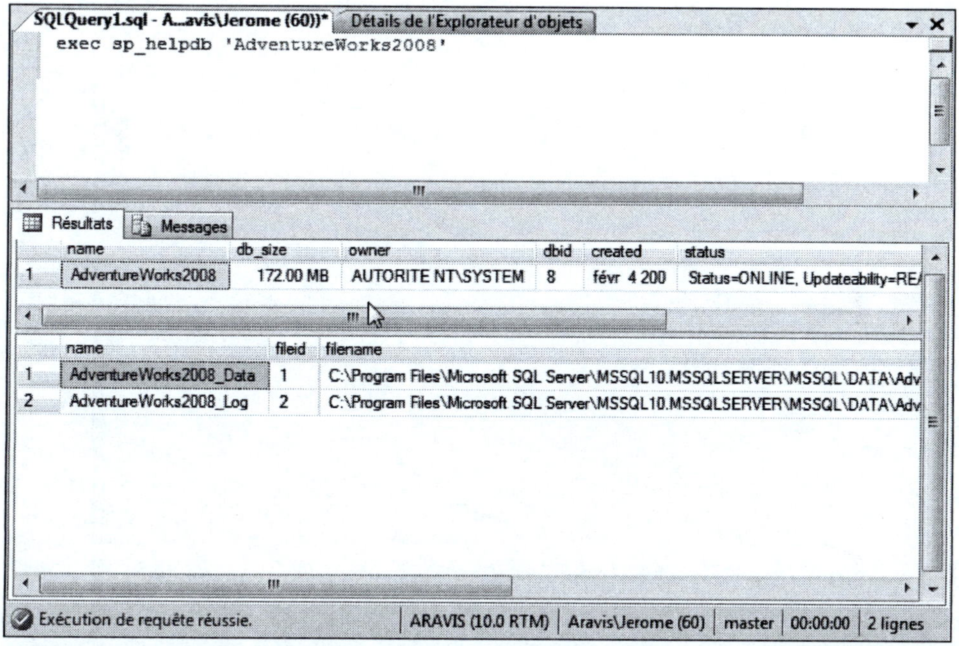

Avant de copier les fichiers, il est nécessaire de détacher la base. Cette opération est menée à bien en sélectionnant l'option **Tâches - Détacher** depuis le menu contextuel associé à la base. Les options concernant le détachement concernent les connexions et les statistiques. Dans le cas présent, les choix par défaut seront conservés.

© Editions ENI - Toute reproduction interdite

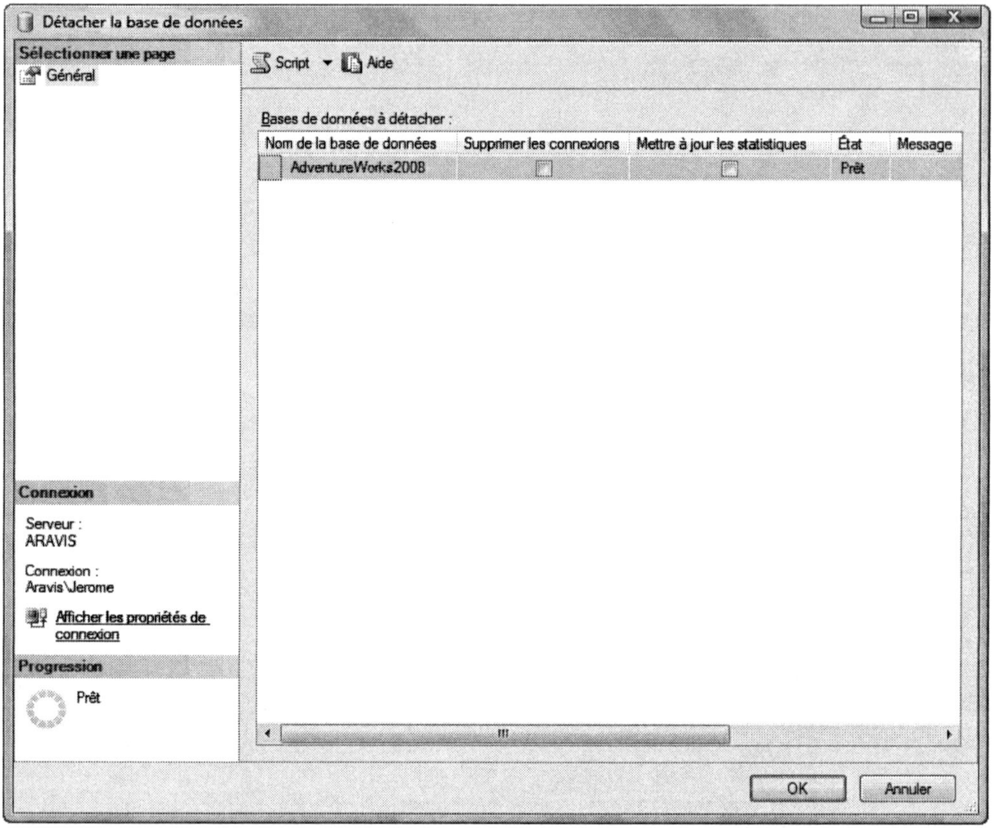

Après quelques instants de traitement, la base est détachée et n'apparaît plus dans l'explorateur d'objets. Pour autant, les fichiers sont toujours présents sur le disque et il est possible d'en effectuer une copie à l'aide des outils fournis par le système d'exploitation. Il est ensuite nécessaire d'attacher cette base à l'instance SQL Server afin d'être en mesure de travailler de nouveau avec. Pour cela, il est nécessaire de choisir **Joindre** depuis le menu contextuel associé au nœud **Base de données**. Il est alors nécessaire de sélectionner le fichier principal de la base de données. Ce fichier possède l'extension mdf par défaut. A partir de ce fichier, SQL Server est capable de localiser les autres fichiers constitutifs de la base.

© Editions ENI - Toute reproduction interdite

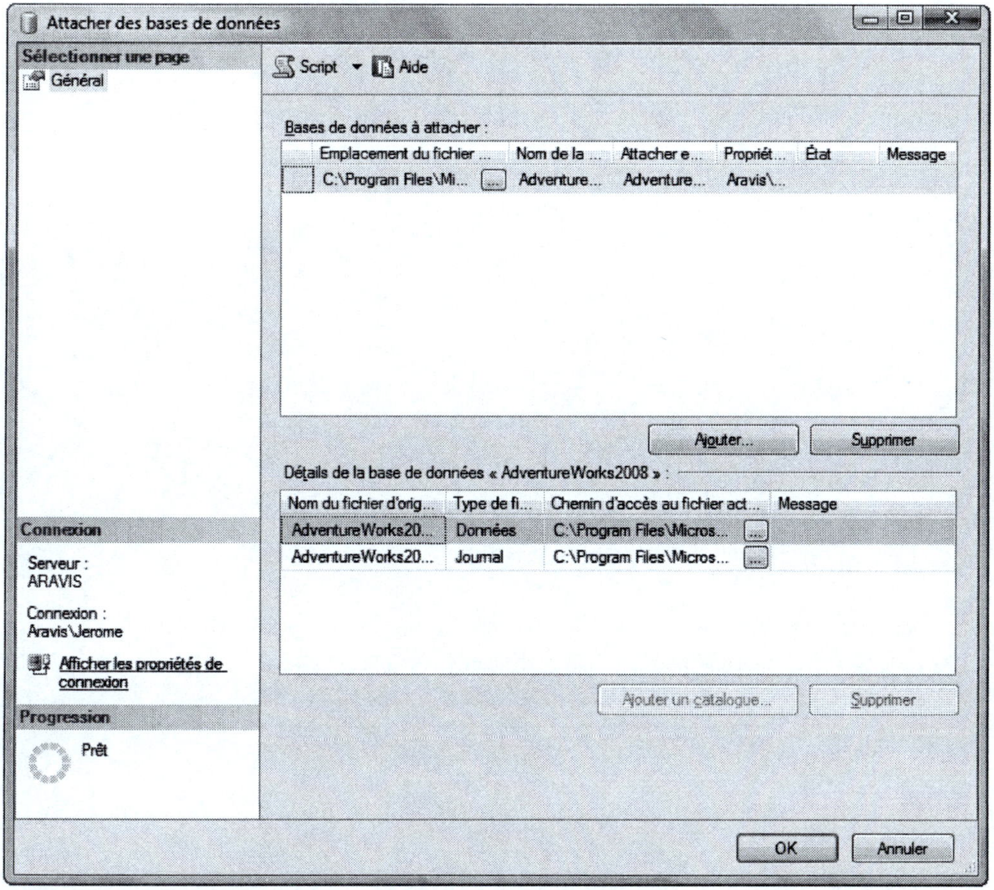

La base de données peut alors être attachée et de nouveau disponible pour les utilisateurs.

© Editions ENI - Toute reproduction interdite

IUFM Rouen
SCD
76130
Mt St Aignan

© Editions ENI - Toute reproduction interdite

Table des Matières

Chapitre 6 : Sauvegarde et restauration

© Editions ENI - Toute reproduction interdite

Chapitre 6 : Sauvegarde et restauration

Pré-requis

1. b.
Seules les opérations portant sur la modification des données sont consignées dans le journal.

2. a.
Les informations relatives à l'existence de la nouvelle base sont enregistrées dans la base master. Il est donc nécessaire de procéder à sa sauvegarde dans ce cas.

3. a.
L'instruction Transact SQL CHECKPOINT permet de déclencher manuellement un point de synchronisation. Cette instruction peut accepter en paramètre le nombre de secondes dont dispose le serveur pour finaliser cette opération.

4. a., b. et **d.**
Il n'existe pas de mode de récupération basé sur les groupes de fichiers.

5. a.
Lorsque la base de données est configurée en mode de récupération simple, le journal des transactions n'est pas utilisé pour effectuer les opérations de sauvegarde et de restauration. Le journal permet simplement de garantir la persistance des informations si la base est arrêtée brutalement et qu'un point de synchronisation n'est pas la dernière instruction du journal.

6. c.
Il est recommandé de tronquer la partie inactive du journal des transactions avant de réaliser une sauvegarde complète de la base afin de limiter la taille du fichier de sauvegarde et en même temps réduire les temps de sauvegarde et de restauration.

7. a.
Lorsque la sauvegarde utilise plusieurs fichiers, chaque fichier contient une partie de la sauvegarde. Les informations ne sont pas enregistrées en double.

8. a.
Une sauvegarde différentielle de base de données contient toutes les modifications sur les données qui ont eu lieu depuis la dernière sauvegarde complète.

9. a.

© Editions ENI - Toute reproduction interdite

10. c.

Le serveur de secours permet d'héberger une copie d'une ou de plusieurs bases. Ces copies des bases de production sont mises à jour en restaurant la sauvegarde du journal des transactions. Il est possible d'effectuer des opérations de lecture sur les bases de secours.

11. a.

Oui, il est tout à fait possible de stocker dans le même fichier de sauvegarde plusieurs sauvegardes de la même base ou bien des sauvegardes de différentes bases de données.

12. b.

La compression des sauvegardes est un mécanisme spécifique au processus de sauvergarde. Il n'existe donc pas de liaison avec un état quelconque des données. Cette compression est décidée lors de chaque sauvegarde sans prendre en compte si la sauvegarde précédente était ou non compressée.

Corrigé 6.1 : Réaliser une sauvegarde complète de la base

La sauvegarde de la base peut être faite en sélectionnant **Tâche - Sauvegarder** dans le menu contextuel associé à la base. La fenêtre de sauvegarde de la base de données est alors affichée. Il est nécessaire de sélectionner la base SSMS et d'ajouter le fichier dans la liste de destinations.

© Editions ENI - Toute reproduction interdite

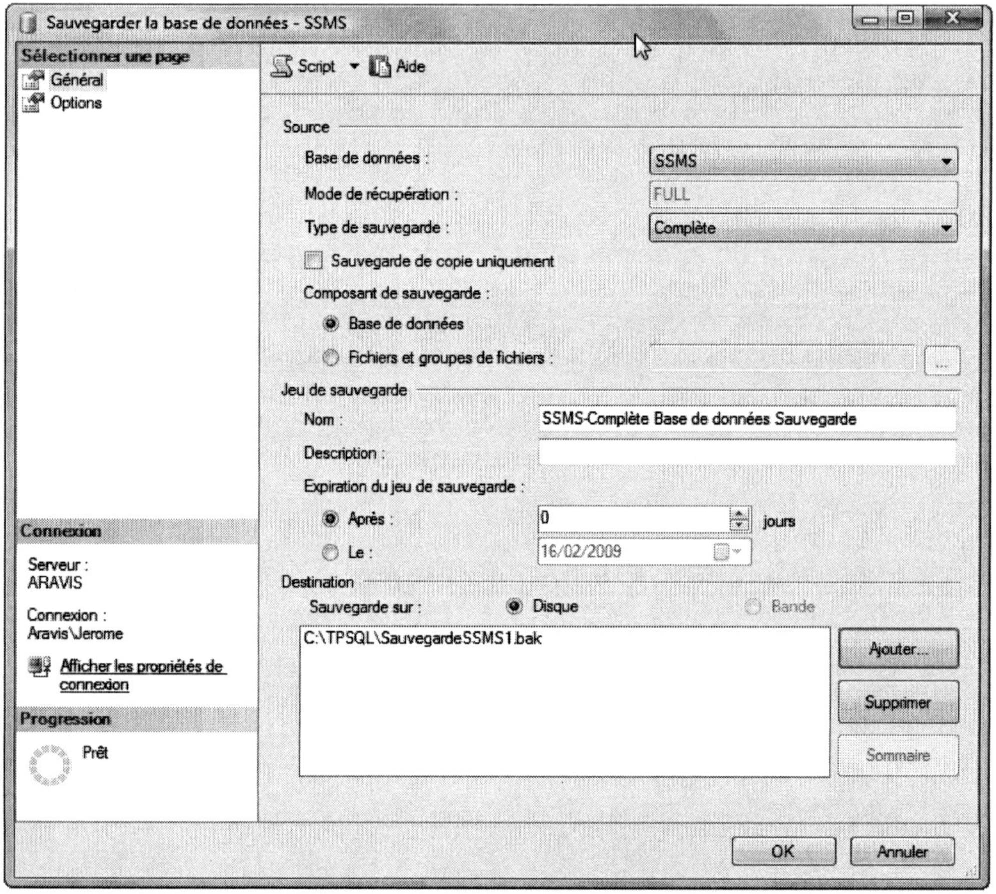

Pour sauvegarder la base TSQL, il est nécessaire d'exécuter le script suivant :

```
USE TSQL;
GO
BACKUP DATABASE TSQL TO DISK='c:\TPSQL\sauvegardeTSQL1.bak';
```

© Editions ENI - Toute reproduction interdite

Corrigé 6.2 : Réaliser une sauvegarde complète sur une unité de sauvegarde

Pour définir une nouvelle unité de sauvegarde, il faut sélectionner **Nouvelle unité de sauvegarde** depuis le menu associé au nœud **Objets serveur - Unité de sauvegarde**. La fenêtre de création d'une nouvelle unité de sauvegarde apparaît et va être complétée de la façon suivante.

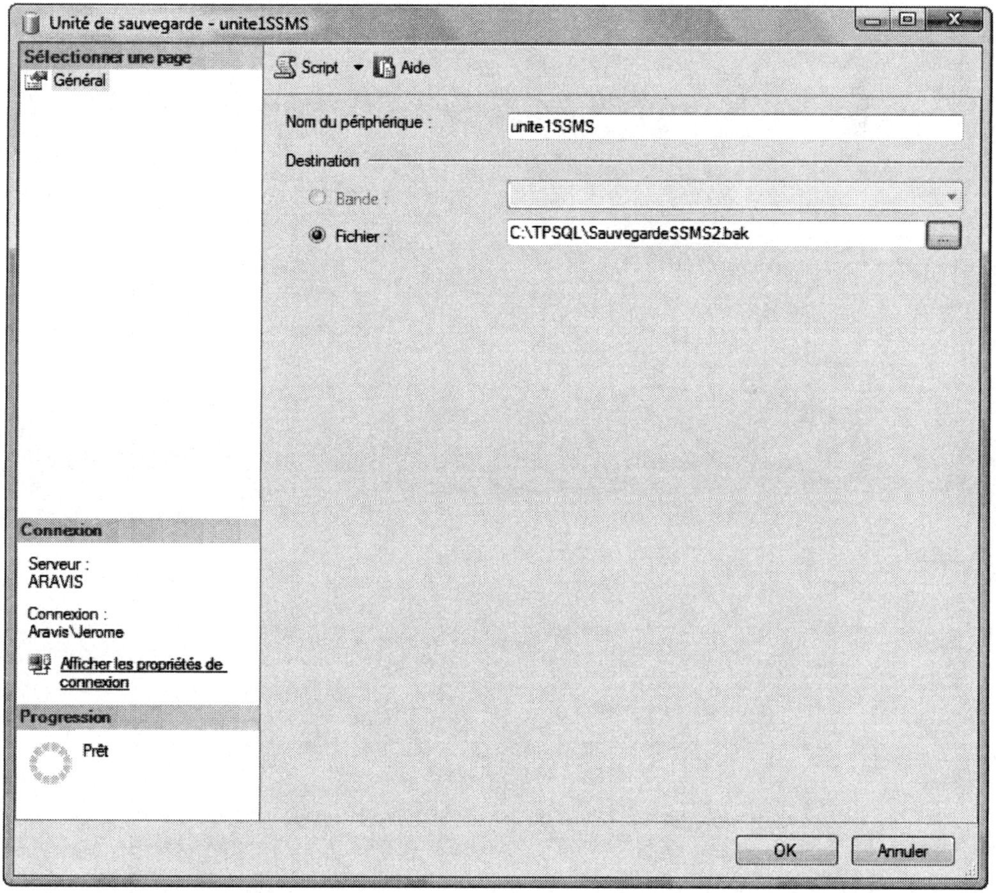

Il faut demander la sauvegarde de la base par **Tâches - Sauvegarder** depuis le menu contextuel de la base, afin d'afficher la fenêtre de sauvegarde de la base. Dans la partie **Destination**, sélectionnez le bouton **Ajouter** afin de sélectionner l'unité de sauvegarde comme destination de la sauvegarde.

© Editions ENI - Toute reproduction interdite

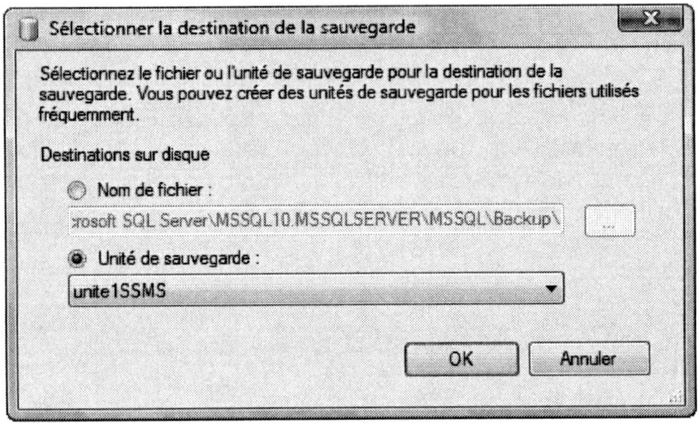

La sauvegarde de la base est définie de la façon suivante.

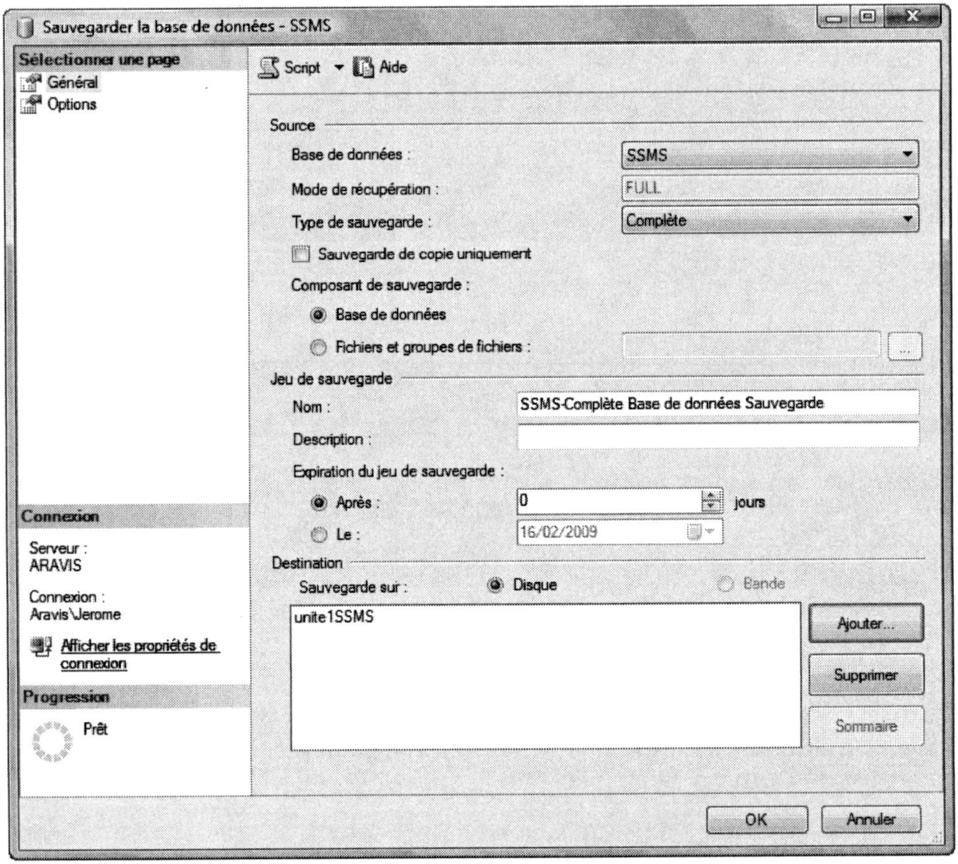

© Editions ENI - Toute reproduction interdite

Le script suivant permet de définir une nouvelle unité de sauvegarde :

```
exec sp_addumpdevice @devtype='DISK',
    @logicalname='unite1TSQL',
    @physicalname='c:\TPSQL\sauvegardeTSQL2.bak';
```

Pour sauvegarder la base TSQL sur l'unité de sauvegarde **unite1TSQL**, il est nécessaire d'exécuter le script suivant :

```
BACKUP DATABASE TSQL
  TO unite1TSQL;
```

Corrigé 6.3 : Restaurer la base à partir d'une sauvegarde complète

Les fichiers journaux (ldf) sont normalement situés dans le dossier C:\Program Files\Microsoft SQL Server\MSSQL.1\MSSQL\Data. La suppression des fichiers n'est possible qu'après avoir arrêté le service MSSQLServer qui protège ces fichiers contre tout accès depuis le système d'exploitation. Il est possible d'arrêter le service directement depuis SQL Server Management Studio en sélectionnant **Arrêter** dans le menu contextuel associé au serveur, comme illustré ci-dessous :

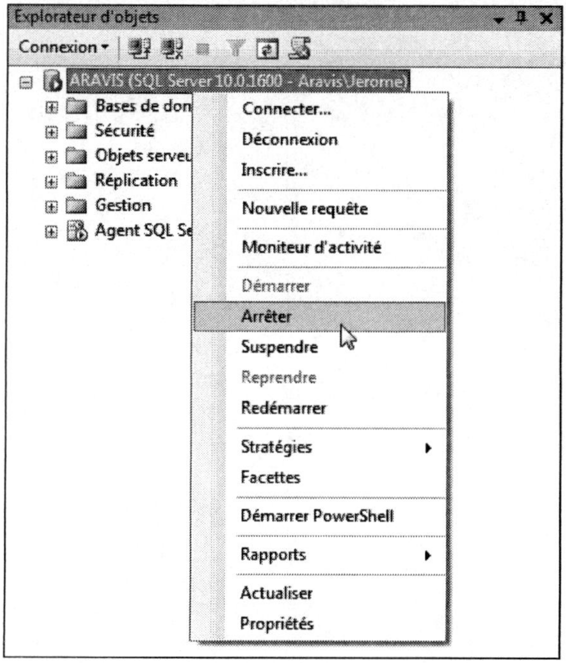

Après la suppression des fichiers, le service doit être redémarré.

© Editions ENI - Toute reproduction interdite

Les bases ne sont pas accessibles et il n'est pas possible de travailler dessus depuis l'Explorateur d'objets de SQL Server Management Studio.

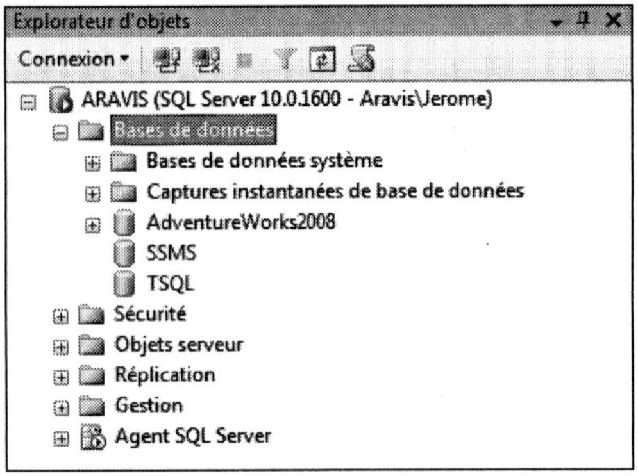

Pour restaurer la base SSMS, il faut sélectionner l'option **Restaurer la base de données** depuis le menu contextuel du nœud **Bases de données**. La fenêtre de restauration de base de données apparaît et va être complétée de la façon suivante.

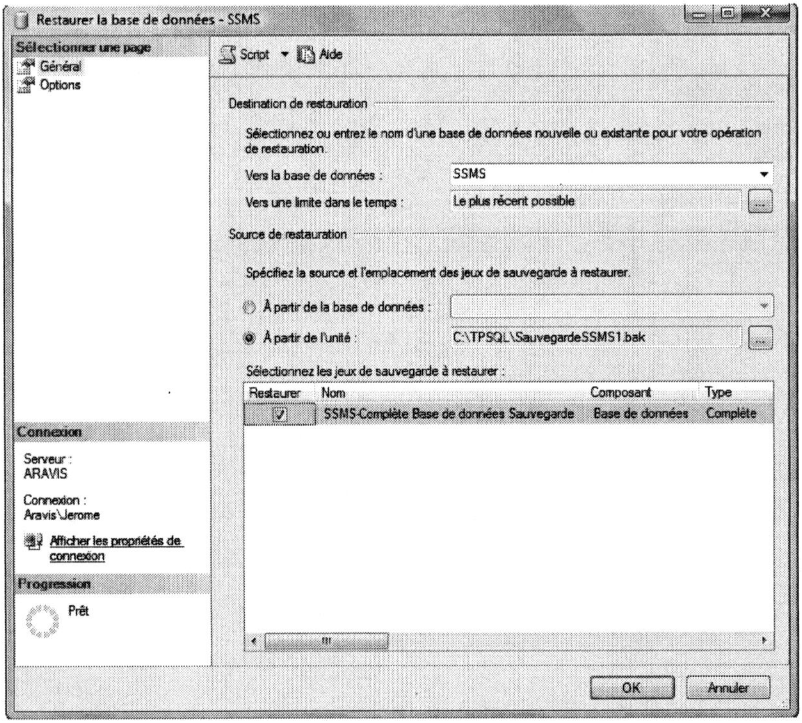

© Editions ENI - Toute reproduction interdite

La page **Options** sera remplie de façon à autoriser le processus de restauration à **Remplacer la base de données existante** et à laisser la base de données opérationnelle (RECOVERY).

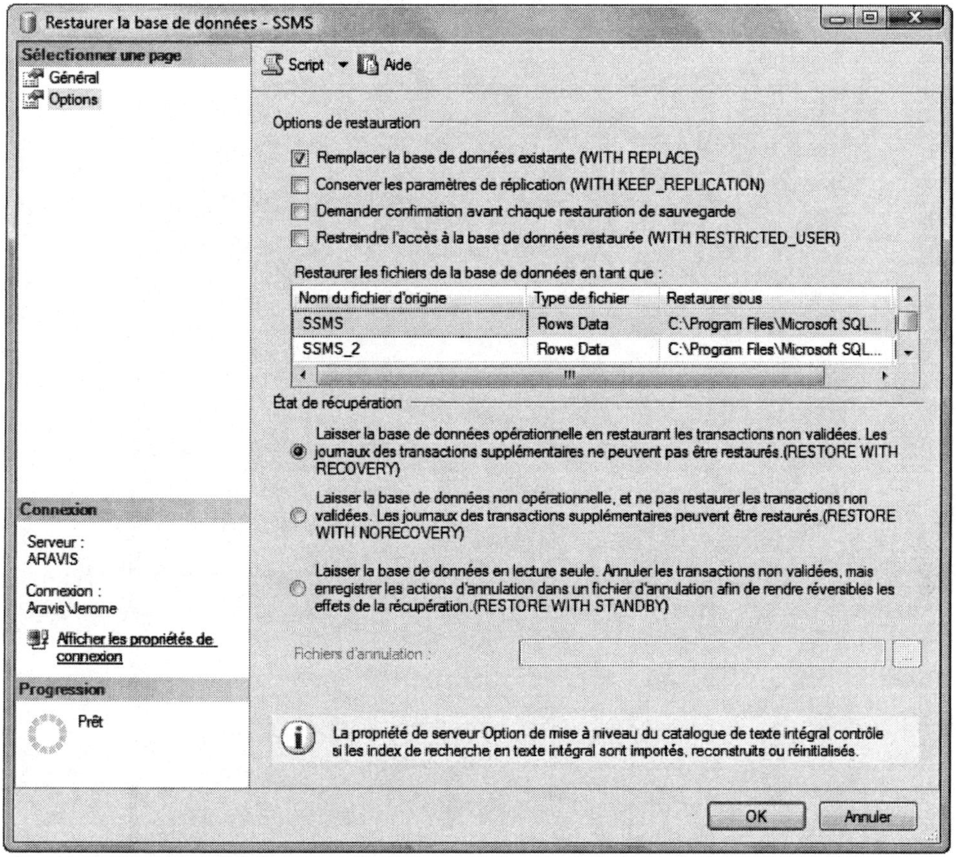

L'instruction `select * from ssms.dbo.clients;` ne permet pas de visualiser le client 12 car il a été ajouté dans la base après l'opération de sauvegarde qui a généré le fichier utilisé lors de la restauration.

La base TSQL va être restaurée en exécutant le script suivant :

```
USE master;
GO
RESTORE DATABASE TSQL
    FROM unite1TSQL
    WITH RECOVERY;
```

© Editions ENI - Toute reproduction interdite

Corrigé 6.4 : Changer le mode de récupération de la base

Depuis la page **Options** de la fenêtre des propriétés de la base de données, sélectionnez **Journalisé en bloc**, dans la liste déroulante du mode de récupération.

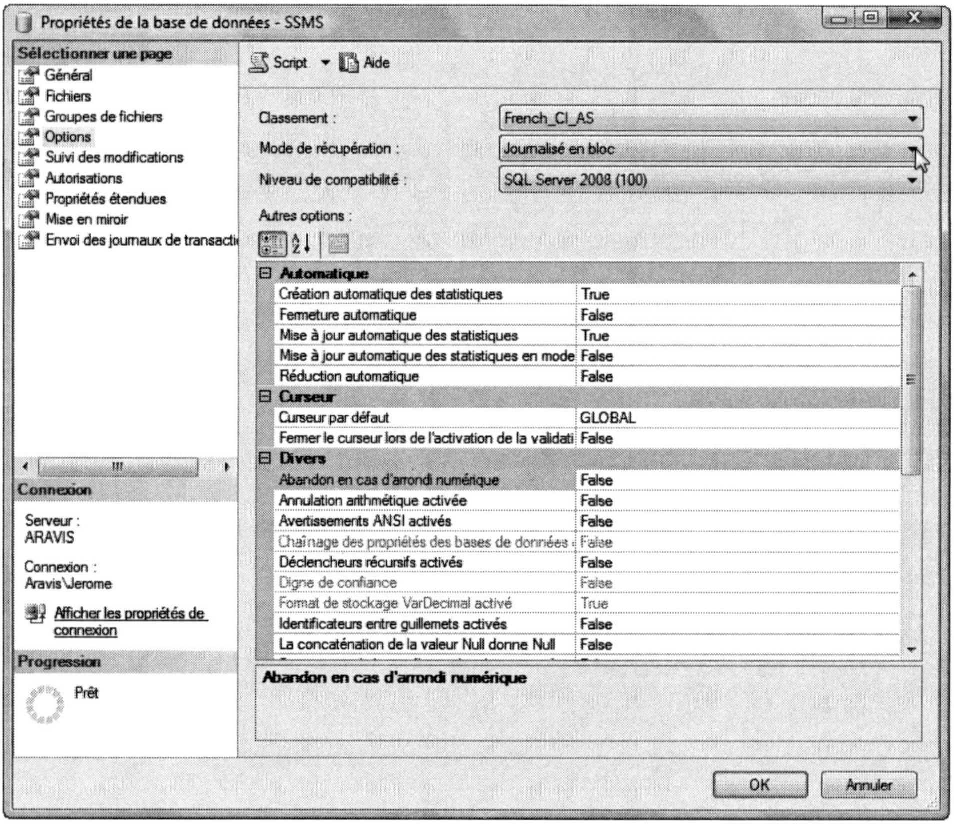

Le script ci-dessous permet de réaliser le même type de configuration sur la base TSQL.

```
USE master;
GO
ALTER DATABASE TSQL
  SET RECOVERY BULK_LOGGED;
```

© Editions ENI - Toute reproduction interdite

Corrigé 6.5 : Réaliser une sauvegarde différentielle

La sauvegarde complète va être définie de la façon suivante.

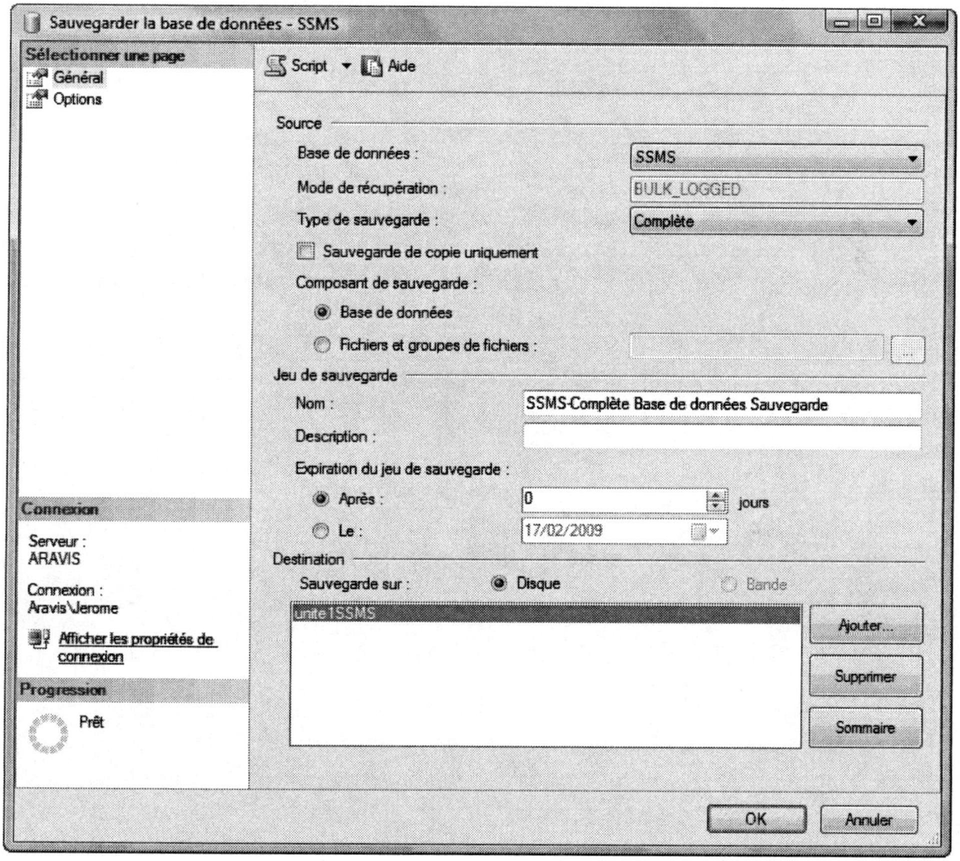

© Editions ENI - Toute reproduction interdite

Depuis la page **Options**, il faut activer le bouton radio permettant de préciser qu'une initialisation de l'unité de sauvegarde est souhaitée.

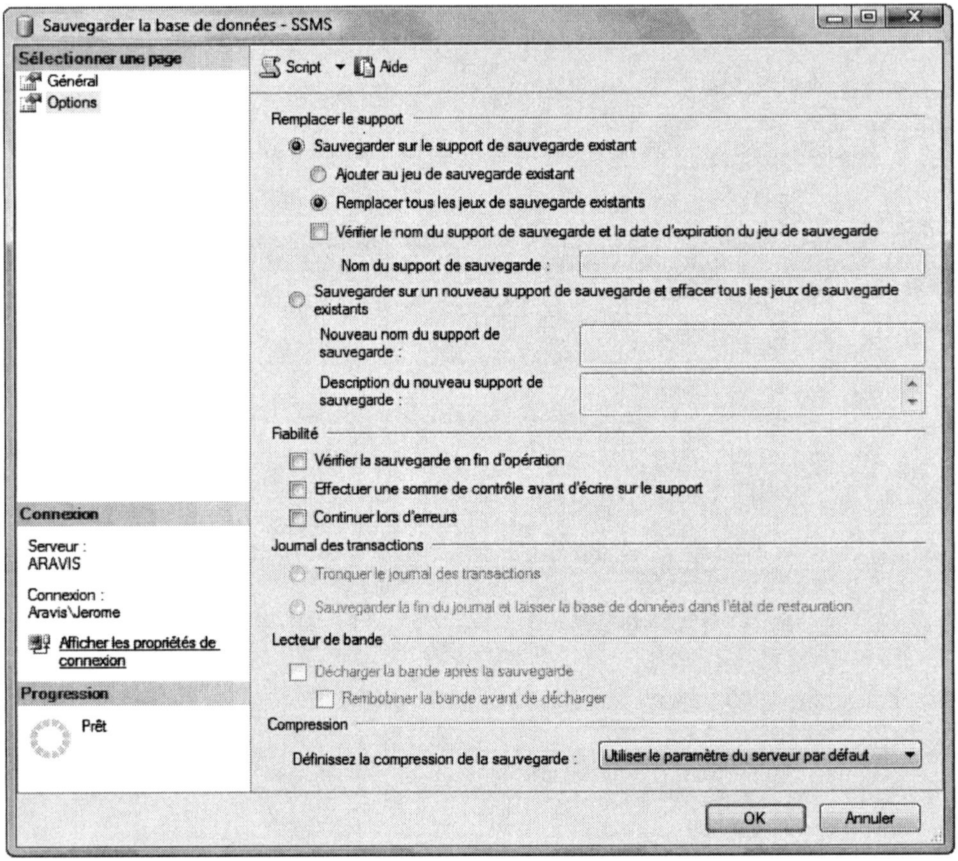

© Editions ENI - Toute reproduction interdite

Cette fois-ci, il est nécessaire de sélectionner **Différentielle** dans la liste déroulante **Type de sauvegarde**.

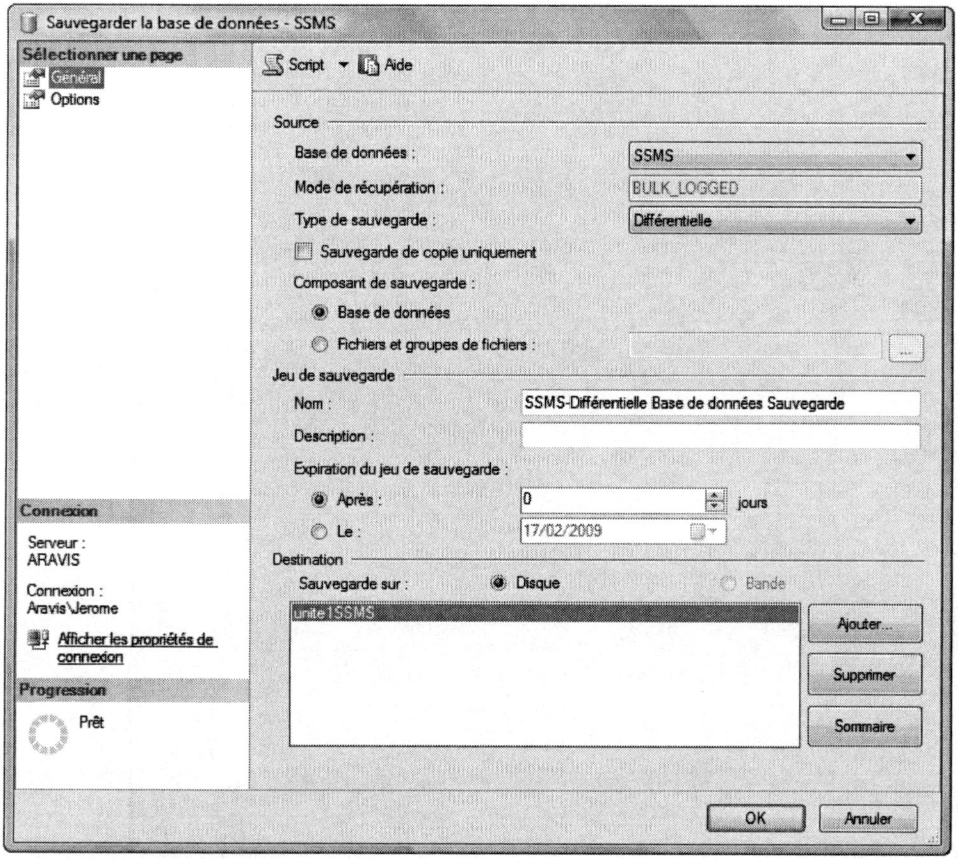

Depuis la page **Options**, il faut s'assurer que le bouton radio **Ajouter au jeu de sauvegarde existant** est activé.

Le script suivant permet de réaliser une sauvegarde complète de la base TSQL tout en réinitialisant l'unité de sauvegarde :

```
BACKUP DATABASE TSQL
  TO unite1TSQL
  WITH INIT;
```

La sauvegarde différentielle va être réalisée de la façon suivante :

```
BACKUP DATABASE TSQL
  TO unite1TSQL
  WITH DIFERENTIAL;
```

© Editions ENI - Toute reproduction interdite

Corrigé 6.6 : Réaliser une sauvegarde du journal

La sauvegarde du journal est accessible comme la sauvegarde de la base de données, c'est-à-dire **Tâches - Sauvegarder** depuis le menu contextuel de la base. Dans la liste déroulante, il faut sélectionner **Journal des transactions** et s'assurer que l'unité de sauvegarde est bien la destination sélectionnée. Bien sûr, le support ne doit pas être réinitialisé.

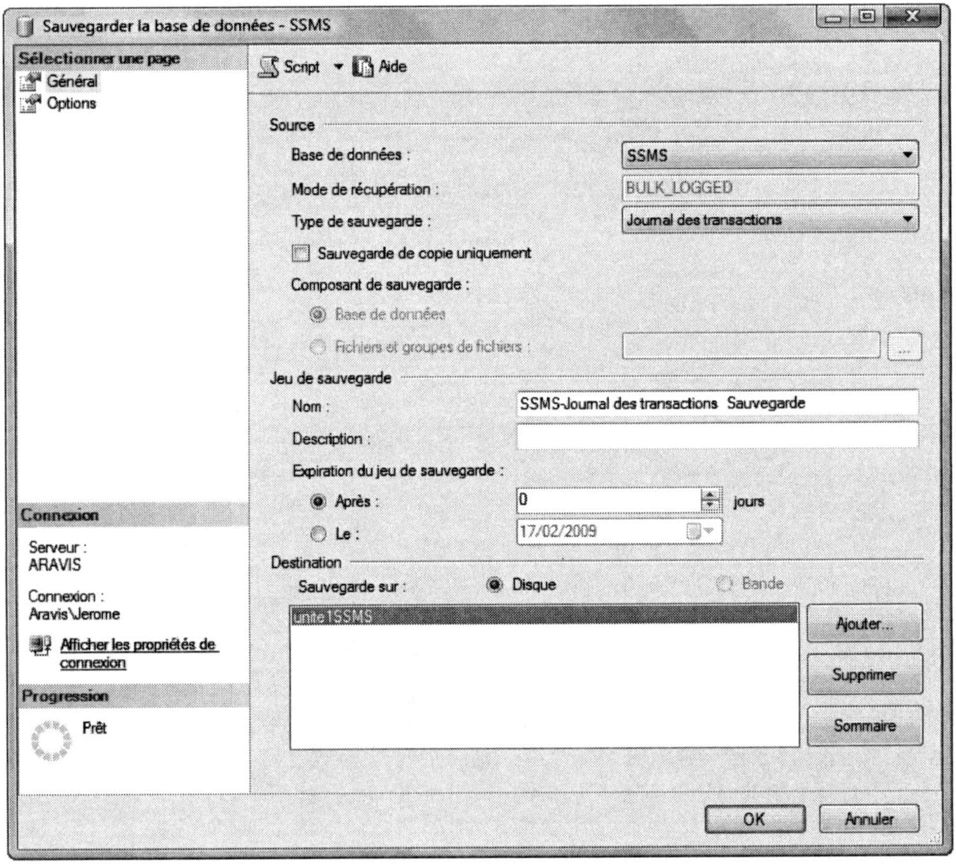

Le journal de la base TSQL va être sauvegardé de la façon suivante :

```
BACKUP LOG TSQL
  TO unite1TSQL;
```

© Editions ENI - Toute reproduction interdite

Corrigé 6.7 : Restaurer la base

Après la suppression des fichiers journaux, les bases de données présentent l'aspect suivant depuis l'Explorateur de fichiers.

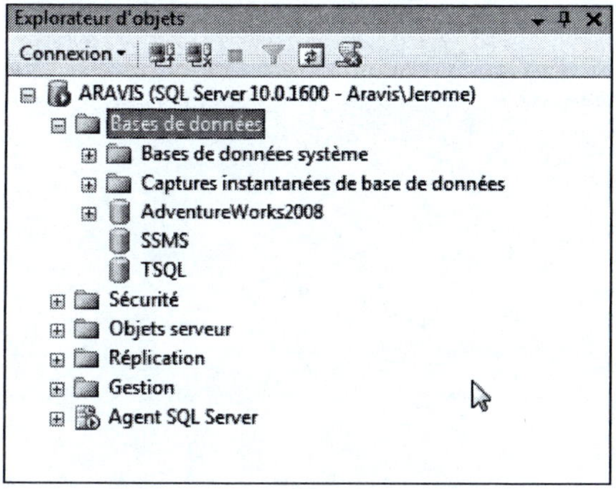

Pour restaurer la base de données, il faut sélectionner **Restaurer la base de données** depuis le menu contextuel du nœud **Bases de données**. Depuis la fenêtre **Restaurer la base de données**, sélectionnez la base SSMS dans la liste déroulante **Vers la base de données**. Activez le bouton radio correspondant au fait que le jeu de sauvegarde est présent dans une unité de sauvegarde et choisissez l'unité **unite1SSMS**.

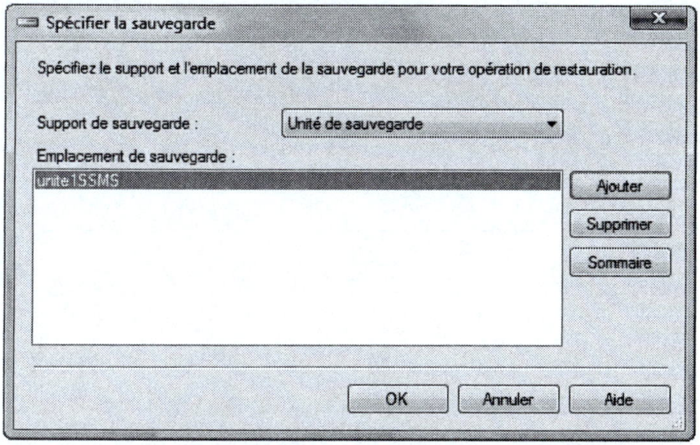

Depuis la liste **Sélectionnez les jeux de sauvegarde à restaurer**, sélectionnez la sauvegarde complète, la sauvegarde différentielle et la sauvegarde du journal des transactions.

© Editions ENI - Toute reproduction interdite

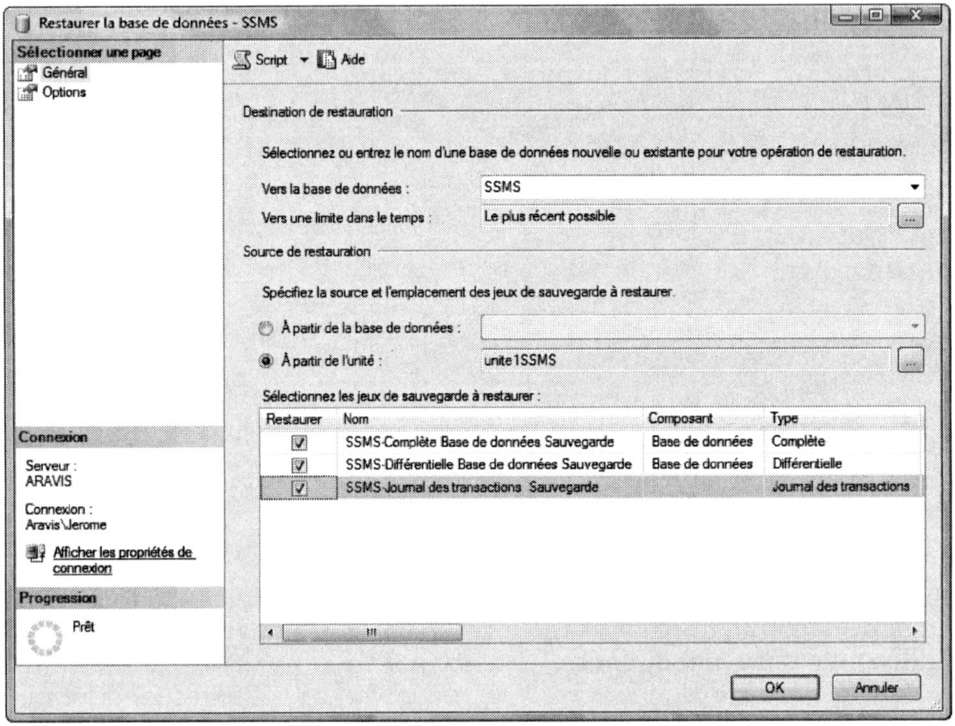

Depuis la page **Options**, la case à cocher **Remplacer la base de données existante** doit bien être cochée.

Après restauration et en exécutant la requête `SELECT * FROM CLIENTS` sur la base SSMS, il est possible de constater que les données contenues dans la table Clients sont celles présentes au moment de la sauvegarde du journal, c'est-à-dire les clients qui portent les numéros 14 et 15.

La restauration de la base TSQL à partir de l'unité de sauvegarde **unité1TSQL** va être réalisée en exécutant le script suivant :

```
-- A partir de la sauvegarde complète
RESTORE DATABASE TSQL
  FROM unite1TSQL
  WITH FILE=1, NORECOVERY, REPLACE;
-- A partir de la sauvegarde différentielle
RESTORE DATABASE TSQL
  FROM unite1TSQL
  WITH FILE=2, NORECOVERY;
-- A partir de la sauvegarde du journal des transactions
RESTORE LOG TSQL
  FROM unite1TSQL
  WITH FILE=3, RECOVERY;
```

© Editions ENI - Toute reproduction interdite

Corrigé 6.8 : Mettre en place un plan de sauvegarde

Pour réaliser une étape répétitive, il est préférable de passer par un script qui se trouve plus rapide à réaliser que de faire les manipulations depuis l'interface graphique.

```
exec sp_addumpdevice @devtype='DISK',
  @logicalname='Lundi',
  @physicalname='c:\tpsql\lundi.bak';
exec sp_addumpdevice @devtype='DISK',
  @logicalname='Mardi',
  @physicalname='c:\tpsql\mardi.bak';
exec sp_addumpdevice @devtype='DISK',
  @logicalname='Mercredi',
  @physicalname='c:\tpsql\mercredi.bak';
exec sp_addumpdevice @devtype='DISK',
  @logicalname='Jeudi',
  @physicalname='c:\tpsql\jeudi.bak';
exec sp_addumpdevice @devtype='DISK',
  @logicalname='Vendredi',
  @physicalname='c:\tpsql\vendredi.bak';
exec sp_addumpdevice @devtype='DISK',
  @logicalname='Samedi',
  @physicalname='c:\tpsql\samedi.bak';
exec sp_addumpdevice @devtype='DISK',
  @logicalname='Dimanche',
  @physicalname='c:\tpsql\dimanche.bak';
```

L'unité de sauvegarde à utiliser porte le nom du jour de la semaine pour lequel la sauvegarde est réalisée. Ce nom peut être récupéré de façon dynamique par l'intermédiaire de la fonction **datename**. Il est ainsi possible de définir un script générique qui va utiliser l'unité de sauvegarde liée au jour de la semaine. Il est donc nécessaire de définir trois travaux différents.

© Editions ENI - Toute reproduction interdite

Un nouveau travail est donc défini.

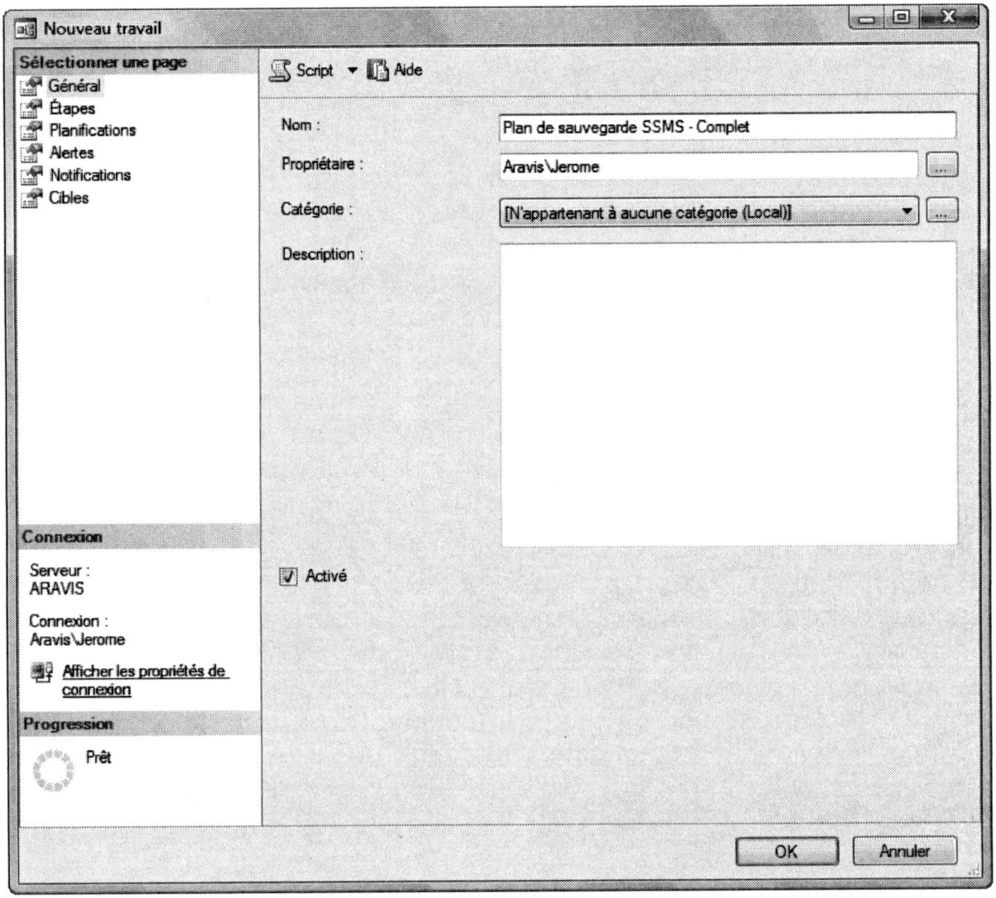

© Editions ENI - Toute reproduction interdite

Cette étape correspond à la sauvegarde complète.

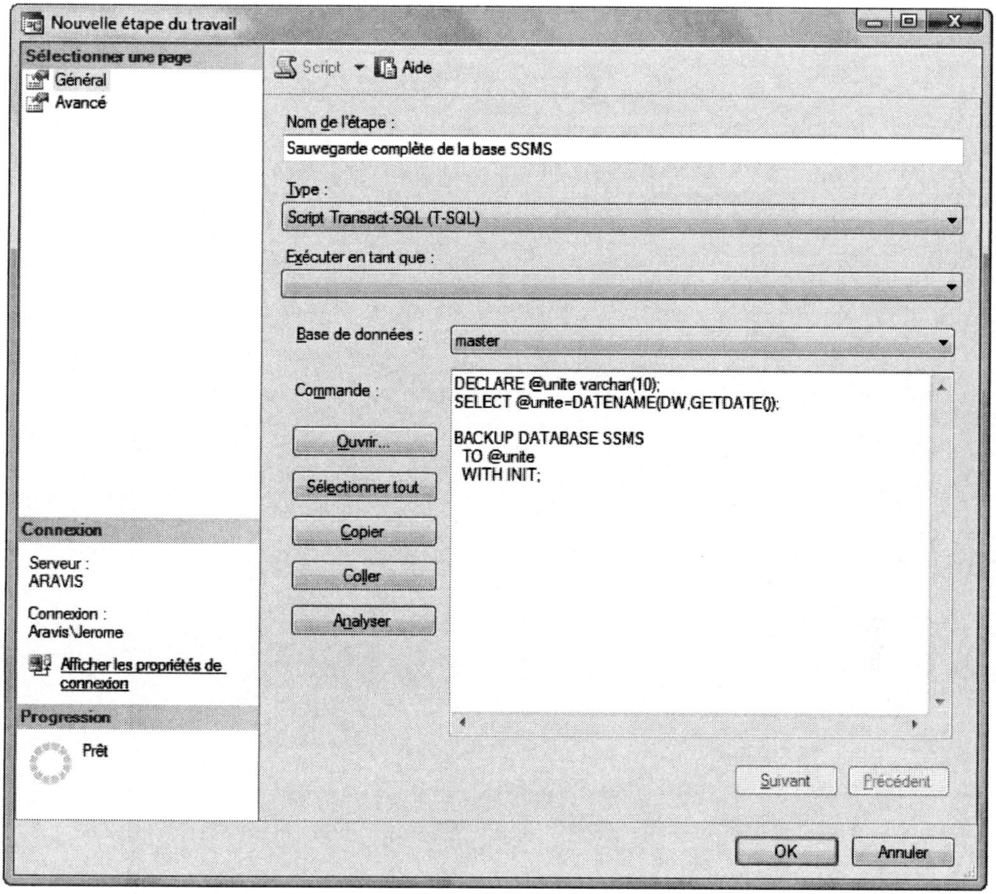

© Editions ENI - Toute reproduction interdite

La planification est définie pour permettre une exécution quotidienne à 2h00.

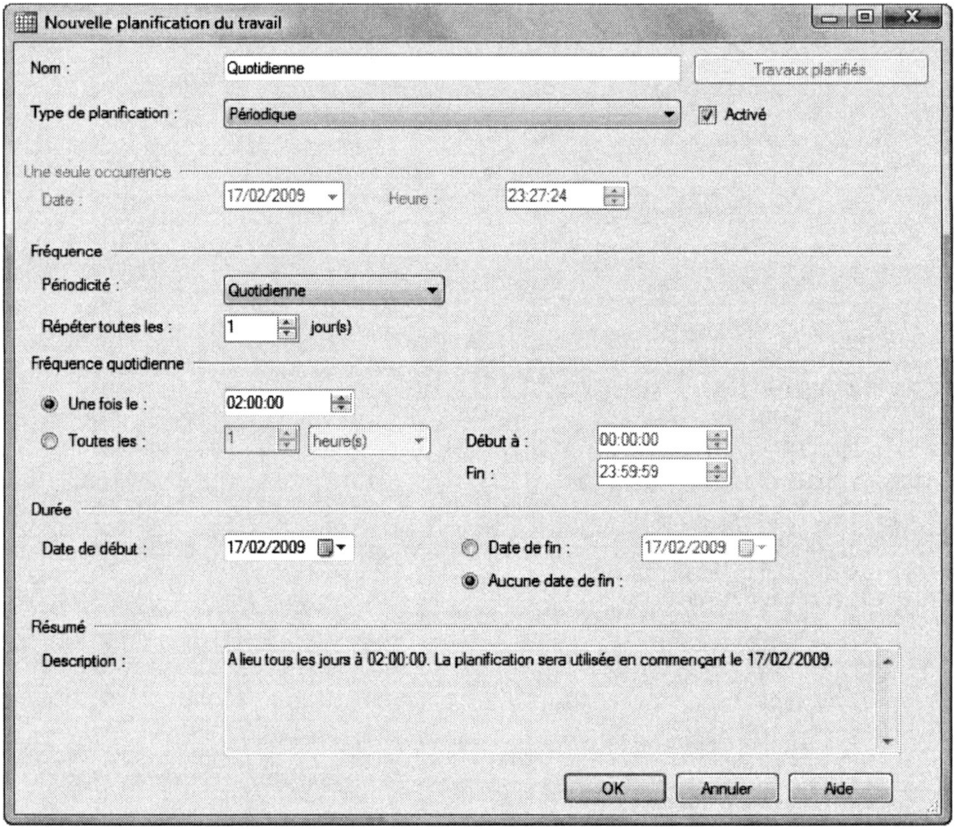

© Editions ENI - Toute reproduction interdite

Un deuxième travail **Plan de sauvegarde SSMS - Differentiel** est défini avec l'étape suivante.

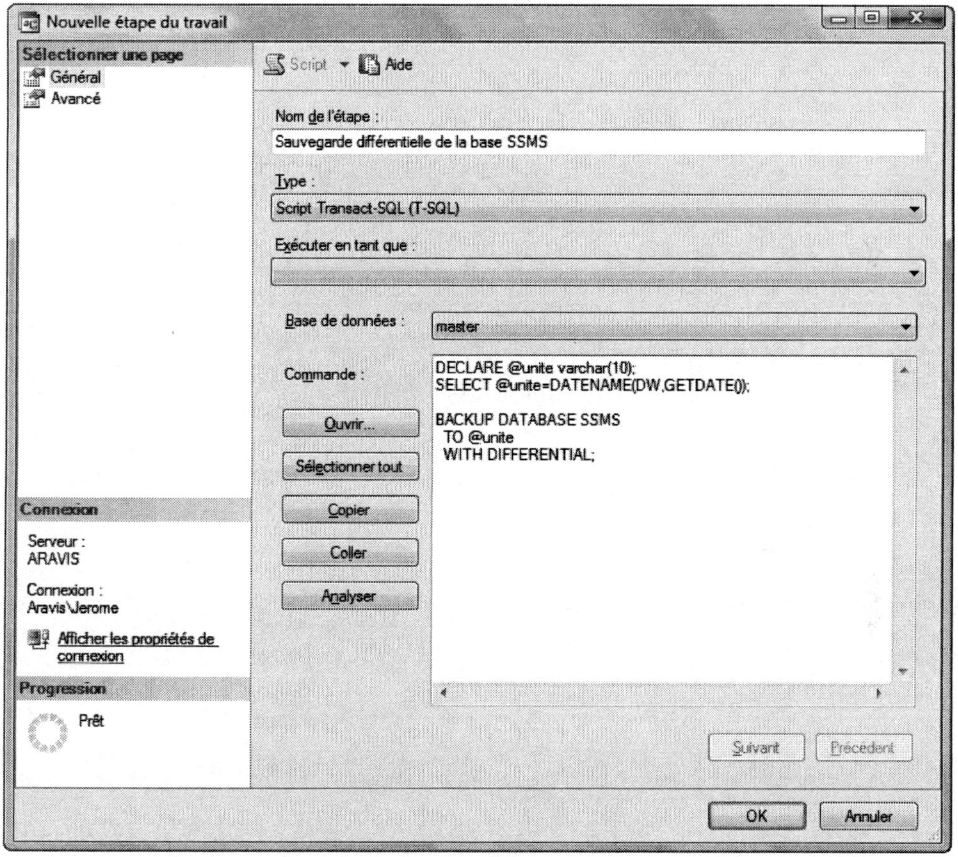

© Editions ENI - Toute reproduction interdite

Une planification est définie pour permettre une exécution quotidienne à 13h00.
Enfin le travail **Plan de sauvegarde SSMS - Journal** est défini avec l'étape suivante.

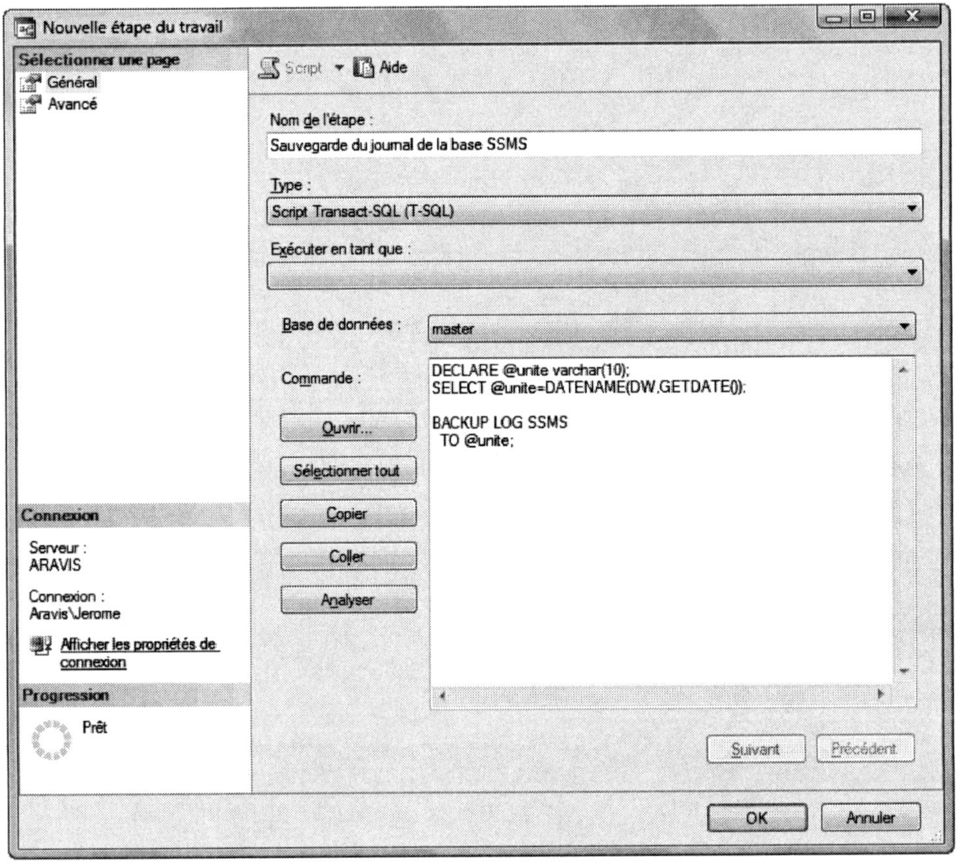

Pour ce travail une première planification est définie sur la tranche horaire du matin.

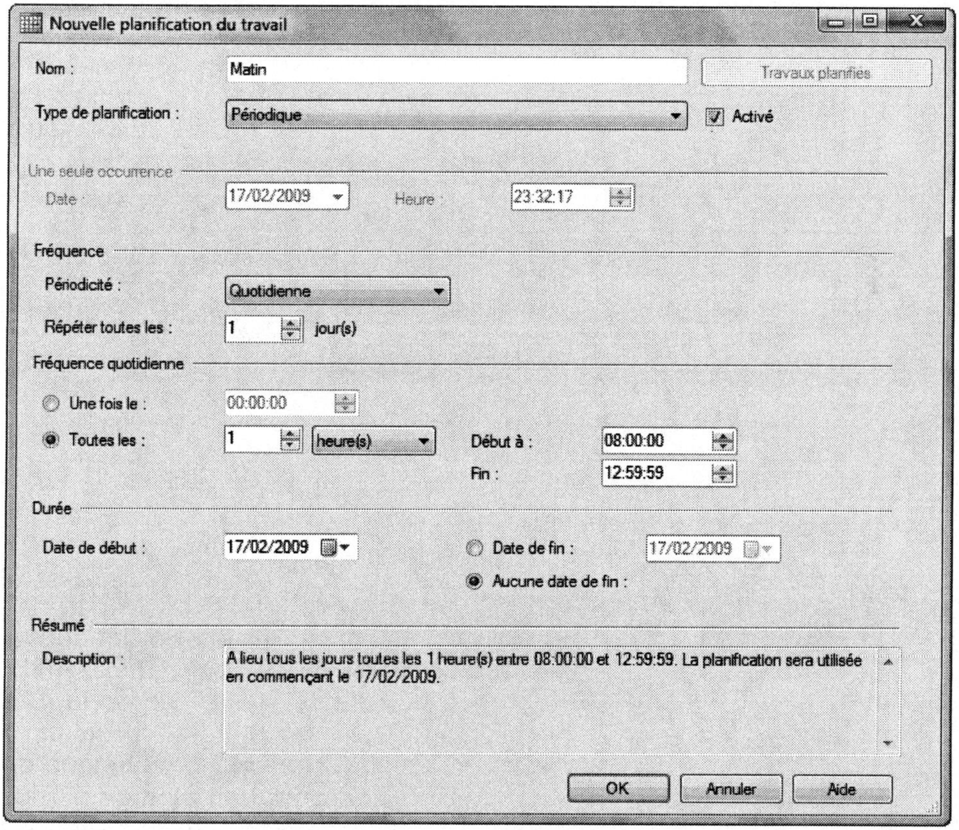

© Editions ENI - Toute reproduction interdite

Puis une seconde pour l'après-midi :

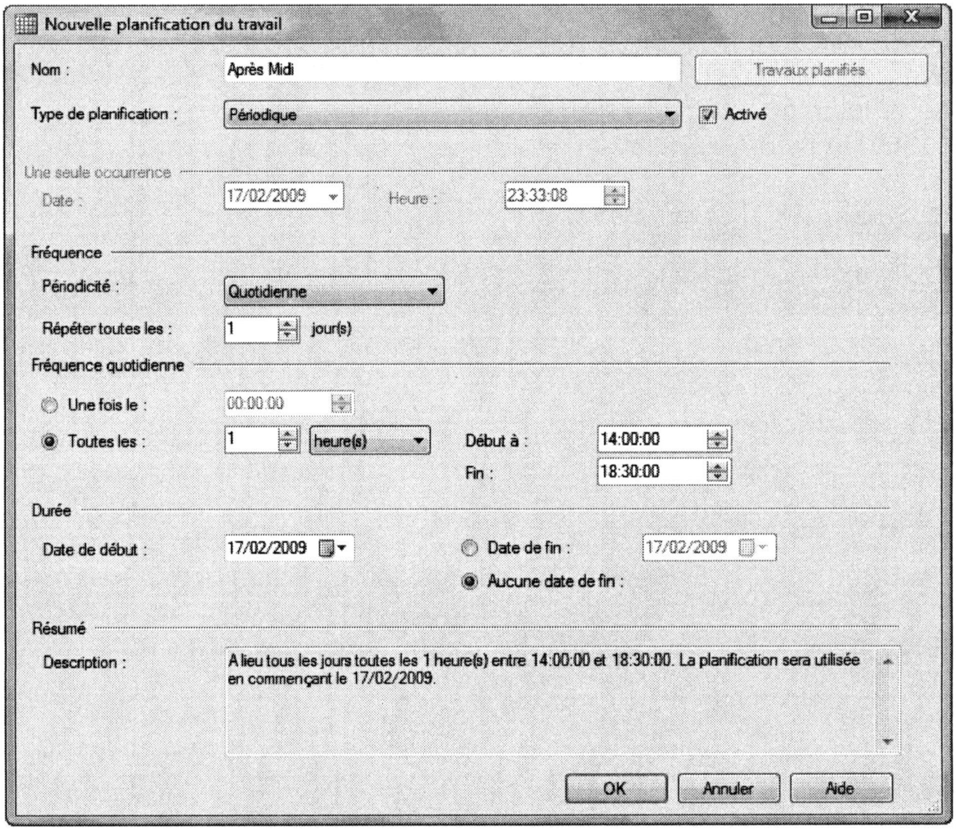

© Editions ENI - Toute reproduction interdite

Corrigé 6.9 : Compresser une sauvegarde

Comme pour toutes les opérations de sauvegarde, la première opération consiste à sélectionner **Tâches - Sauvegarder** depuis le menu contextuel associé à la base SSMS.

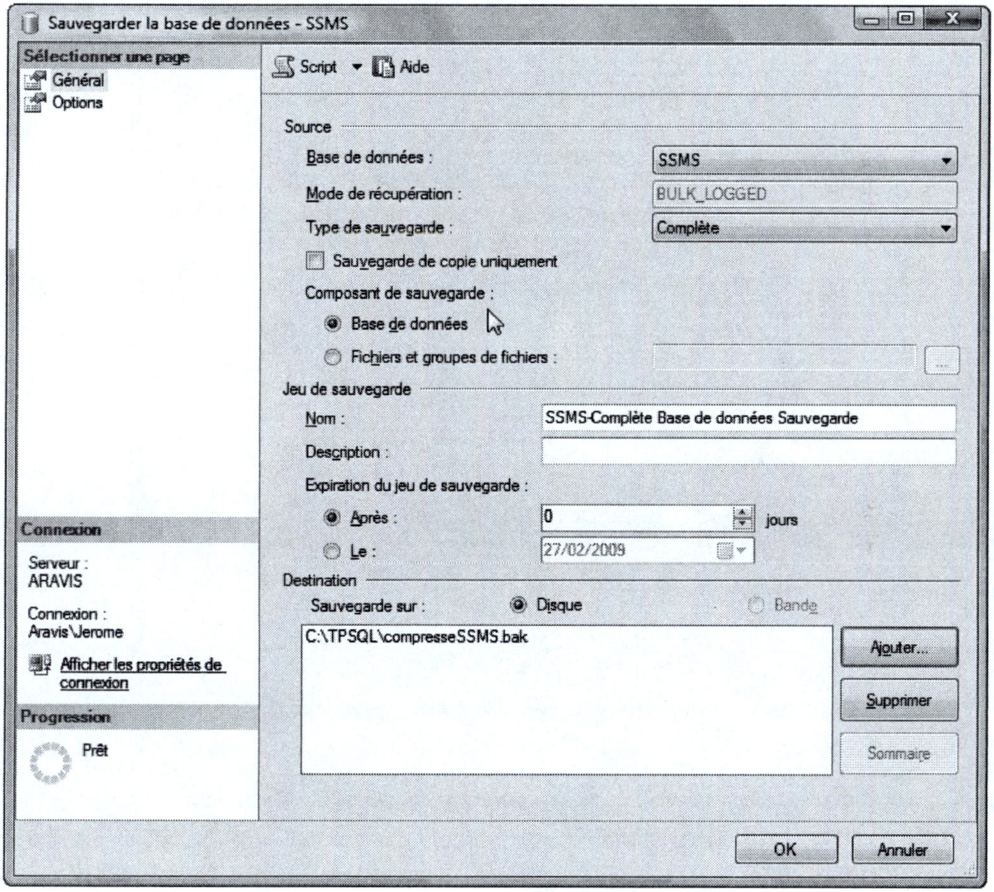

© Editions ENI - Toute reproduction interdite

Pour activer la compression, il est nécessaire de se rendre sur la page **Options** et de sélectionner **Compresser la sauvegarde** dans la liste intitulée **Définissez la compression de la sauvegarde**, comme illustré ci-dessous :

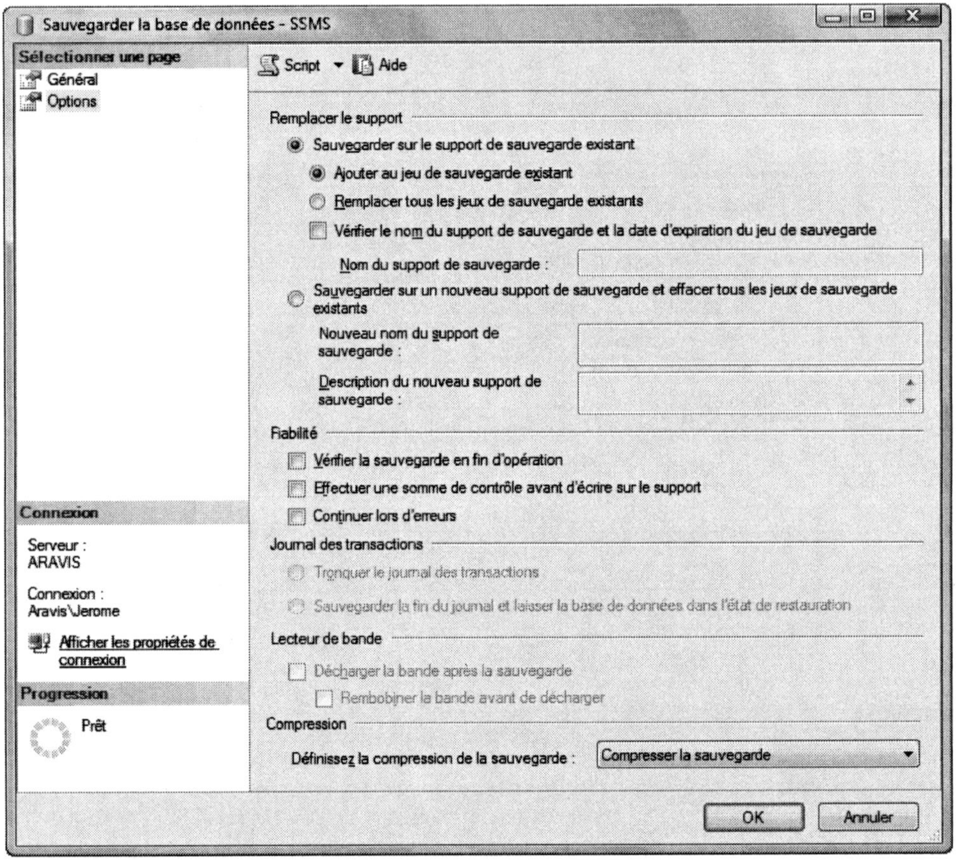

Pour réaliser la sauvegarde complète compressée de la base TSQL, il nécessaire d'exécuter le script suivant :

```
USE TSQL;
GO
BACKUP DATABASE TSQL
    TO DISK='c:\tpsql\compresseTSQL.bak'
    WITH COMPRESSION;
```

© Editions ENI - Toute reproduction interdite

Table des Matières

Chapitre 7 : Travailler avec plusieurs instances

© Editions ENI - Toute reproduction interdite

Chapitre 7 : Travailler avec plusieurs instances

Pré-requis

1. a.
Oui, il est tout à fait possible de gérer et d'administrer un serveur SQL 2005 depuis l'outil SQL Server Management Studio.

2. a.
C'est la procédure stockée **sp_addlinkedserver** qui permet de définir un nouveau serveur lié.

3. b.
Non, la liaison n'est définie que dans un sens. Dans le cas présent, les utilisateurs connectés au serveur A peuvent travailler avec des données stockées sur le serveur B. Par contre, les utilisateurs du serveur B ne peuvent pas venir travailler sur le serveur A.

4. b.
Ce choix est visible depuis la fenêtre **Propriétés du serveur lié**, sur la page **Sécurité**.

5. b.
La fonction OPENQUERY établit une communication avec le serveur distant au travers d'OLE DB. La fonction OPENROWSET repose sur le même principe.

6. a.
Oui, la liaison peut être définie entre deux instances SQL Server, ce qui est fréquent, mais il est également possible de s'appuyer sur OLE DB pour établir une liaison avec un autre type de serveur de base de données.

7. c. et **e.**
Le transfert d'évènement peut être mis en place pour gérer tous les évènements dont la gravité est supérieure ou égale au niveau prédéfini. Ce transfert peut être systématique ou bien n'avoir lieu que si l'évènement n'est pas géré localement.

© Editions ENI - Toute reproduction interdite

Corrigé 7.1 : Ajouter un nouveau serveur lié

La gestion de tous les services SQL Server est accessible par **Tous les programmes - Microsoft SQL Server 2008 - Outils de configuration - Gestionnaire de configuration SQL Server**. En sélectionnant le nœud **Services SQL Server** dans la partie gauche, il est facile de démarrer les services SQL Server et SQL Server Agent pour **INSTANCETP**.

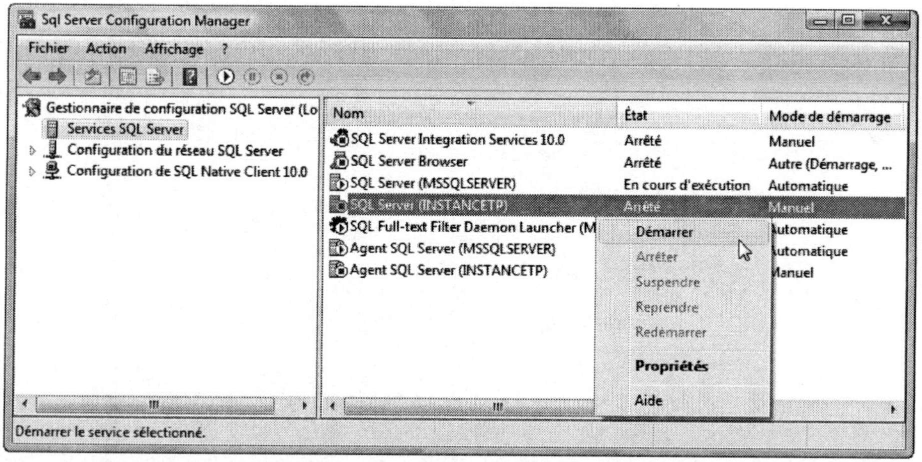

Avant même de lier les deux instances, il est nécessaire de se connecter à **INSTANCETP** depuis SQL Server Management Studio. Pour cela, il faut demander à se connecter à un nouveau moteur de base de données en sélectionnant **Connexion - Moteur de base de données** depuis l'Explorateur d'objets. La fenêtre **Se connecter au serveur** est alors affichée. Il est nécessaire de sélectionner ou de saisir le nom de l'instance dans la propriété **Nom du serveur**.

© Editions ENI - Toute reproduction interdite

Si vous éprouvez des difficultés à vous connecter à l'instance nommée **INSTANCETP**, assurez-vous que le service SQL Server Browser est bien démarré.

Pour configurer une liaison depuis l'instance par défaut il faut sélectionner l'option **Nouveau serveur lié** dans le menu associé au nœud **Objets serveur - Serveurs liés**. La fenêtre de définition d'un nouveau serveur lié doit être complétée en activant le bouton radio SQL Server pour définir le type de serveur et le nom du serveur lié doit correspondre au nom de l'instance.

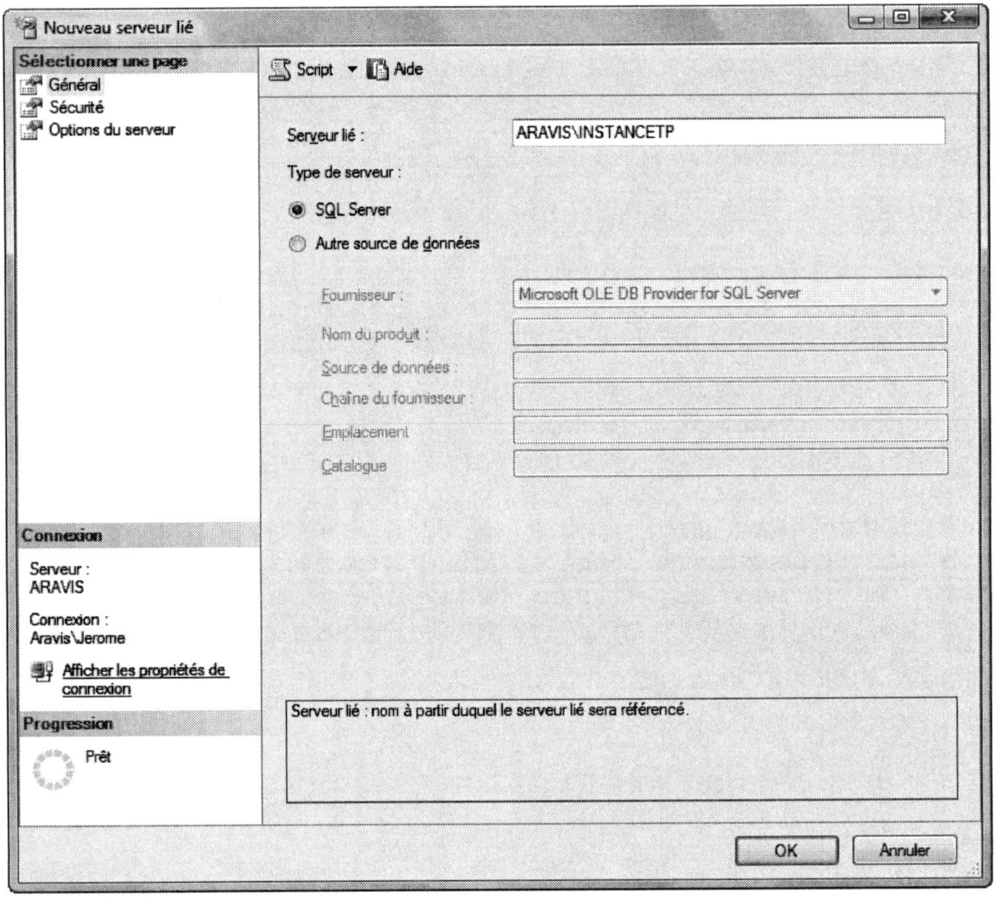

© Editions ENI - Toute reproduction interdite

Corrigé 7.2 : Définir le mappage des connexions

La base de données bdTest va être créée à l'aide du script suivant :

```
CREATE DATABASE bdTest
ON  PRIMARY ( NAME = N'bdTest',
    FILENAME = N'C:\Program Files\Microsoft SQL Server\MSSQL10.INSTANCETP\MSSQL\
    DATA\bdTest.mdf',
    SIZE = 5Mb)
 LOG ON ( NAME = N'bdTest_log',
    FILENAME = N'C:\Program Files\Microsoft SQL Server\MSSQL10.INSTANCETP\MSSQL\
    DATA\bdTest_log.ldf',
    SIZE = 2Mb);
```

Pour créer la table Individus sur la base bdTest, il est possible d'exécuter le script présenté ci-dessous :

```
use bdTest;
GO
CREATE TABLE Individus(
    id int identity(1,1) constraint pk_individus primary key,
    nom nvarchar(100) null,
    prenom nvarchar(100) null);
```

Quelques informations sont ajoutées dans la table en utilisant l'instruction INSERT :

```
INSERT INTO Individus (nom, prenom)VALUES
 ('MARTIN','Olivier'),
 ('QUANDAR','Paul'),
 ('REMY','Sandrine'),
 ('THEOPHILE','Ursule');
```

Cette syntaxe particulière de l'instruction INSERT est spécifique à SQL Server 2008.

Avant de définir des connexions en mode sécurité SQL Server, ce qui est possible depuis la page **Sécurité** de la fenêtre de propriétés de l'instance SQL Server InstanceTP, il est nécessaire d'activer le bouton radio **Mode d'authentification SQL Server et Windows** dans la zone **Authentification du serveur**.

© Editions ENI - Toute reproduction interdite

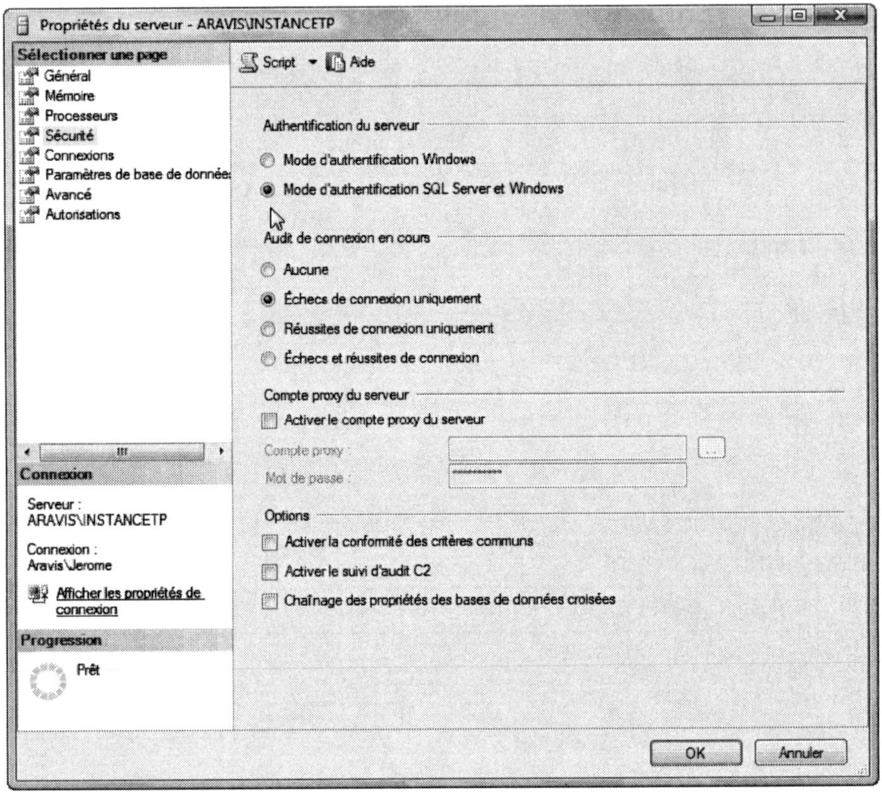

La modification du mode d'authentification ne sera prise en compte que lors du prochain démarrage du service de l'instance.

Les connexions peuvent alors être définies par l'intermédiaire de l'instruction CREATE LOGIN.

```
USE master;
 GO
 CREATE LOGIN Alan
   WITH PASSWORD='Nala',
        DEFAULT_DATABASE=bdTest;
CREATE LOGIN Louis
   WITH PASSWORD='Siuol',
        DEFAULT_DATABASE=bdTest;
CREATE LOGIN Isabelle
   WITH PASSWORD='Ellebasi',
        DEFAULT_DATABASE=bdTest;
```

Les comptes d'utilisateurs peuvent être définis à l'aide du script suivant. Le compte d'utilisateur Guest est présent par défaut sur la base, il est simplement nécessaire de lui accorder le privilège lui permettant de se connecter.

© Editions ENI - Toute reproduction interdite

```
USE bdTest;
GO
CREATE USER Alan FOR LOGIN Alan;
CREATE USER Louis FOR LOGIN Louis;
CREATE USER Isabelle FOR LOGIN Isabelle;
-- Activation du compte guest (invité)
GRANT CONNECT TO guest;

-- Accord des privilèges
exec sp_addrolemember @rolename=db_datareader, @membername=Alan;
exec sp_addrolemember @rolename=db_datareader, @membername=Louis;
exec sp_addrolemember @rolename=db_datareader, @membername=Isabelle;
exec sp_addrolemember @rolename=db_datareader, @membername=Guest;
exec sp_addrolemember @rolename=db_datawriter, @membername=Alan;
exec sp_addrolemember @rolename=db_datawriter, @membername=Louis;
```

Pour définir le mappage de connexions entre les deux instances liées, il est nécessaire d'afficher la page de **Sécurité** de la fenêtre des propriétés du serveur lié (nœud **Objets serveur - Serveurs liés - InstanceTP**) depuis l'instance par défaut de SQL Server. Le bouton **Ajouter** est utilisé pour définir les nouveaux mappages. Puis, il faut activer le bouton radio **Seront effectués dans ce contexte de sécurité** afin de permettre aux autres utilisateurs d'accéder à la base distante.

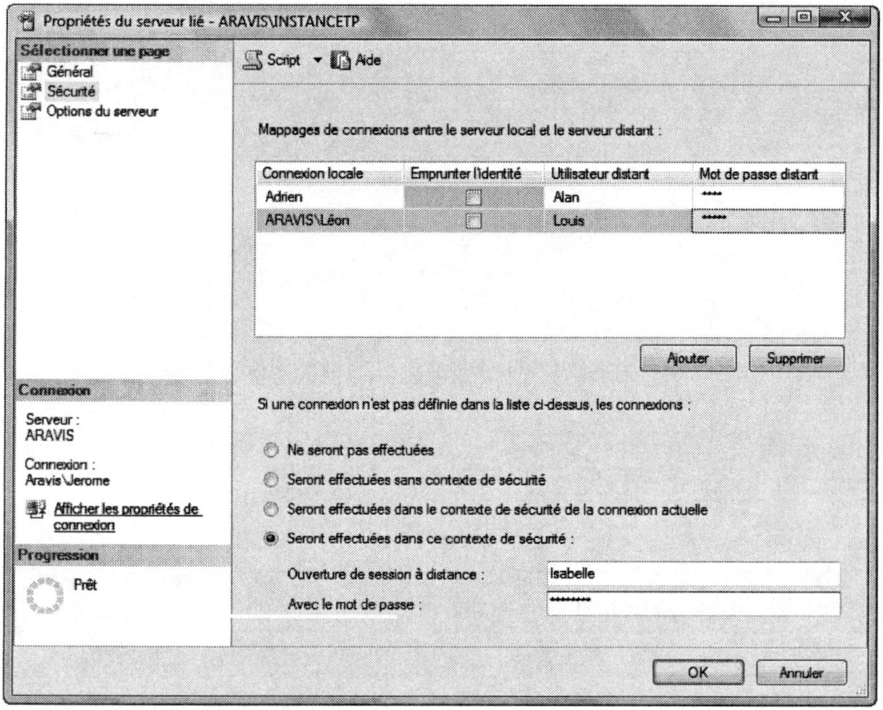

© Editions ENI - Toute reproduction interdite

Corrigé 7.3 : Configurer le serveur cible

Depuis la page **Connexions** de la fenêtre des propriétés du serveur INSTANCETP, il est nécessaire d'activer la case à cocher **Autoriser les accès distants à ce serveur**.

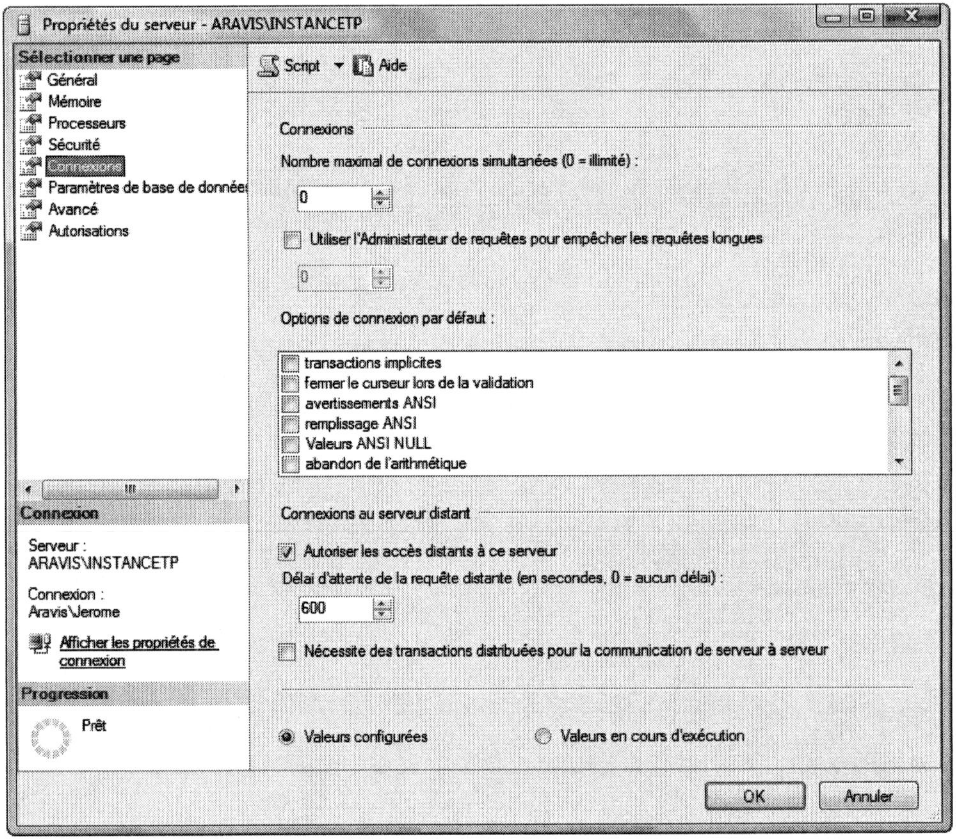

Corrigé 7.4 : Valider la connexion au serveur distant

Le script suivant est exécuté avec succès depuis l'instance par défaut car l'utilisateur Adrien est mappé avec la connexion distante Alan qui appartient aux rôles de base de données db_datareader et db_datawriter.

```
INSERT INTO [ARAVIS\INSTANCETP].bdTest.dbo.Individus (nom, prenom)
    VALUES ('FOURMIS','Henri');
SELECT * FROM [ARAVIS\INSTANCETP].bdTest.dbo.Individus;
```

© Editions ENI - Toute reproduction interdite

En utilisant la connexion Pierre, seule la requête d'extraction de données peut être exécutée car le compte Pierre local utilise le contexte du compte de l'utilisatrice Isabelle pour réaliser ses opérations sur la base distante.

```
INSERT INTO [ARAVIS\INSTANCETP].bdTest.dbo.Individus (nom, prenom)
    VALUES ('MERLE','Arielle');
SELECT * FROM [ARAVIS\INSTANCETP].bdTest.dbo.Individus;
```

Les mêmes résultats sont observés à l'exécution du script avec la connexion Léon que ceux constatés en utilisant la connexion Adrien.

```
INSERT INTO [ARAVIS\INSTANCETP].bdTest.dbo.Individus (nom, prenom)
    VALUES ('PICVERT','Albert');
SELECT * FROM [ARAVIS\INSTANCETP].bdTest.dbo.Individus;
```

Corrigé 7.5 : Utiliser OPENROWSET

Avant de pouvoir exécuter une instruction **OPENROWSET**, l'instance doit être configurée pour être en mesure d'exécuter ce type de traitement. Cette option est paramétrable par l'intermédiaire de **sp_configure**.

Dans un premier temps, il est possible de visualiser la valeur courante de cette option à l'aide de la requête suivante :

```
SELECT name, value, value_in_use FROM sys.configurations
WHERE name='Ad Hoc Distributed Queries' ;
```

Puis, cette option va être positionnée à la valeur 1 à l'aide de la procédure **sp_configure**. L'instruction **RECONFIGURE** est exécutée afin de prendre en compte immédiatement la nouvelle valeur de configuration :

```
exec sp_configure 'show advanced options',1
go
RECONFIGURE
GO
exec sp_configure 'Ad Hoc Distributed Queries',1
GO
RECONFIGURE
GO
SELECT name, value, value_in_use FROM sys.configurations
WHERE name='Ad Hoc Distributed Queries' ;
```

Le script suivant illustre l'utilisation de l'instruction OPENROWSET. Il va être exécuté depuis l'instance par défaut.

```
SELECT *
    FROM OPENROWSET('SQLNCLI',
    'server=ARAVIS\INSTANCETP;Trusted_connection=yes;',
    'Select * from bdtest.dbo.Individus');
```

© Editions ENI - Toute reproduction interdite

Corrigé 7.6 : Transférer les évènements

Il faut se positionner sur la page **Avancé** de la fenêtre des propriétés de SQL Server Agent sur **INSTANCETP**, puis activer la case à cocher **Transférer les évènements sur un autre serveur**. La configuration de ce transfert nécessite encore de choisir l'instance par défaut comme serveur cible des évènements et d'activer le bouton radio **Tous les évènements**, comme illustré ci-dessous.

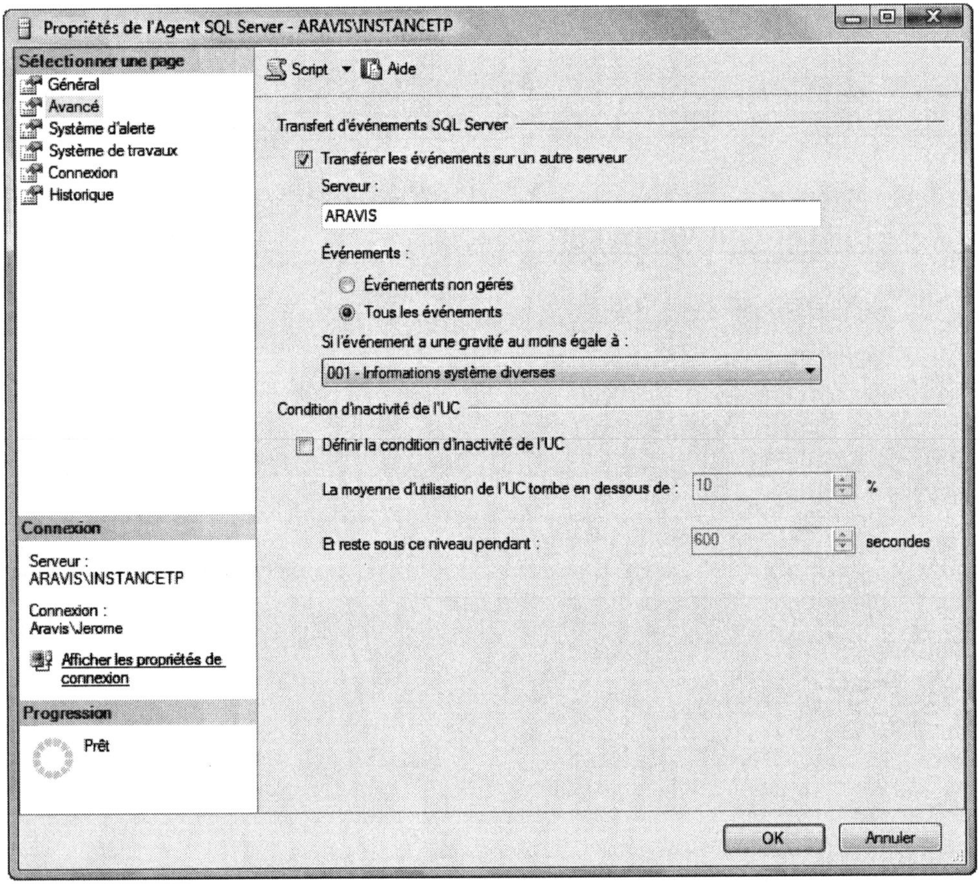

© Editions ENI - Toute reproduction interdite

Table des Matières

Chapitre 8 : Réplication

© Editions ENI - Toute reproduction interdite

Chapitre 8 : Réplication

Pré-requis

1. c.
C'est la réplication de fusion qui laisse le plus d'autonomie aux sites distants, car il est possible d'apporter des modifications sur les données répliquées. Ces modifications seront par la suite reportées sur les autres serveurs dans le cadre de la réplication.

2. b.
Non, un abonnement est toujours défini sur la totalité d'une publication. Il n'est pas possible de filtrer pour s'abonner à un sous-ensemble de la publication.

3. b.
L'agent de lecture du journal s'exécute sur le distributeur. Cet agent scrute le journal des transactions et reporte les modifications faites aux données présentes dans les publications sur le distributeur.

4. a.
Oui, le distributeur peut être commun à plusieurs éditeurs, ce qui permet ainsi de spécialiser chaque serveur.

5. b.
La capture instantanée est un cas particulier de la réplication, car les informations ne passent pas par la base de distribution mais sont présentes dans un dossier partagé sur le distributeur.

6. b.
Tous les agents qui s'exécutent dans le cadre de la réplication le font sous la responsabilité du service SQLServerAgent. Si ce service est arrêté, alors la réplication n'est pas active.

7. a, b et **c.**
Dans le cadre d'une réplication de fusion, tous les participant sont actifs, aussi ce type de réplication n'est possible que pour des instances SQL Server 2008 ou 2005.

8. c.
Il est possible de déposer les fichiers des captures instantanées dans un dossier non partagé si seuls des abonnements passés sont réalisés.

© Editions ENI - Toute reproduction interdite

9. b.

Non, il n'est pas possible de définir une publication qui s'appuie sur des objets de plusieurs bases. En conséquence, les données d'une publication sont issues d'une même base.

10. d.

Lors de la définition d'une publication, il est possible de définir une restriction sur le nombre de lignes ainsi que sur les colonnes qui participent à la réplication. La notion de filtrage dans le cadre de la réplication n'est pas à confondre avec le partitionnement d'une table qui agit directement sur la structure physique de la table.

11. a.

Pour participer à une publication, une table doit nécessairement avoir une contrainte d'intégrité de type PRIMARY KEY de défini.

Corrigé 8.1 : Préparer l'environnement du distributeur

Le compte va pour voir être défini depuis l'outil de Gestion de l'ordinateur. Il faut alors sélectionner **Nouvel utilisateur** depuis le menu associé au nœud **Gestion de l'ordinateur - Outils système - Utilisateurs et groupes locaux - Utilisateurs**. Bien entendu l'utilisateur dispose d'un mot de passe qui n'expire jamais.

Une fois créé, l'utilisateur va être positionné dans le groupe local des administrateurs en utilisant le bouton **Ajouter** depuis l'onglet **Membre de** depuis la fenêtre des propriétés du compte.

La configuration des services est possible depuis **le gestionnaire de configuration de SQL Server** en sélectionnant le nœud **Services SQL Server** depuis l'arborescence de gauche puis en demandant l'affichage des propriétés des services.

© Editions ENI - Toute reproduction interdite

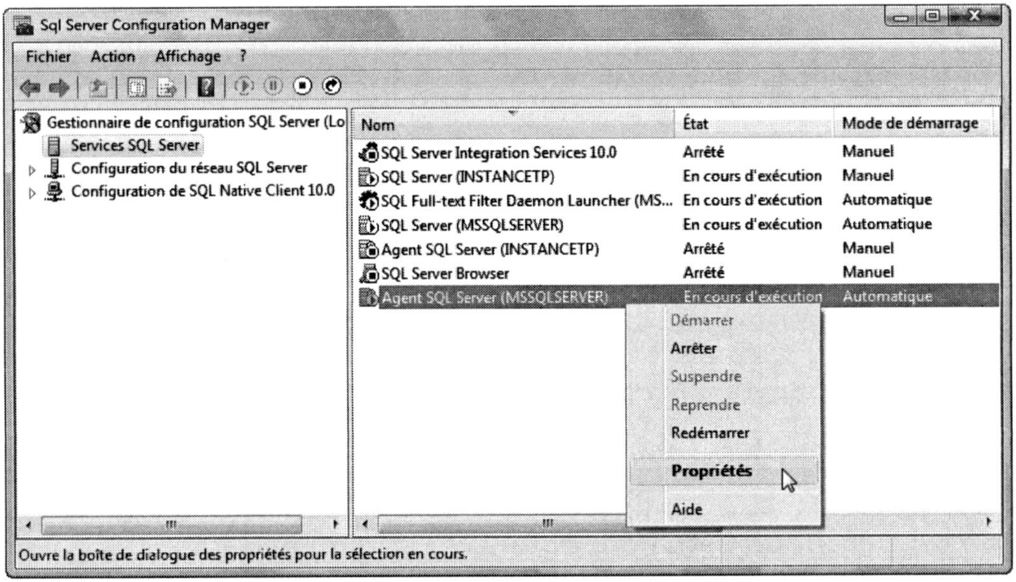

Depuis l'onglet **Ouvrir une session**, il est possible de spécifier le compte d'utilisateur Windows à utiliser ainsi que son mot de passe.

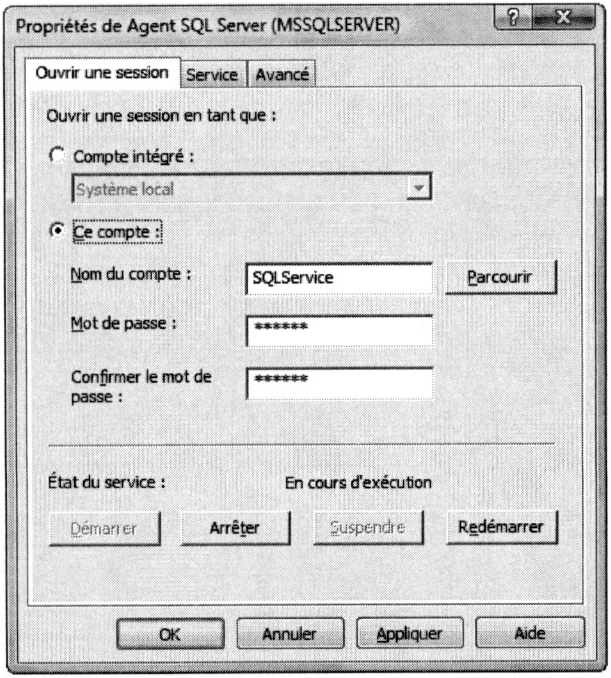

© Editions ENI - Toute reproduction interdite

Enfin le service est redémarré lors de la validation des modifications. Cette opération doit être réalisée sur les deux services SQL Server et les deux services SQL Server Agent.

Le dossier **Replication** est créé depuis l'Explorateur de fichiers de Windows, puis il est partagé en sélectionnant l'option **Partage et sécurité** dans le menu contextuel associé au dossier.

Corrigé 8.2 : Activer la distribution et la publication

Pour configurer la distribution sur l'instance par défaut, il est nécessaire de sélectionner **Configurer la distribution** dans le menu contextuel associé au nœud **Réplication**.

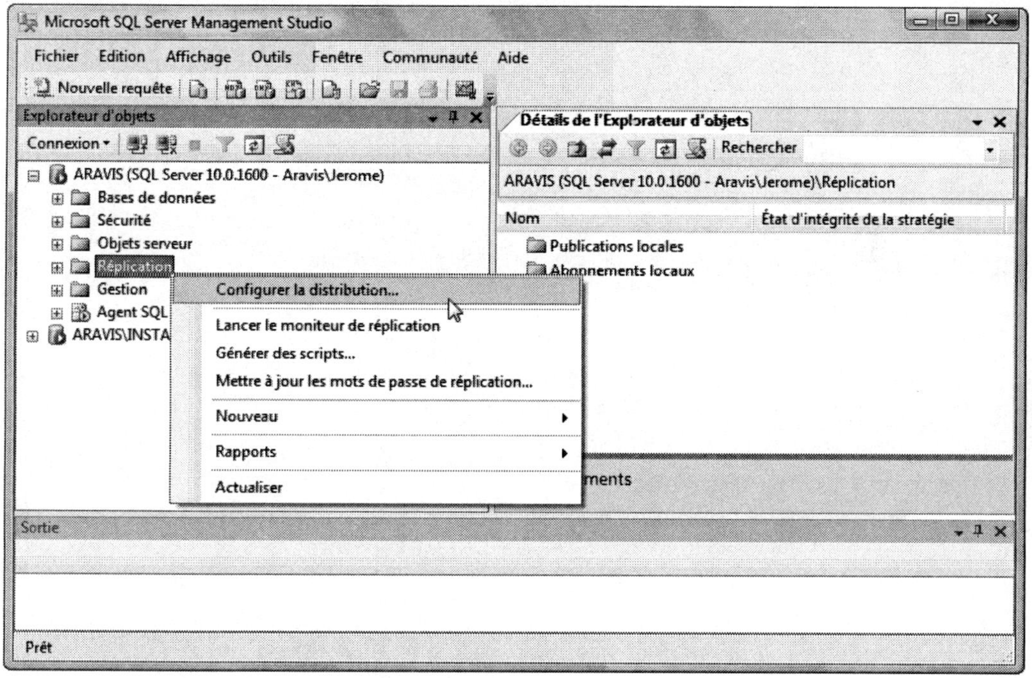

L'assistant de configuration de la distribution est alors exécuté. Le serveur de distribution correspond à l'instance par défaut.

© Editions ENI - Toute reproduction interdite

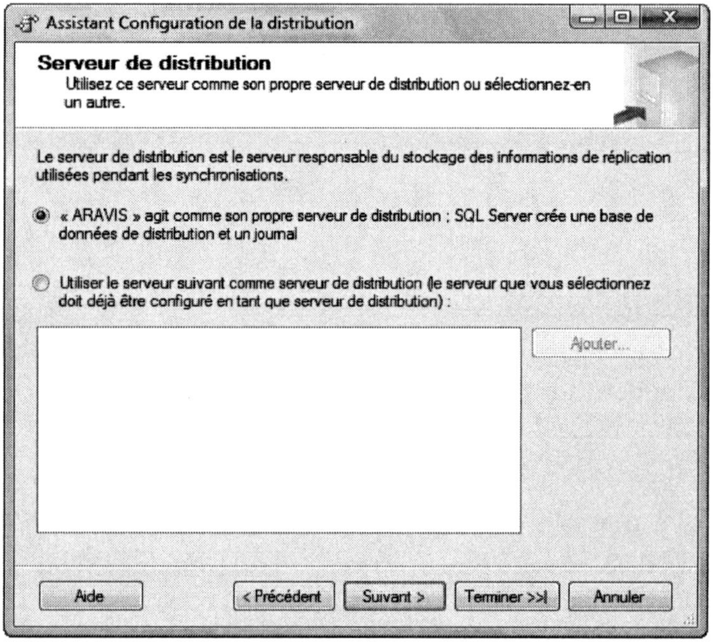

Le dossier de captures instantanées peut être précisé.

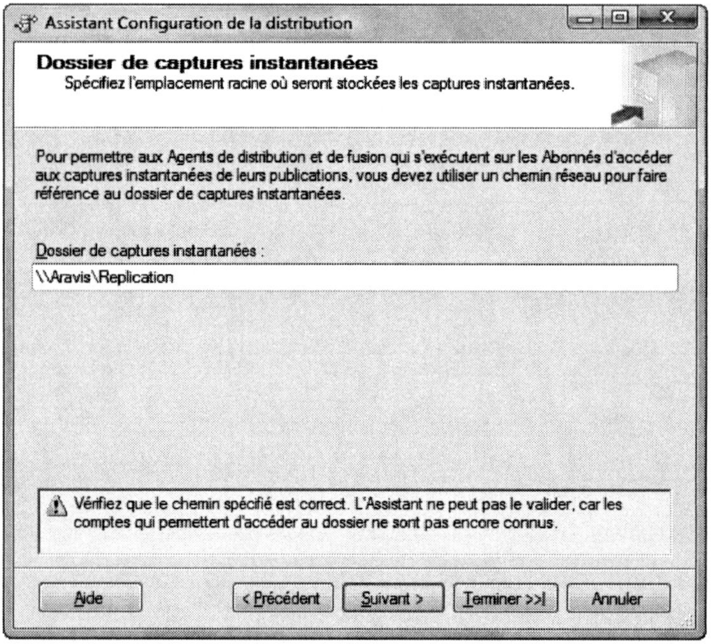

© Editions ENI - Toute reproduction interdite

Les informations ne concernant que la base de distribution sont présentées.

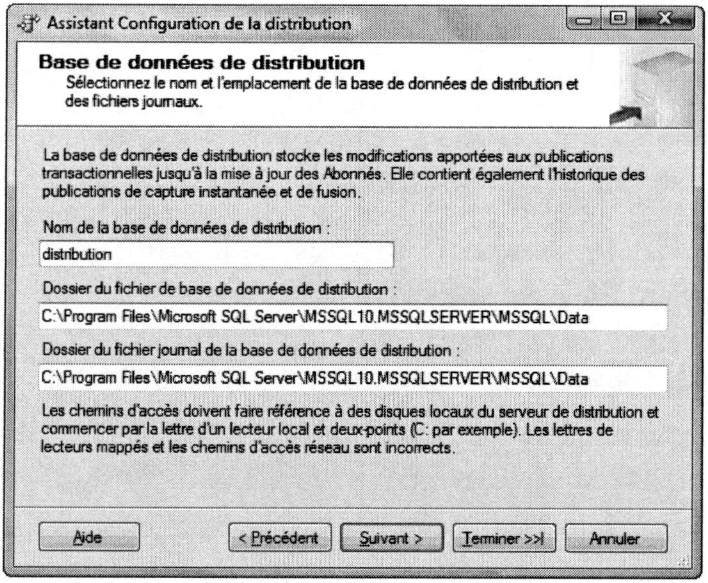

Puis l'assistant permet de sélectionner les instances qui peuvent utiliser ce serveur de distribution pour leur publication.

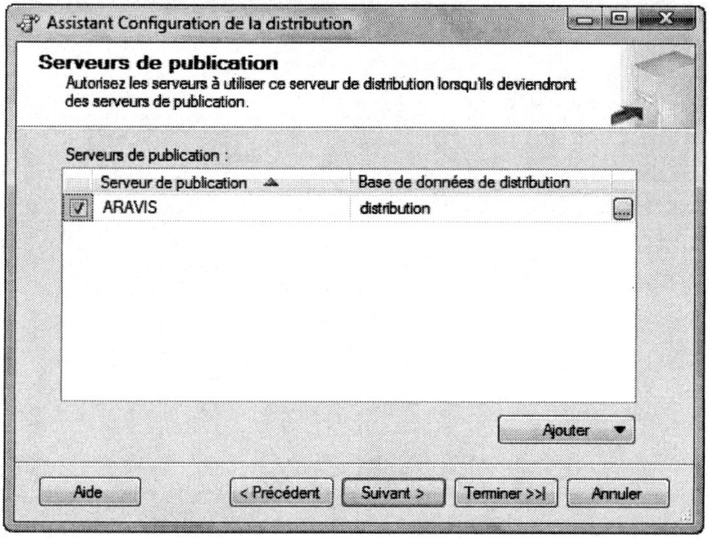

L'assistant se termine et va mettre en place la configuration qui vient d'être définie.

© Editions ENI - Toute reproduction interdite

Corrigé 8.3 : Définir une publication

Depuis l'instance par défaut, sélectionnez **Nouvelle publication** depuis le menu contextuel du nœud **Réplication - Publications locales**. L'assistant de création d'une nouvelle application est alors exécuté. Le premier écran permet de sélectionner la base SSMS comme étant celle qui détient les informations à publier.

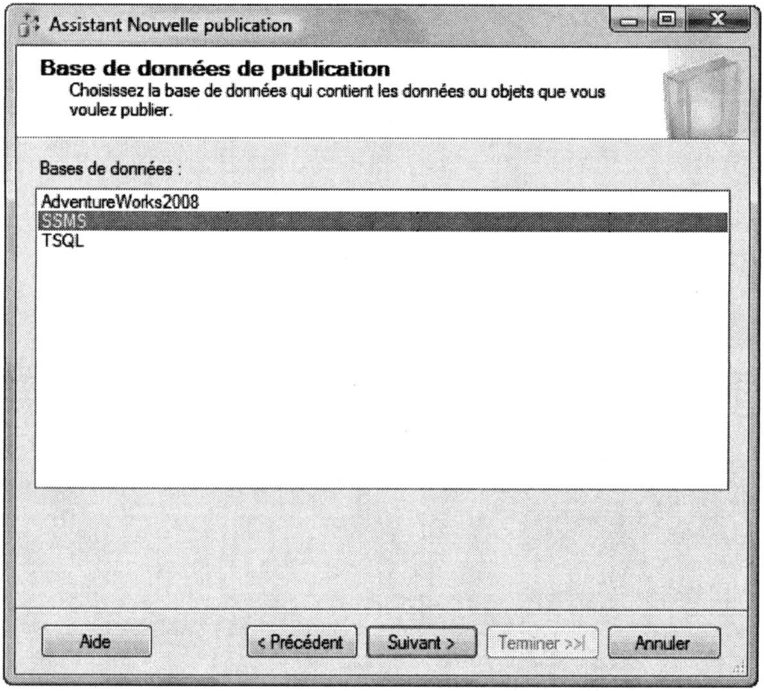

Ensuite l'assistant permet de sélectionner le type de réplication. Il s'agit ici d'une réplication transactionnelle.

© Editions ENI - Toute reproduction interdite

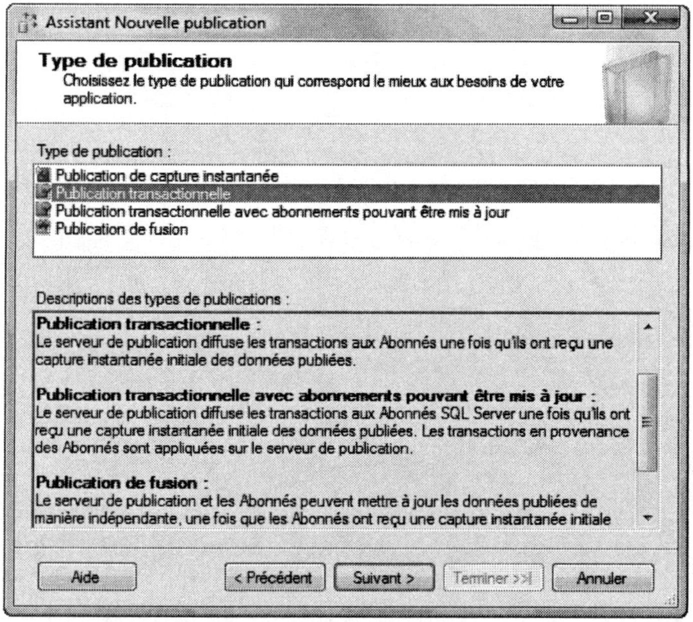

Il est alors nécessaire de sélectionner la table **CLIENTS** comme étant l'article de cette publication.

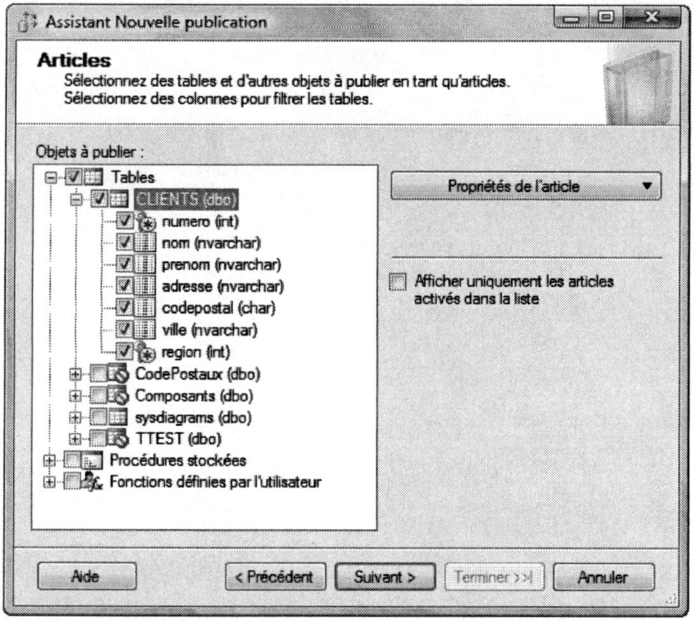

© Editions ENI - Toute reproduction interdite

Puis il est possible de définir des filtres, ce qui n'est pas nécessaire dans le cas présent.

L'assistant passe alors aux paramètres d'exécution et de planification de la capture instantanée. Dans le cas présent, une planification est définie.

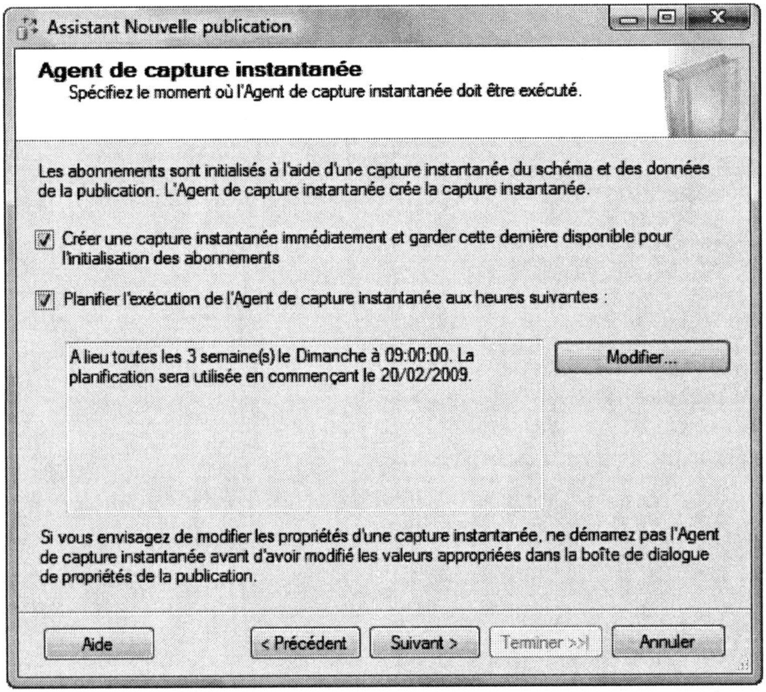

Enfin l'assistant configure le contexte de sécurité des agents. Dans le cas présent c'est le contexte de sécurité de l'agent SQL Server qui est utilisé.

© Editions ENI - Toute reproduction interdite

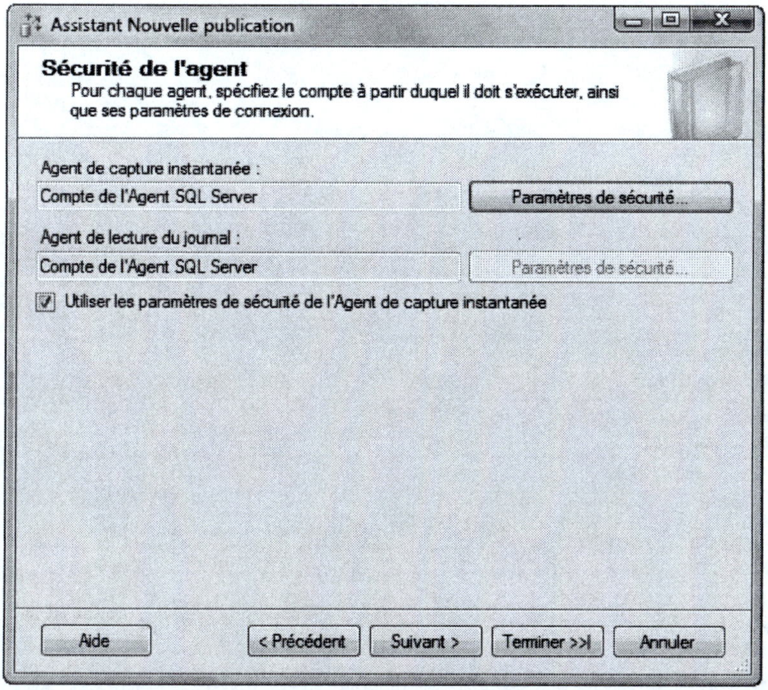

La publication doit bien sûr être définie à la fin de l'exécution de l'agent.

Corrigé 8.4 : Envoyer un abonnement

Depuis le distributeur, sélectionnez **Nouveaux abonnements** dans le menu contextuel du nœud **Réplication - Publications locales - ReplClients**.

© Editions ENI - Toute reproduction interdite

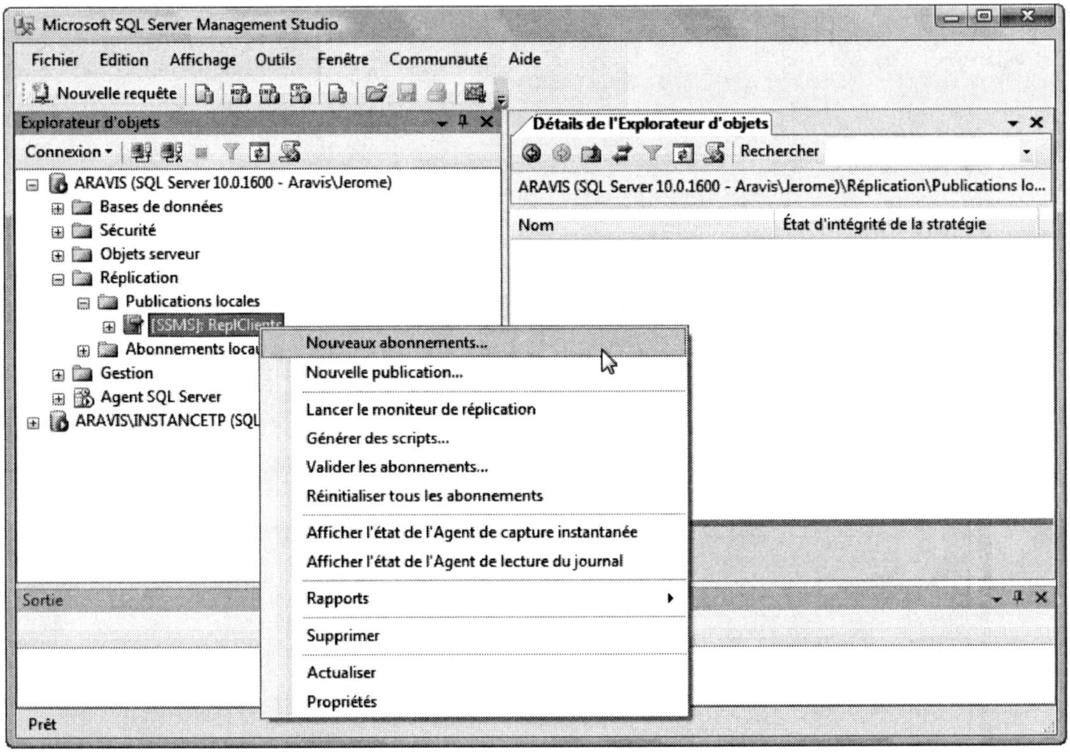

L'assistant de création d'un nouvel abonnement est alors exécuté. La première étape consiste à sélectionner la publication concernée par ce nouvel abonnement. Ensuite l'assistant demande de préciser le serveur sur lequel l'agent de distribution va être exécuté. Dans le cas présent, l'abonnement est poussé et donc tous les agents s'exécutent sur le serveur de distribution.

© Editions ENI - Toute reproduction interdite

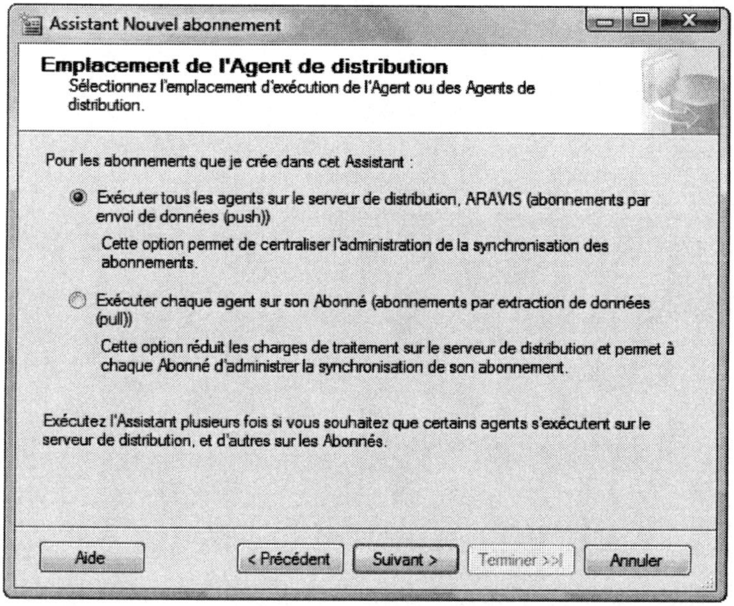

Il est alors possible de sélectionner l'abonné. Si l'instance n'apparaît pas dans la liste des serveurs, il est nécessaire de l'ajouter en utilisant le bouton **Ajouter un Abonné**.

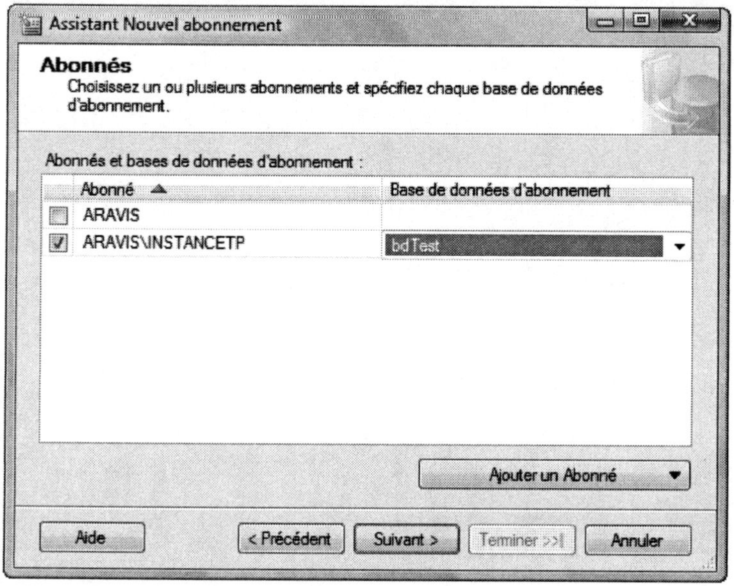

© Editions ENI - Toute reproduction interdite

Au niveau sécurité, l'agent de distribution s'exécutera sous le compte de service de l'agent SQL Server.

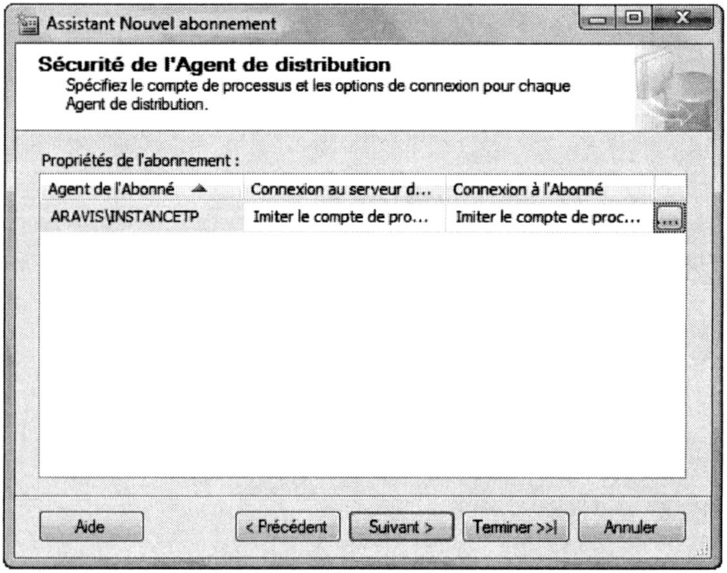

La synchronisation sera exécutée en continu.

© Editions ENI - Toute reproduction interdite

Et l'abonnement est initialisé immédiatement à la fin de l'exécution de l'abonnement.

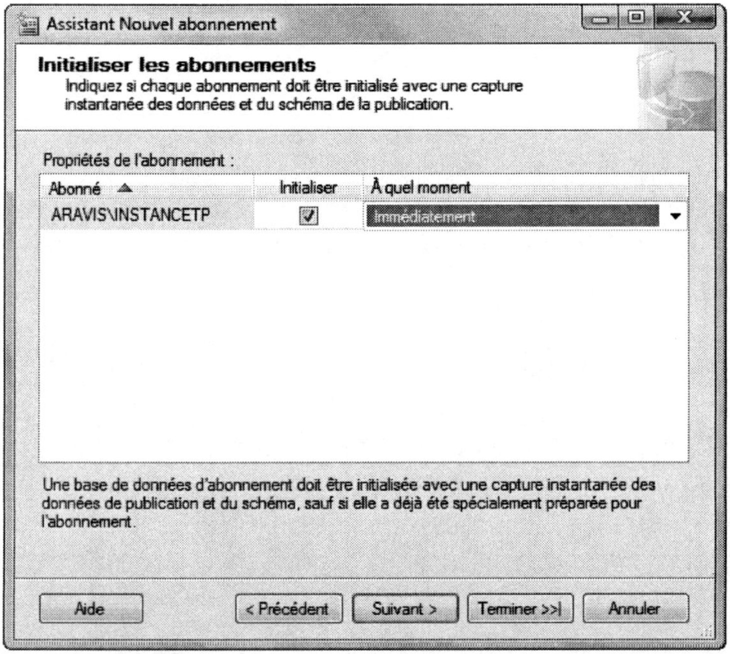

Corrigé 8.5 : Tester la réplication

La première opération permet d'ajouter une ligne d'information dans la table publiée. Cette information n'est pas présente dans la capture instantanée et va donc permettre de tester tout le processus de réplication.

```
USE SSMS;
GO
INSERT INTO CLIENTS(numero,nom,prenom,region)
    VALUES (20,'KARP','Richard',1);
```

© Editions ENI - Toute reproduction interdite

Après quelques instants, il est possible d'interroger la table Clients sur la base bdTest.

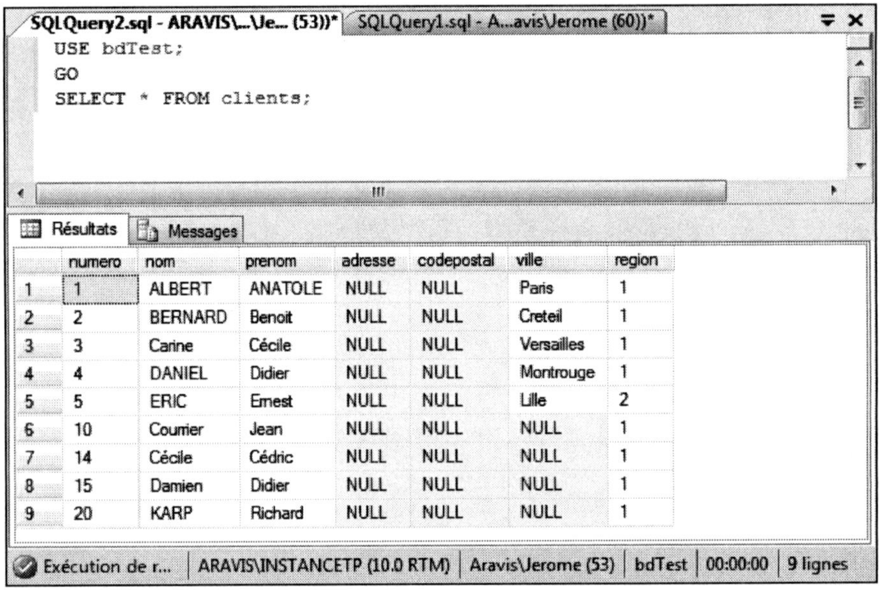

Les informations sont répliquées sur l'abonné par l'agent de distribution ; c'est pour cela qu'il peut exister un léger décalage entre le moment où les informations sont ajoutées dans la table servant de base à la publication et le moment où ces modifications sont reportées sur les bases abonnées.

© Editions ENI - Toute reproduction interdite

Corrigé 8.6 : Surveiller la réplication

Pour connaître le temps nécessaire pour mettre à jour l'abonné, il est nécessaire d'exécuter le moniteur de la réplication.

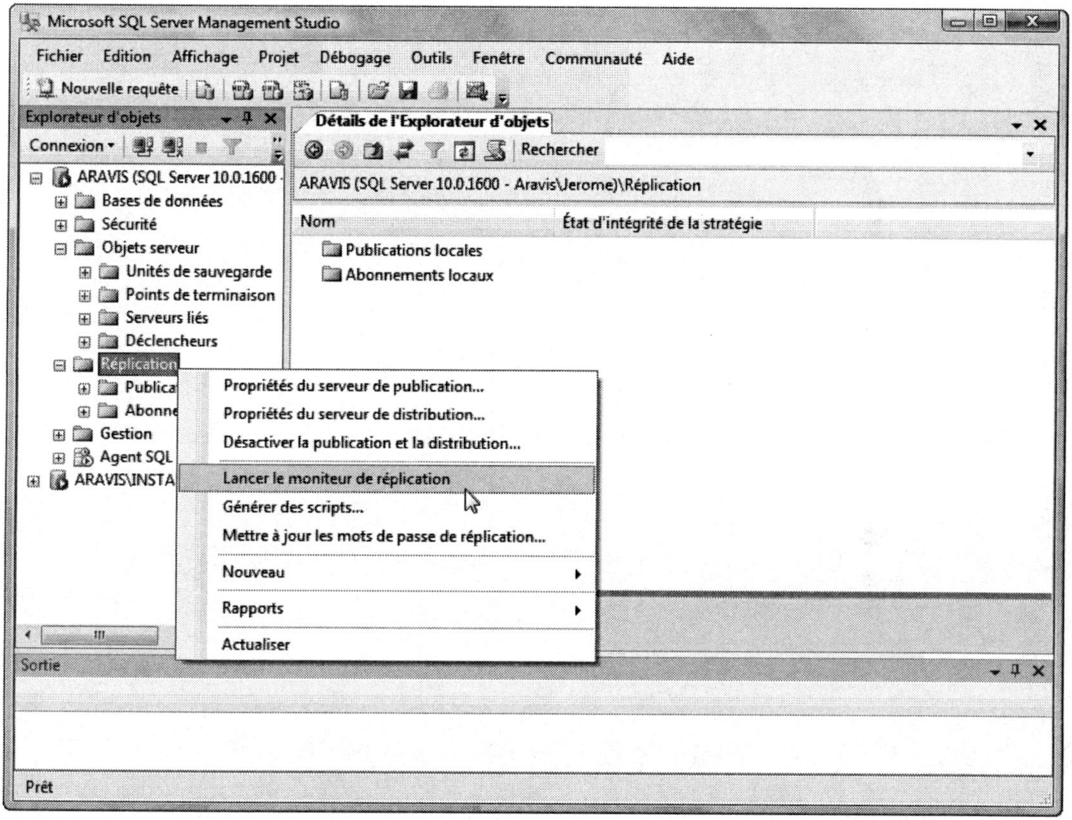

© Editions ENI - Toute reproduction interdite

Depuis le moniteur de réplication, il est nécessaire de sélectionner le nœud **Moniteur de réplication - Mes serveurs de publication - ARAVIS - [SSMS]:** ReplClients. Sur l'onglet **Liste de suivi des abonnements**, le temps de latence est affiché dans la colonne correspondante.

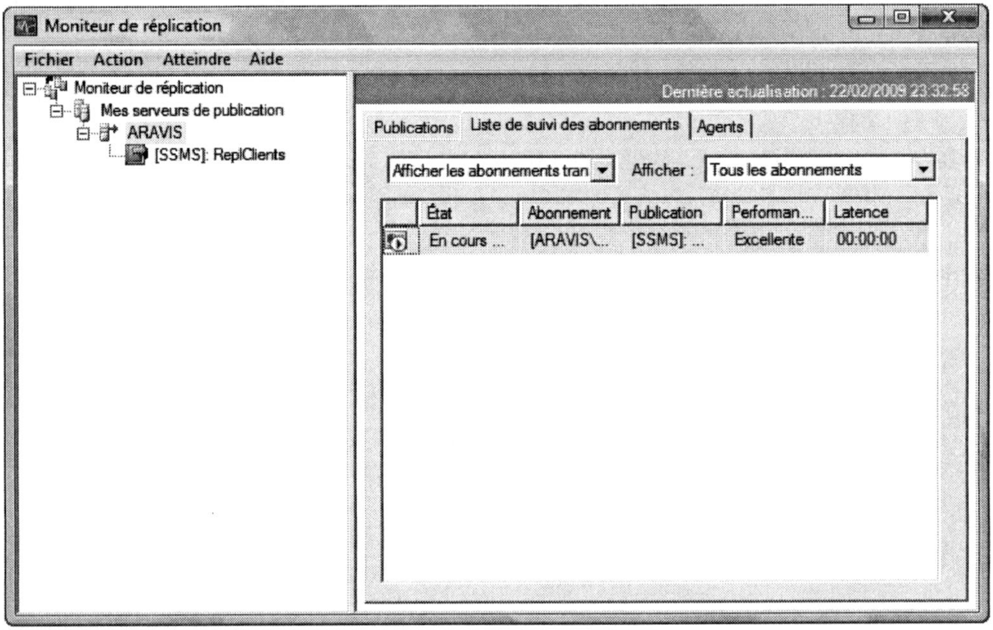

Corrigé 8.7 : Mettre en place une réplication de fusion

Pour annuler la réplication transactionnelle, il suffit de sélectionner **Supprimer** dans le menu associé au nœud **Réplication - Publications locales - [SSMS]: ReplClients**.

© Editions ENI - Toute reproduction interdite

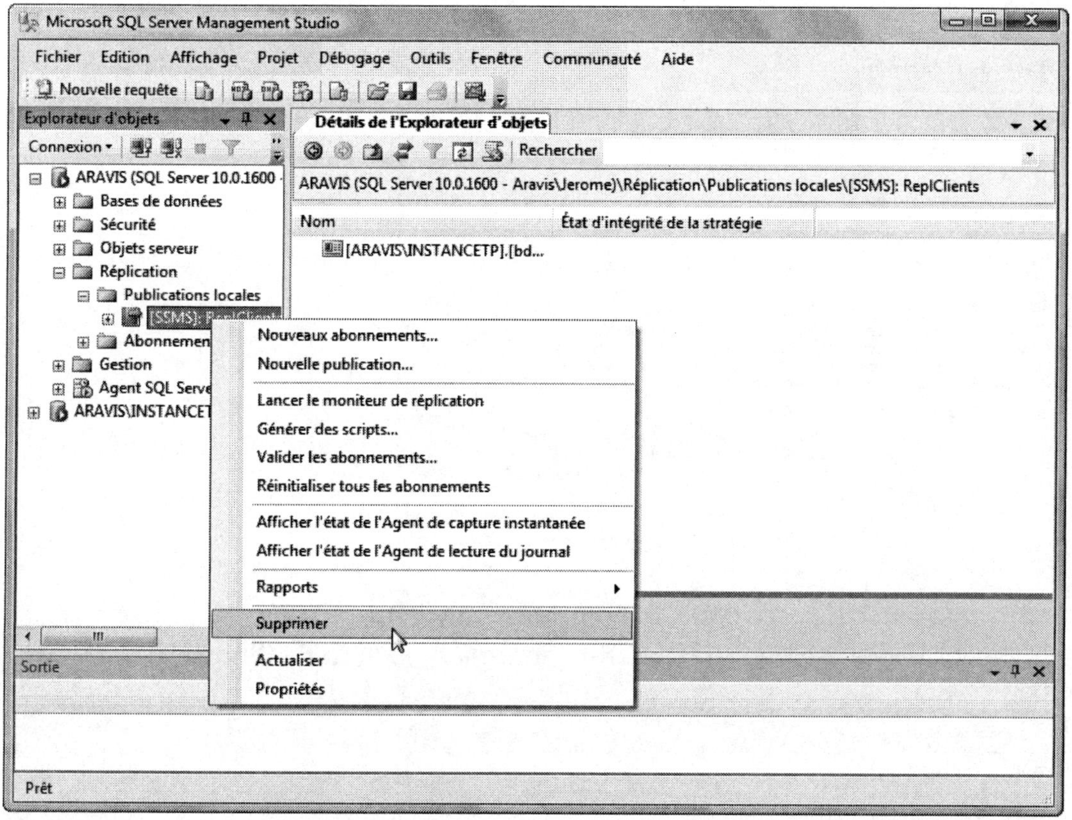

Pour définir une réplication de fusion, l'assistant de création de publication sera exécuté comme pour la création d'une réplication transactionnelle. Simplement à l'étape qui permet de choisir le type de réplication, une réplication de fusion sera sélectionnée.

© Editions ENI - Toute reproduction interdite

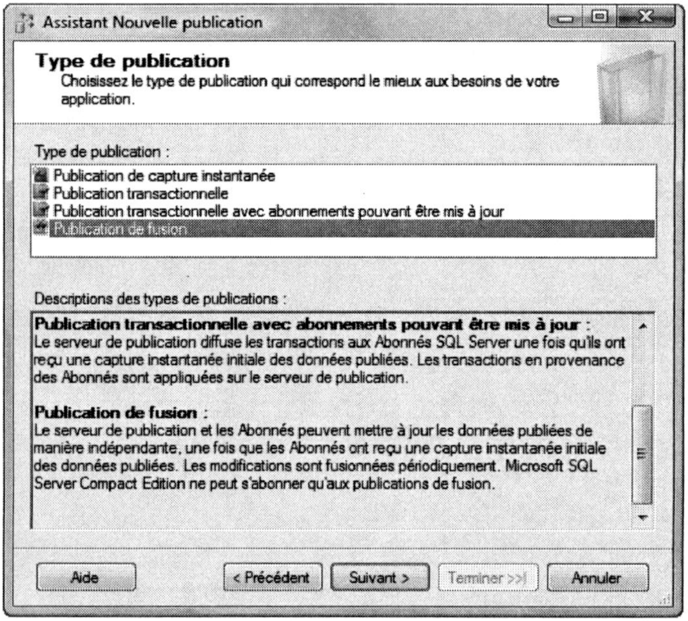

Tous les abonnés participant à cette réplication sont des instances SQL Server 2008.

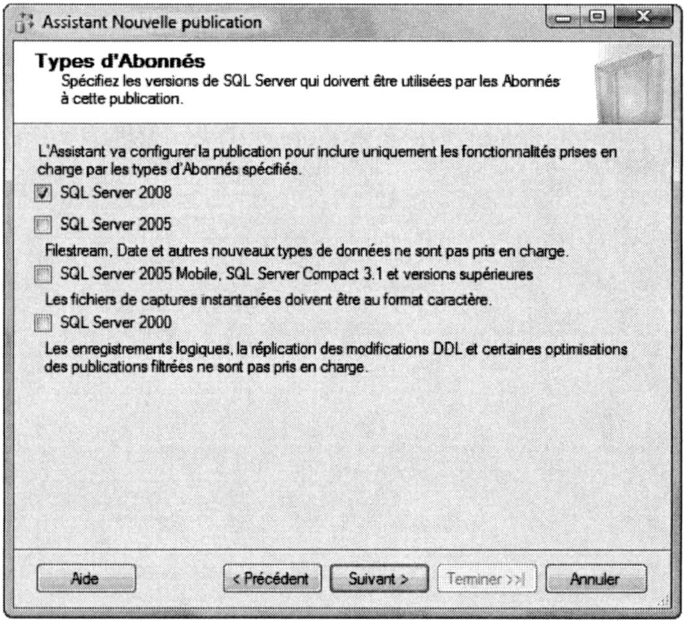

© Editions ENI - Toute reproduction interdite

La table des clients correspondra à l'unique article de cette réplication de fusion. Afin d'assurer la convergence des données, une colonne de type **Uniqueidentifier** est ajoutée à la table.

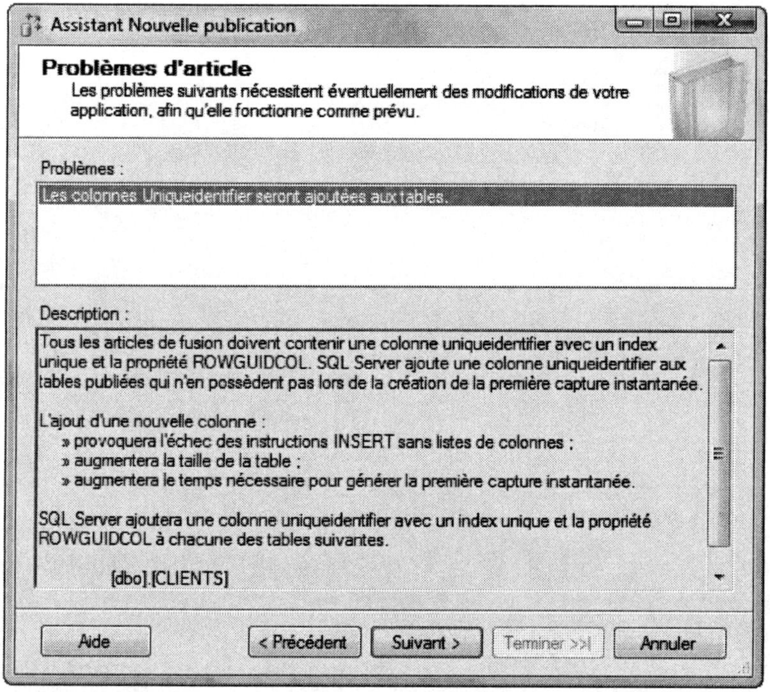

Aucun filtre n'est défini sur la table et une capture instantanée sera réalisée à la fin de l'exécution de l'assistant. L'agent de capture instantanée utilisera le compte de l'agent SQL Server pour se connecter à la base.

© Editions ENI - Toute reproduction interdite

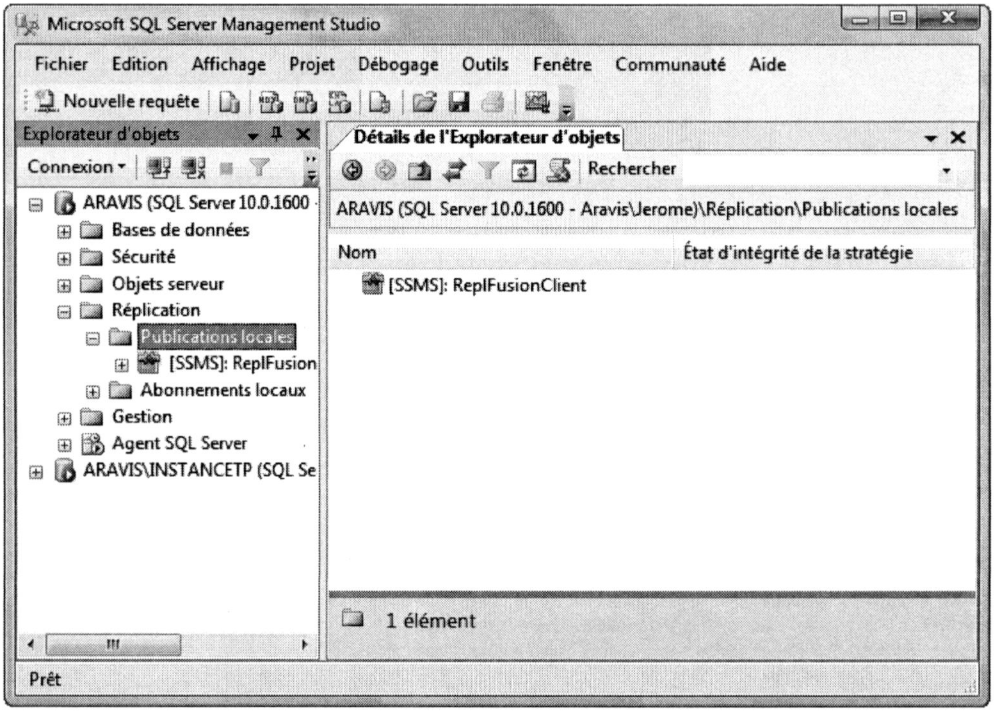

Il reste encore à abonner l'instance **INSTANCETP** à cette réplication de fusion. Comme pour l'abonnement à une réplication transactionnelle, il peut être initié depuis l'instance par défaut. Il faut pour cela sélectionner **Nouveaux abonnements** dans le menu contextuel associé au nœud représentant la réplication dans l'Explorateur d'objets. L'assistant de création d'un nouvel abonnement est alors exécuté. Après avoir sélectionné la publication concernée par l'abonnement, il est nécessaire de spécifier l'emplacement d'exécution de l'agent de distribution.

L'abonné est bien sûr la base bdTest sur l'instance **INSTANCETP**.

© Editions ENI - Toute reproduction interdite

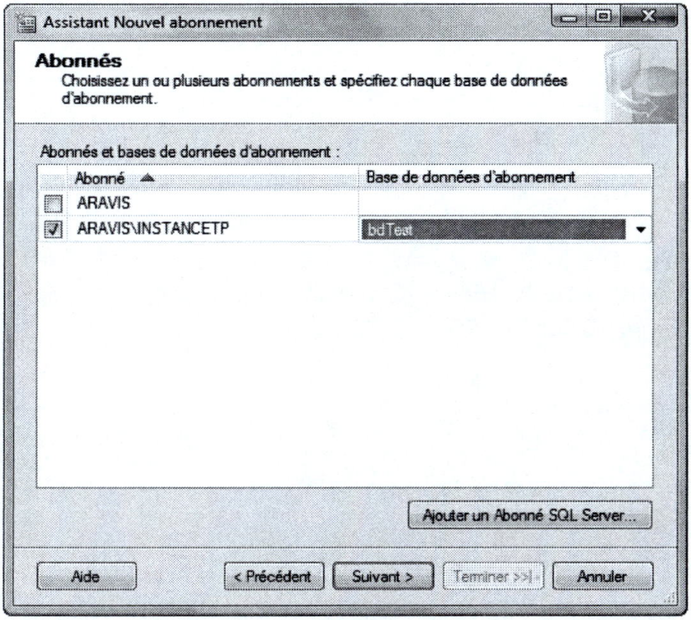

Les agents utiliseront le contexte de sécurité de l'agent SQL Server. La synchronisation est ici définie de façon continue.

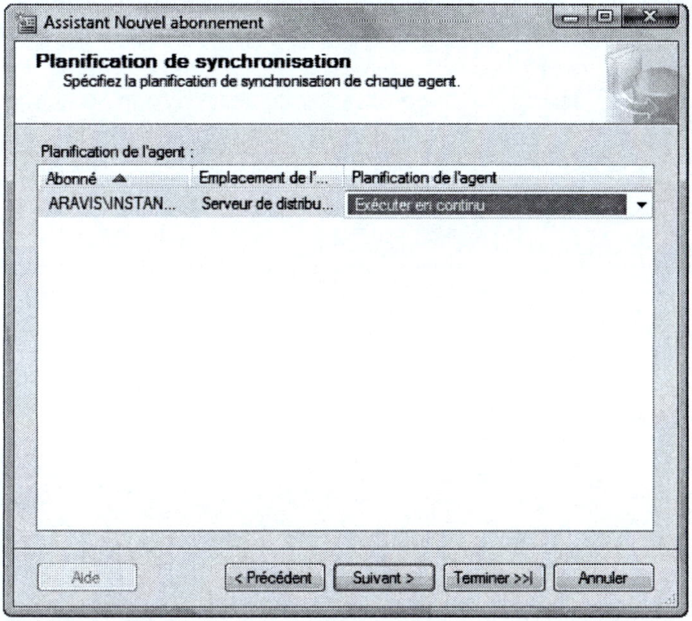

© Editions ENI - Toute reproduction interdite

Enfin l'abonnement est initialisé de façon immédiate. Les paramètres concernant le type d'abonnement ne se sont pas modifiés.

L'ajout d'informations est effectué sur la table Clients de la base SSMS.

```
USE SSMS;
GO
INSERT INTO CLIENTS(numero,nom,prenom,region)
    VALUES (21,'Carrel','ALexis',1);
```

L'ajout d'informations est également réalisé sur la table Clients de la base bdTest. Cette table contient déjà les informations ajoutées sur l'instance par défaut.

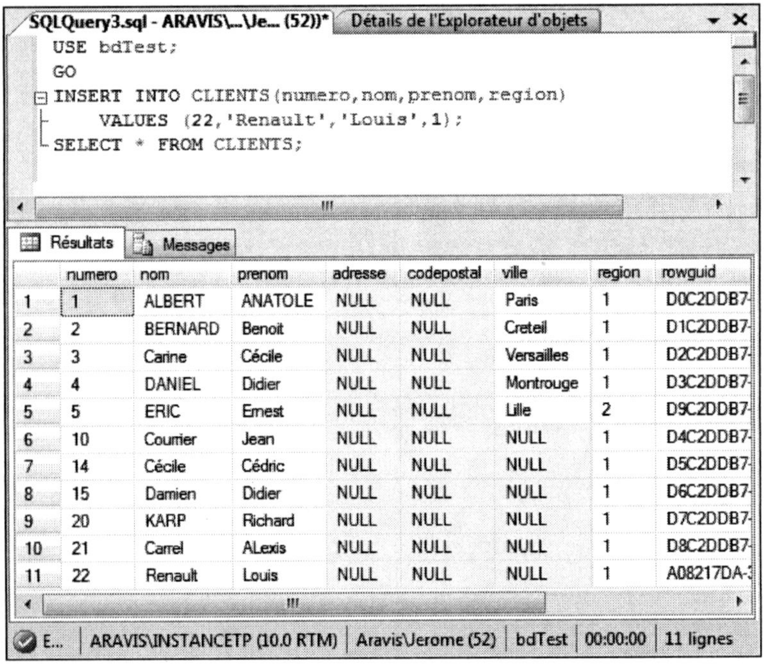

	numero	nom	prenom	adresse	codepostal	ville	region	rowguid
1	1	ALBERT	ANATOLE	NULL	NULL	Paris	1	D0C2DDB7-
2	2	BERNARD	Benoit	NULL	NULL	Creteil	1	D1C2DDB7-
3	3	Carine	Cécile	NULL	NULL	Versailles	1	D2C2DDB7-
4	4	DANIEL	Didier	NULL	NULL	Montrouge	1	D3C2DDB7-
5	5	ERIC	Ernest	NULL	NULL	Lille	2	D9C2DDB7-
6	10	Courrier	Jean	NULL	NULL	NULL	1	D4C2DDB7-
7	14	Cécile	Cédric	NULL	NULL	NULL	1	D5C2DDB7-
8	15	Damien	Didier	NULL	NULL	NULL	1	D6C2DDB7-
9	20	KARP	Richard	NULL	NULL	NULL	1	D7C2DDB7-
10	21	Carrel	ALexis	NULL	NULL	NULL	1	D8C2DDB7-
11	22	Renault	Louis	NULL	NULL	NULL	1	A08217DA-:

© Editions ENI - Toute reproduction interdite

Après un faible délai de latence, la table Clients de la base SSMS contient elle aussi les modifications réalisées depuis l'instance **INSTANCETP**.

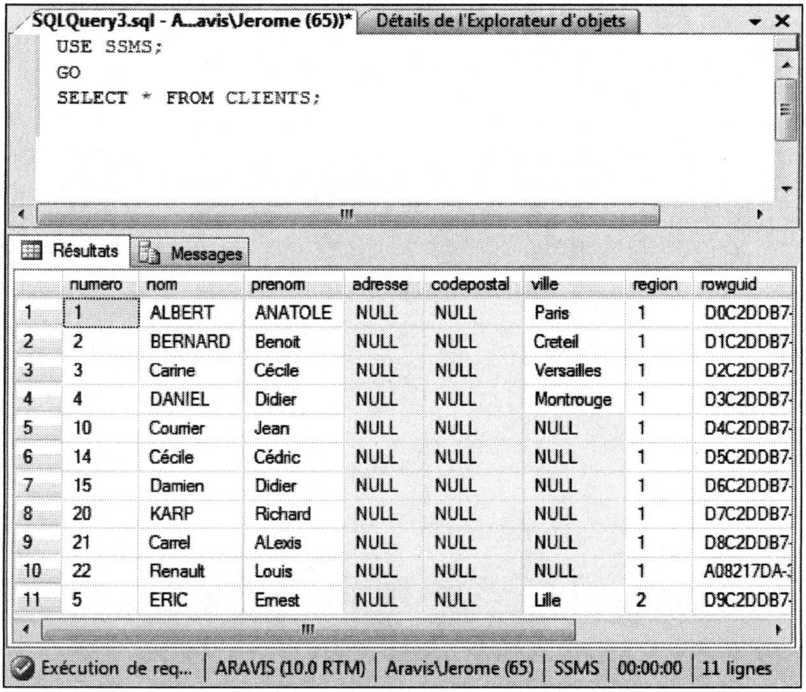

© Editions ENI - Toute reproduction interdite

© Editions ENI - Toute reproduction interdite

Table des Matières

Chapitre 9 : Service Broker

© Editions ENI - Toute reproduction interdite

Chapitre 9 : Service Broker

Pré-requis

1. c.

Service Broker est une fonctionnalité qui correspond parfaitement à une architecture orientée service (SOA). En effet, le client et le serveur sont totalement découplés et le serveur répond à des demandes de services et non pas à des clients.

2. b.

En travaillant avec Service Broker, l'émetteur et le récepteur travaillent en mode asynchrone. L'émetteur envoie un message à destination du récepteur puis continue son travail sans être dans l'attente d'une réponse de la part du récepteur.

3. c.

La file d'attente doit être définie sur le serveur afin de conserver les différents messages en attente de traitement et sur le consommateur afin qu'il puisse stocker, avant consultation, les réponses aux messages envoyés.

4. d.

C'est le contrat qui régit la conversation qui peut avoir lieu entre le consommateur et le récepteur.

5. a.

Oui, c'est même tout l'intérêt de Service Broker.

6. c.

Il est nécessaire d'activer Service Broker au niveau de chaque base qui souhaite être en mesure d'utiliser cette fonctionnalité.

7. c.

C'est l'instruction CREATE MESSAGE TYPE qui permet de définir de nouveaux types de messages.

8. a, b, c, d

Il n'est pas possible lors de la définition du type de message de préciser que le message contiendra du code Transact SQL.

9. a.

C'est l'instruction CREATE QUEUE nomFileAttente qui permet de définir une nouvelle file d'attente.

© Editions ENI - Toute reproduction interdite

Corrigé 9.1 : Activer le service

Pour la base SSMS, la remise des messages Service Broker est activée à l'aide du script suivant :

```
ALTER DATABASE SSMS
  SET ENABLE_BROKER;
```

La requête suivante permet de vérifier que Service Broker est bien activé sur les bases :

```
Select name, is_broker_enabled from sys.databases where name in('SSMS','TSQL);
```

Corrigé 9.2 : Définir les types de messages

Le premier type de message va être défini à l'aide du script suivant :

```
USE SSMS;
CREATE MESSAGE TYPE type1
  VALIDATION=WELL_FORMED_XML;
```

Le second type de message est défini de la façon suivante :

```
USE SSMS;
CREATE MESSAGE TYPE type2
  VALIDATION=EMPTY;
```

Corrigé 9.3 : Définir les contrats

Le contrat va pouvoir être défini sur les bases SSMS et TSQL à l'aide du script suivant :

```
USE SSMS;
CREATE CONTRACT contratTP(
  type1 SENT BY INITIATOR,
  type2 SENT BY TARGET
);
```

© Editions ENI - Toute reproduction interdite

Corrigé 9.4 : Mettre en place les files d'attente

Les files d'attente vont être définies par l'intermédiaire du script Transact SQL présenté ci-dessous :

```
USE SSMS;
CREATE QUEUE file1;
CREATE QUEUE file2;
```

Corrigé 9.5 : Définir les services

Les services sont définis de la façon suivante :

```
USE SSMS;
CREATE SERVICE service1
  ON QUEUE file1;
CREATE SERVICE service2
  ON QUEUE file2;
```

Corrigé 9.6 : Envoyer un message

Tout d'abord la conversation est initialisée :

```
USE SSMS;
DECLARE @identifiantConversation UNIQUEIDENTIFIER
BEGIN DIALOG CONVERSATION @identifiantConversation
  FROM SERVICE service1
  TO SERVICE 'service2'
  ON CONTRACT contratTP
  WITH ENCRYPTION=OFF;
```

Puis le premier message de la conversation est envoyé de la façon suivante :

```
DECLARE @message1 XML;
set @message1=N'<personne><nom>DUPONT</nom><prenom>Aude</prenom></personne>';

SEND ON CONVERSATION @identifiantConversation
  MESSAGE TYPE type1 (@message1);
```

© Editions ENI - Toute reproduction interdite

Corrigé 9.7 : Lire les messages

Les files d'attente vont être consultées avec les requêtes suivantes :

```
select * from file1;
select * from file2;
```

Pour réceptionner les messages situés dans la file d'attente, il est nécessaire d'utiliser l'instruction RECEIVE comme exposé ci-dessous :

```
select * from file2;
select * from file1;

DECLARE @reception TABLE(
  IdConversation UNIQUEIDENTIFIER,
  NomService  NVARCHAR(512),
  NomContrart NVARCHAR(256),
  TypeMessage NVARCHAR(256),
  TexteMsg    NVARCHAR(500)
)

WAITFOR(
  RECEIVE TOP(1) conversation_handle,service_name, service_contract_name,
                 message_type_name, message_body
   FROM file1
   INTO @reception
), TIMEOUT 30;

SELECT * FROM @reception
```

Corrigé 9.8 : Mettre fin à la conversation

La conversation est terminée par l'exécution du script :

```
DECLARE @conversationHandle UNIQUEIDENTIFIER;
SELECT TOP(1) @conversationHandle=IdConversation FROM @reception;

END CONVERSATION @conversationHandle;
```

© Editions ENI - Toute reproduction interdite

© Editions ENI - Toute reproduction interdite

Table des Matières

Chapitre 10 : Les opérations d'optimisation

© Editions ENI - Toute reproduction interdite

Chapitre 10 : Les opérations d'optimisation

Pré-requis

1. d.

Un fichier journal d'audit ne peut pas dépasser les 200 Mo. Autant de fichiers que nécessaire sont créés tant que l'audit est activé. S'il ne reste plus d'espace libre sur le disque dur alors SQL Server s'arrête automatiquement. Cette issue est bien sûr à éviter.

2. d.

Toutes les tentatives de connexion peuvent être auditées. Il est également possible d'auditer uniquement les succès ou bien les échecs de connexion.

3. a.

Le générateur de profil de SQL Server permet de capturer l'ensemble des requêtes envoyées au serveur.

Il est toutefois possible de filtrer les éléments afin de lire et d'analyser la trace.

4. a, b.

Lors de la définition d'une nouvelle trace le format de stockage est spécifié. Le stockage peut avoir lieu soit dans une table soit dans un fichier trace.

5. a.

Le générateur de profil est un outil indépendant. Il s'exécute donc de façon autonome.

6. c.

Il est possible de définir jusqu'à dix compteurs de performance sur chaque instance SQL Server.

7. d.

Pour une utilisation normale du serveur, le taux de présence dans le cache doit être supérieur à 90%

8. c.

Il est possible de définir un seuil en secondes qui correspond au temps maximal estimé autorisé pour qu'une requête s'exécute.

Ce paramètre est configurable depuis la page **Connexions** de la fenêtre des propriétés du serveur, ou bien par la procédure stockée **sp_configure**. Il s'agit de l'option de configuration nommée **query gouvernor cost limit**.

© Editions ENI - Toute reproduction interdite

9. a. et b.

L'assistant paramétrage du moteur de base de données est capable de faire des propositions soit à partir d'un script Transact SQL soit à partir d'une trace capturée par le gestionnaire de profils.

10. c. et d.

Lors de la définition d'un déclencheur DDL, il est nécessaire de préciser l'instruction ou bien le type d'instruction suivi. Il faut, de plus, définir la portée du déclencheur qui peut être limité à une base de données particulière ou bien être présent sur la totalité du serveur.

11. a., b. et c.

L'extension PowerShell est disponible de façon native sur les plates-formes 2008 et Vista. Dans un environnement Windows 2003, il est nécessaire d'installer les derniers Services Packs ainsi que le Framework .Net et PowerShell 1.0.

12. a., b., c. et d.

Le fournisseur PowerShell permet de se connecter à des instances SQL Server 2008, ou bien SQL Server 2005 à condition que le service pack 2 soit installé sur l'instance SQL Server 2005. Le fournisseur PowerShell permet même de se connecter à des instances SQL Server 2000 pour lesquelles le service pack 4 a été installé.

Corrigé 10.1 : Activer un audit

Il est possible d'activer un audit pour toutes les demandes de connexion en succès et en échec depuis la page **Sécurité** de la fenêtre des **Propriétés du serveur**. Il est alors nécessaire d'activer le bouton radio **Échecs et réussites de connexion** du groupe **Audit de connexion en cours**.

© Editions ENI - Toute reproduction interdite

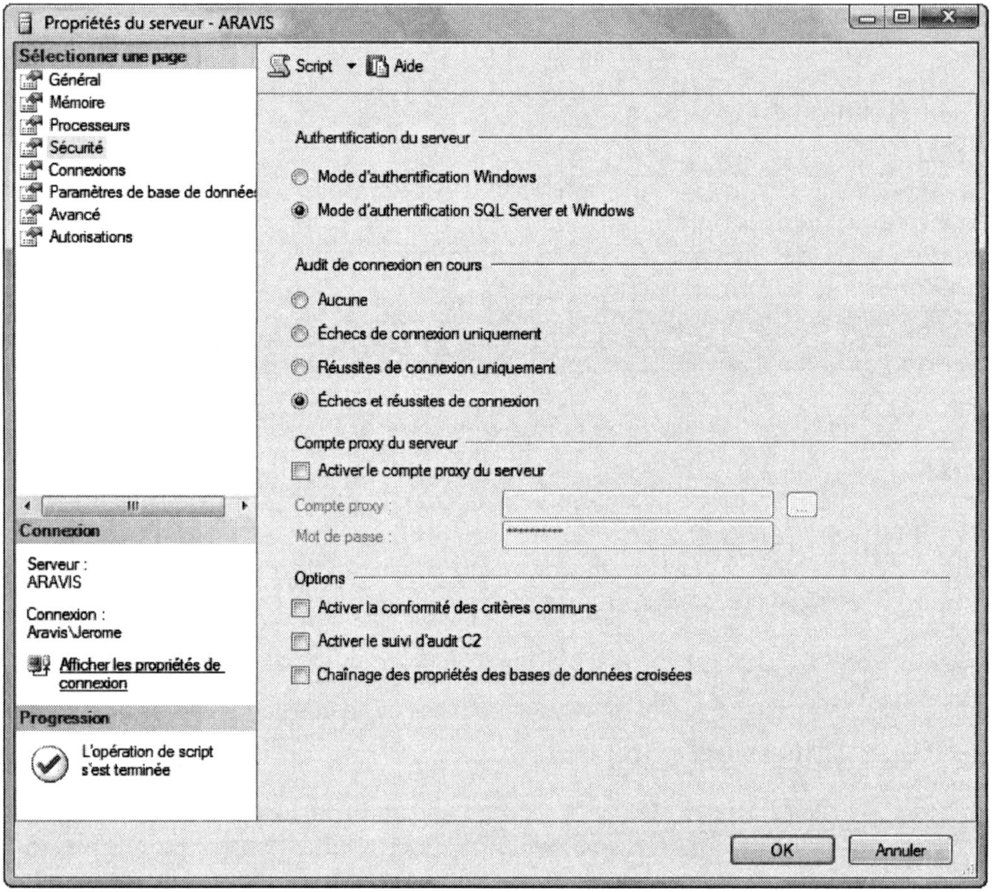

Corrigé 10.2 : Définir une nouvelle trace

Pour pouvoir définir une nouvelle trace, il est nécessaire d'exécuter **SQL Server Profiler** qui est accessible par le menu **Démarrer - Tous les programmes - Microsoft SQL Server 2008 - Outils de performance**.

© Editions ENI - Toute reproduction interdite

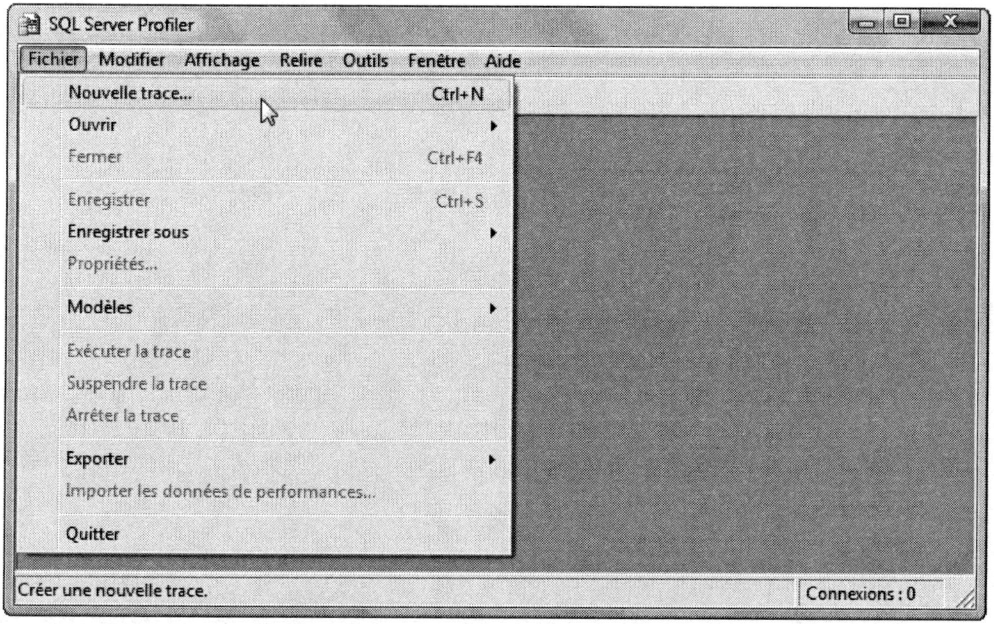

Une nouvelle trace est définie en utilisant **Fichier - Nouvelle trace**. Il est alors nécessaire de se connecter au serveur concerné par la trace.

Une fenêtre exposant les propriétés de la trace est alors affichée. Depuis l'onglet **Général**, il est nécessaire d'activer la case à cocher **Enregistrer dans le fichier** puis de préciser le nom et l'emplacement du fichier. Le fichier porte par défaut le nom de la trace.

© Editions ENI - Toute reproduction interdite

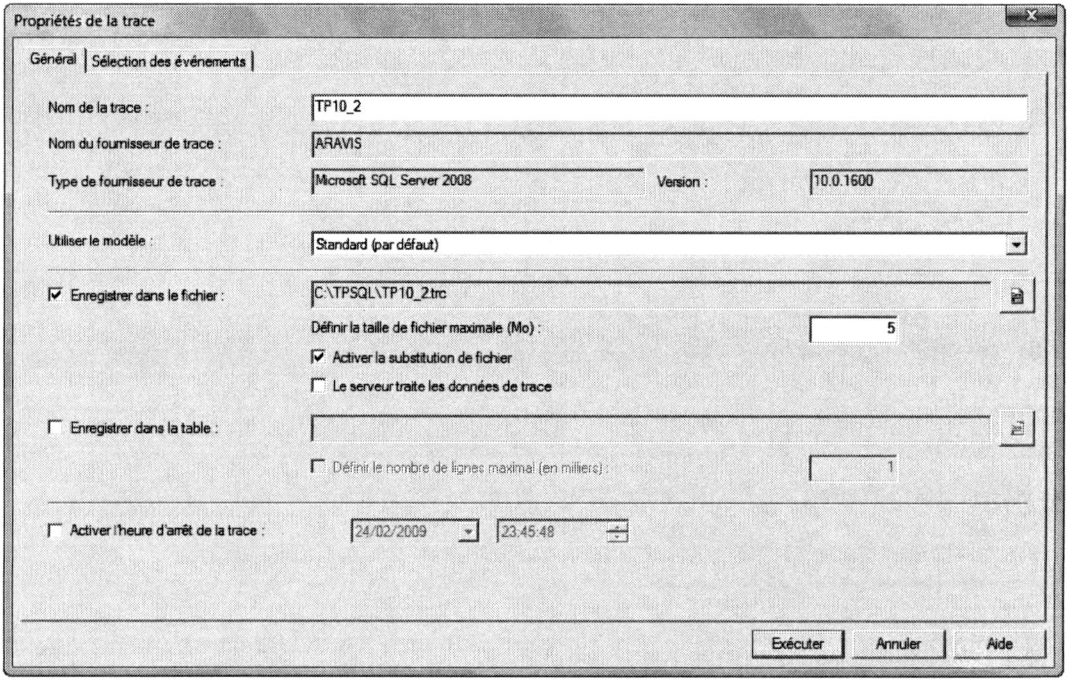

Étant donné que les paramètres par défaut sont conservés, il n'est pas nécessaire de modifier la liste des évènements tracés depuis l'onglet **Sélection des évènements**.

Corrigé 10.3 : Surveiller l'utilisation de la mémoire

L'analyseur de performances Windows est accessible depuis le groupe des outils d'administration. La première étape consiste à effacer les trois compteurs qui sont activés par défaut. Il est possible de supprimer un compteur en sélectionnant un compteur dans la légende en dessous du graphe puis en appuyant sur la touche [Suppr] de votre clavier.

Pour suivre de nouveaux compteurs, il faut cliquer dans la barre d'outils sur le symbole +.

© Editions ENI - Toute reproduction interdite

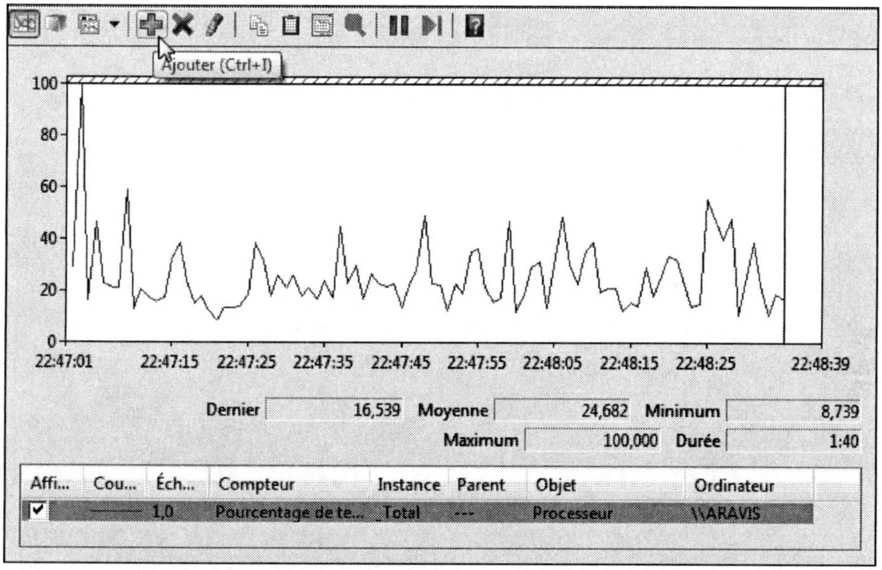

La fenêtre intitulée **Ajouter des compteurs** est alors affichée.

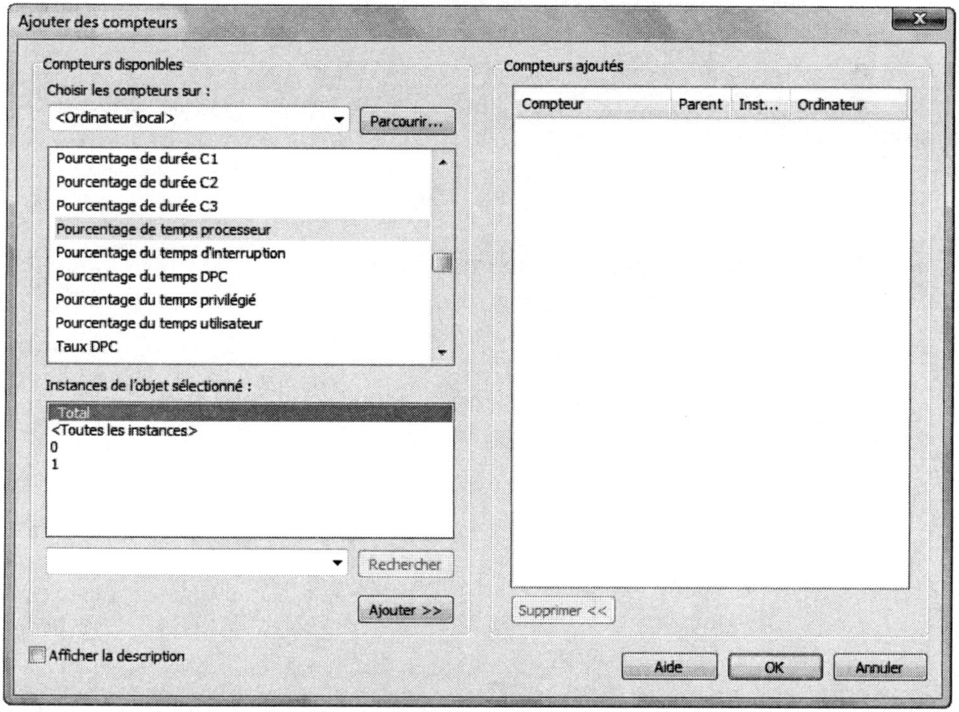

© Editions ENI - Toute reproduction interdite

En activant la case à cocher **Afficher la description**, il est possible d'obtenir une explication complète du compteur sélectionné.

Ajoutez ensuite le compteur **Processus - Plage de travail** comme illustré ci dessous :

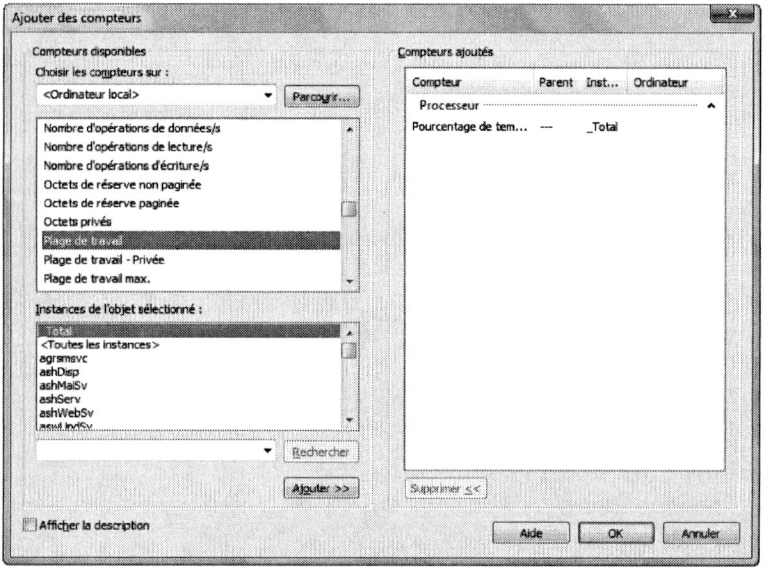

Il est ensuite nécessaire de sélectionner le compteur **SQL Server : Buffer Manager - Buffer cache hit ratio** afin de mesurer le taux d'accès au cache de données.

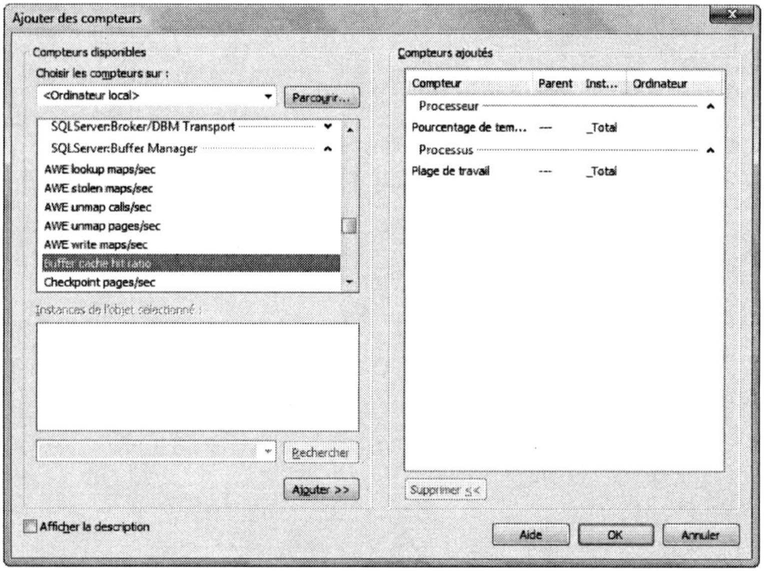

© Editions ENI - Toute reproduction interdite

Toujours spécifiques à SQL Server les compteurs **SQL Server : Buffer Manager - Total pages** et **SQL Server : Buffer Manager : Free Pages** sont ajoutés.

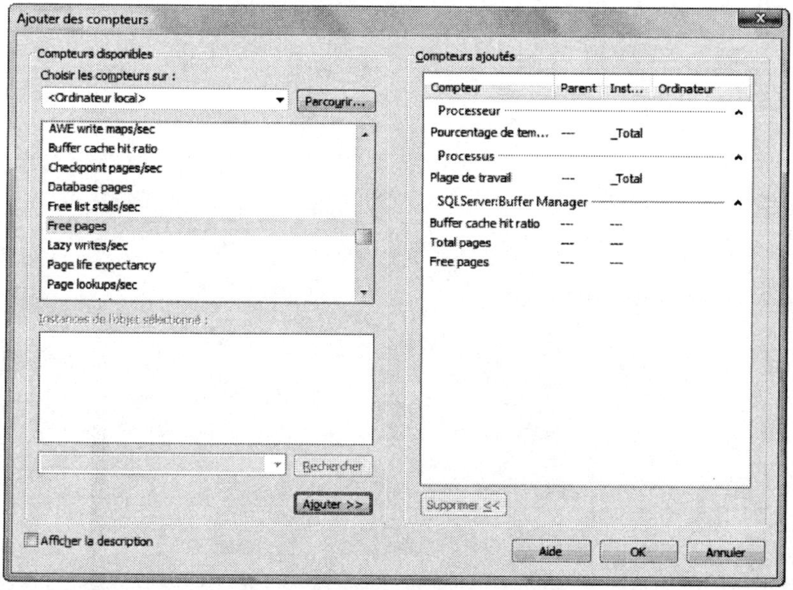

Enfin, le compteur spécifique à la mémoire **SQL Server : Memory Manager - Total Server Memory(KB)** est ajouté.

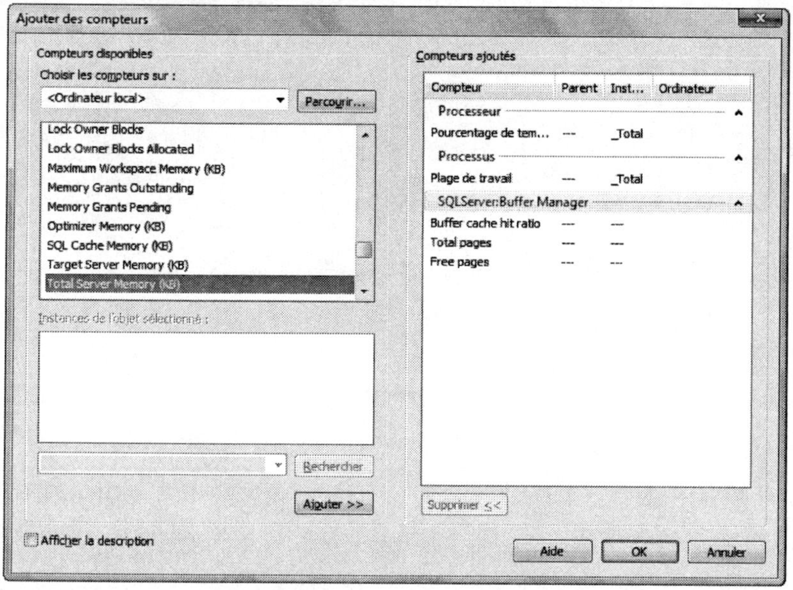

© Editions ENI - Toute reproduction interdite

Corrigé 10.4 : Configurer la mémoire du serveur

Il est possible de définir la quantité de mémoire utilisée par l'instance SQL Serveur au niveau de la **Mémoire** depuis la fenêtre des propriétés de l'instance.

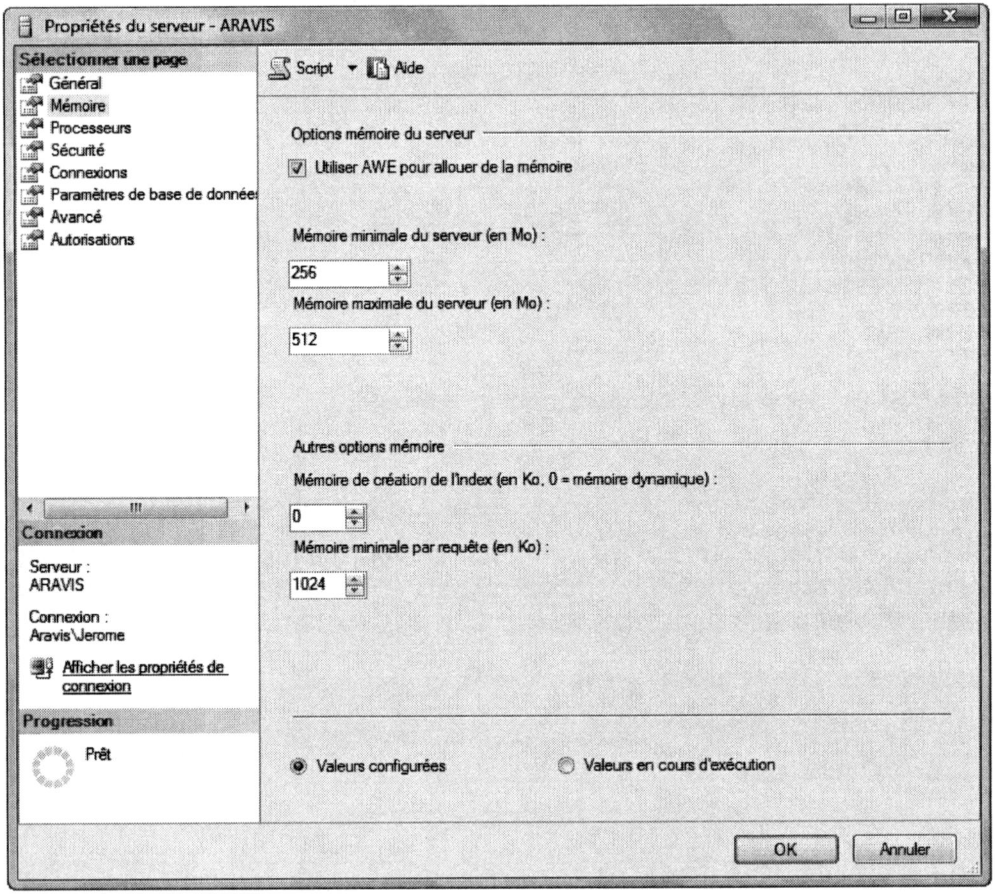

© Editions ENI - Toute reproduction interdite

Corrigé 10.5 : Éviter l'exécution de requêtes bloquantes

Cette configuration peut être faite depuis la page **Connexions** des propriétés de l'instance. Il est alors nécessaire d'activer la case à cocher **Utiliser l'Administrateur de requêtes pour empêcher les requêtes longues** et de spécifier **500** dans la zone numérique associée.

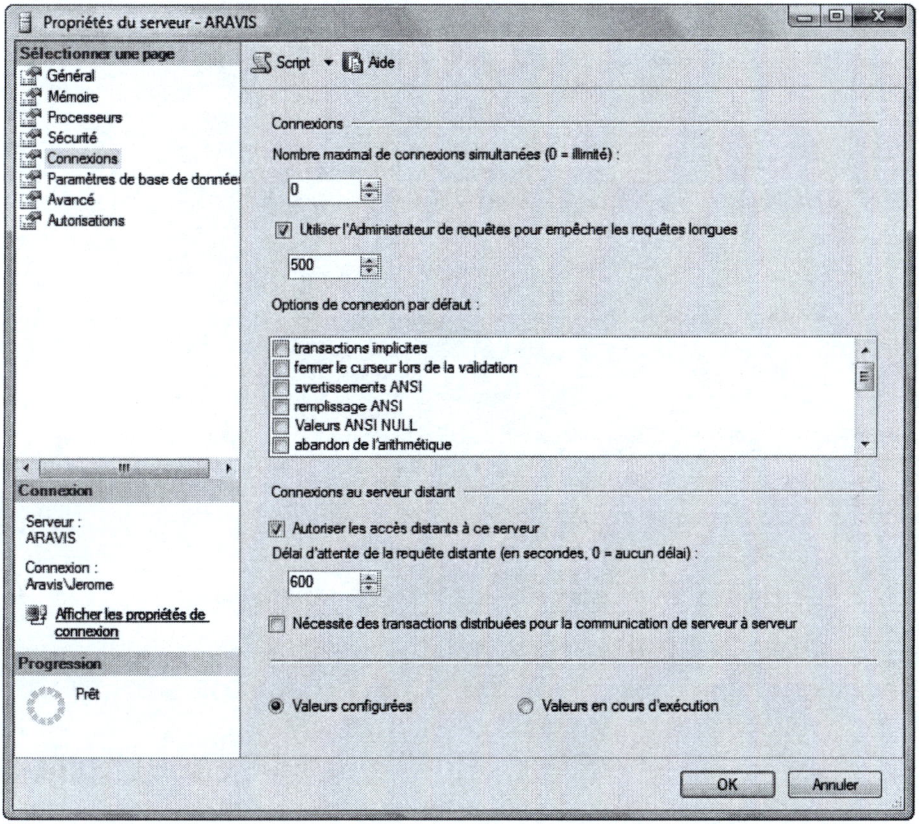

© Editions ENI - Toute reproduction interdite

Corrigé 10.6 : Arrêter la trace

Depuis **SQL Server Profiler**, sélectionnez **Fichier - Arrêter la trace**.

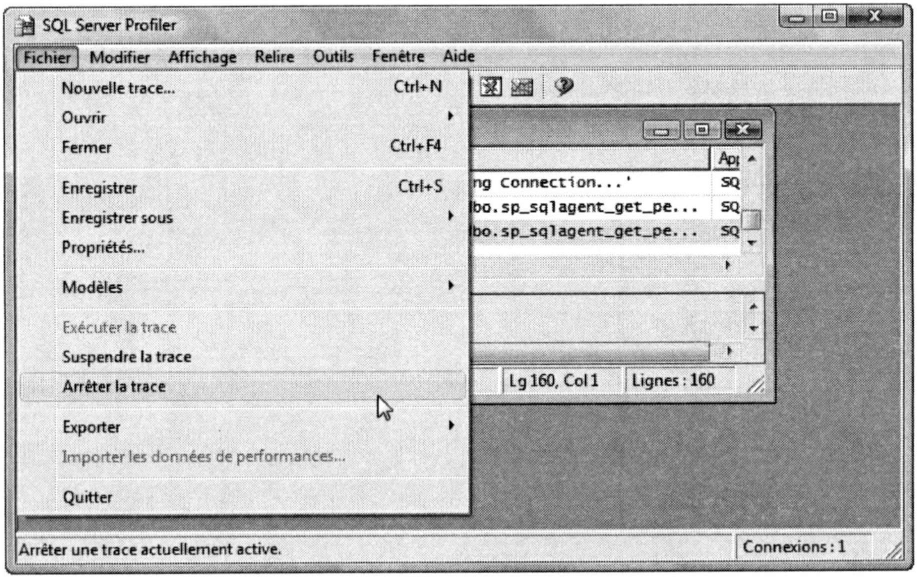

Corrigé 10.7 : Paramétrer le moteur de base de données

L'assistant paramétrage du moteur de base de données peut être lancé depuis **Démarrer - Tous les programmes - Microsoft SQL Server 2005 - Outils de performances**.

© Editions ENI - Toute reproduction interdite

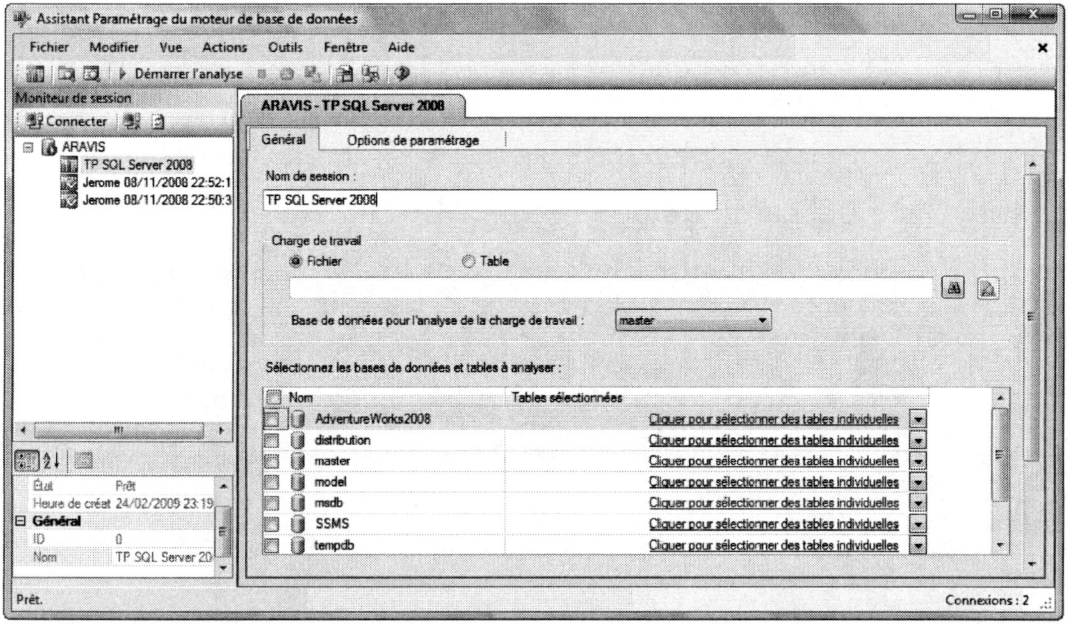

Depuis l'onglet **Général**, il est nécessaire de référencer le fichier de trace **TP10_2.trc** comme charge de travail à analyser à destination de la base SSMS.

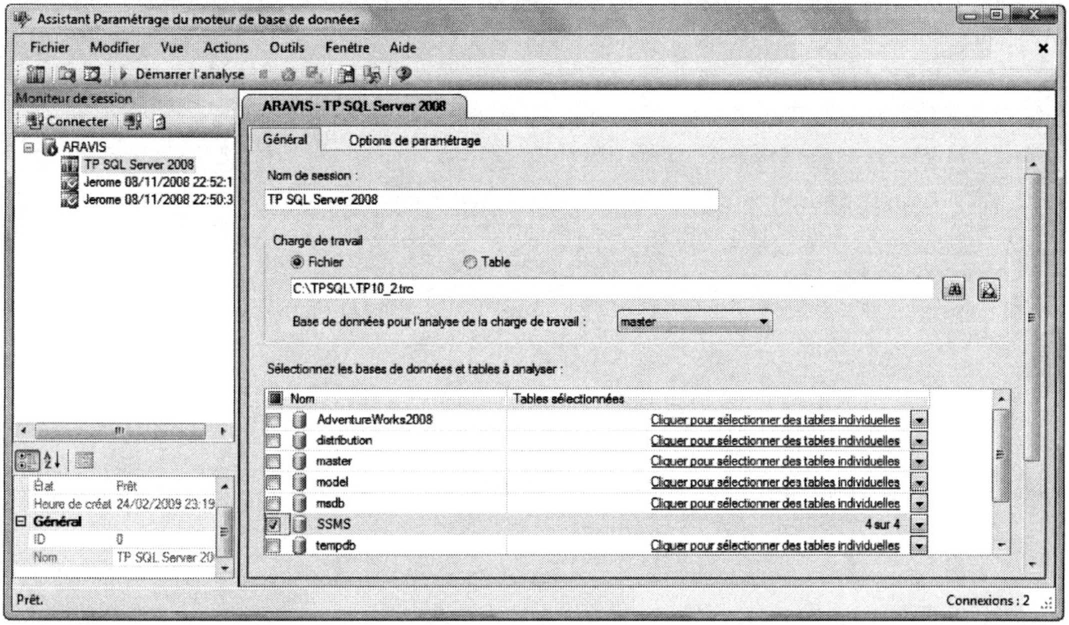

© Editions ENI - Toute reproduction interdite

L'analyse de cette charge va pouvoir débuter en sélectionnant **Actions - Démarrer l'analyse**. Après quelques instants de patience, le résultat est affiché. Il est alors possible d'appliquer ou non les propositions.

Corrigé 10.8 : Définir un déclencheur DDL

La première étape consiste à définir une table afin d'y conserver la trace des différents évènements. Comme l'objectif de ce déclencheur est de conserver une trace des différentes instructions DDL qui se produisent, il convient de conserver le maximum d'informations. Pour cela la table doit être en mesure de conserver les informations retournées par la fonction EVENTDATA(). La table de journalisation peut donc être définie de la façon suivante :

```
USE TSQL;
GO
CREATE TABLE SuiviDDL(
id int identity(1,1) constraint pk_suiviDDL primary key,
le datetime2 default getdate(),
informations xml);
```

Le trigger DDL peut alors être défini comme illustré ci-dessous. L'ajout d'informations dans la table de suivi est simplifié à l'extrême car la colonne clé primaire est de type identity et il n'est donc pas nécessaire de fournir de valeur, quant à la date la valeur par défaut permet de conserver une trace temporelle des différents évènements.

```
CREATE TRIGGER tr_SuiviDDL
  ON DATABASE
  FOR DDL_TABLE_EVENTS AS
  BEGIN
  INSERT INTO SuiviDDL(informations) VALUES (EVENTDATA());
  END;
```

© Editions ENI - Toute reproduction interdite

Corrigé 10.9 : Utiliser PowerShell

Le PowerShell s'appuie sur le framework .Net et à ce titre il est possible d'utiliser les différents espaces de noms (namespaces) présents au niveau du framework. Pour manipuler la structure des objets dans SQL Server et réaliser toutes les tâches administratives il est nécessaire d'utiliser les objets présents dans Microsoft.SqlServer.Management.SMO. Dans le cas présent, il est nécessaire de faire appel à l'objet Database.

Pour lancer le PowerShell pour SQL Server, la méthode la plus simple consiste à cliquer sur **Démarrer - Exécuter** puis à saisir le nom de l'outil à exécuter : sqlps. L'écran de PowerShell s'affiche alors.

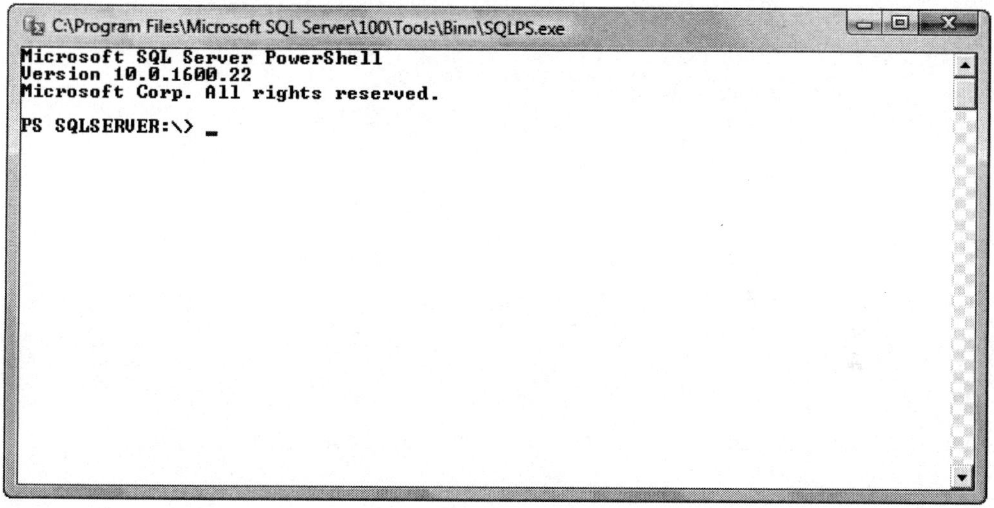

© Editions ENI - Toute reproduction interdite

Il est ensuite nécessaire de créer la base en faisant appel à l'objet Database comme illustré dans le script suivant :

```
set-location SQLSERVER:\SQL\ARAVIS\DEFAULT\Databases
$BasePS = New-Object Microsoft.SqlServer.Management.SMO.Database
$BasePS.Parent = (Get-Item ..)
$BasePS.Name = "PS"
$BasePS.Create()
```

Depuis SQLPS, l'exécution de ces instructions ne provoque pas l'affichage de message.

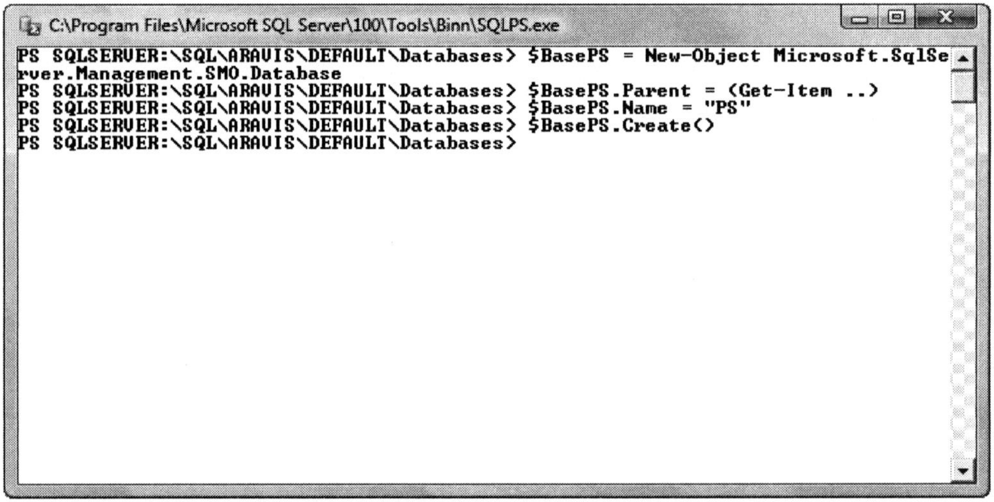

© Editions ENI - Toute reproduction interdite

En basculant vers SQL Server Management Studio et en demandant à rafraîchir l'affichage présenté dans l'explorateur d'objets, l'existence de cette nouvelle base est tout de suite constatée :

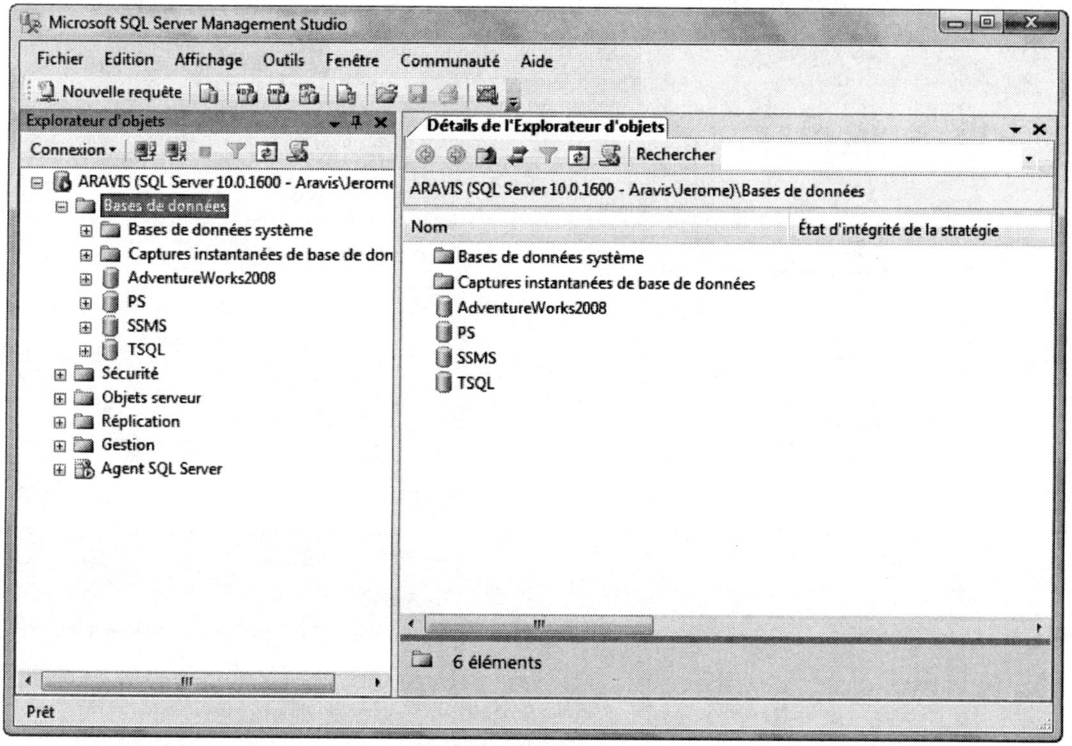

Corrigé 10.10 : Interroger la base avec PowerShell

Afin de positionner directement PowerShell sur la base sur laquelle il est nécessaire de travailler il est bien sûr possible de lancer l'outil SQLPS de façon autonome puis d'utiliser la command-let Set-Location afin de se positionner sur SSMS. Mais il est également possible de lancer l'exécution depuis SQL Server Management Studio en sélectionnant **Démarrer PowerShell** depuis le menu contextuel associé à la base SSMS.

© Editions ENI - Toute reproduction interdite

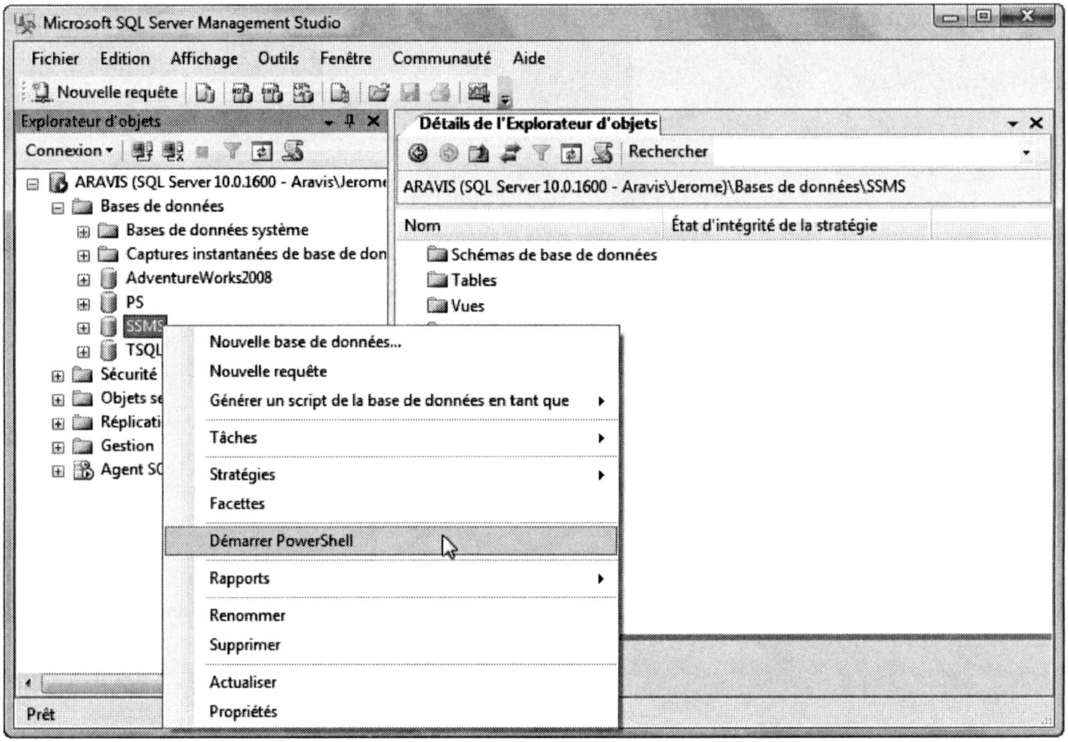

Dès lors il reste à se positionner sur les rôles à l'aide de l'instruction **cd roles**, puis d'en établir la liste à l'aide de l'instruction **dir** comme illustré ci-dessous :

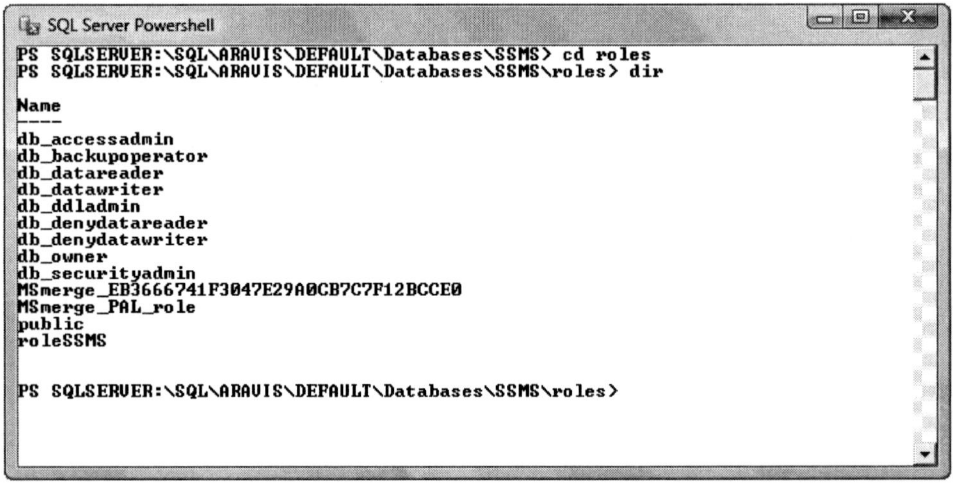

© Editions ENI - Toute reproduction interdite

Annexe A - Ressource sur le web

Adresse	Description
http://www.apsql.com	Informations diverses sur SQL Server
http://www.guss.fr	Groupe des utilisateurs de SQL Server
http://www.microsoft.com/france/sql	Site Web français de SQL Server
http://www.microsoft.com/sql	Site Web de SQL Server
http://msdn.microsoft.com	MSDN
http://msdn.microsoft.com/SQL	Centre de ressources SQL Server sur MSDN
http://www.microsoft.com/technet	Technet
http://msdn.microsoft.com/express/sql/	SQL Express
http://support.microsoft.com	Support technique de Microsoft

© Editions ENI - Toute reproduction interdite

© Editions ENI - Toute reproduction interdite

Index des mots-clés

© Editions ENI - Toute reproduction interdite

R

S

T

U

X

BU Section formation des maîtres
Université de Rouen - IUFM
2, rue du Tronquet - BP 18
76131 Mont-Saint-Aignan cedex
tél. 02 32 82 30 56

N° ouvrage : 307613*

© Editions ENI - Toute reproduction interdite